“班组安全100丛书”编委会

内容提要

班组职工在生产作业中，生理活动和心理活动是相互联系、相互影响的统一体。如果职工的生理状态不佳，比如生病、过度疲劳、睡眠不足等就会影响其心理状态，出现兴趣降低、意志减退、注意力不易集中等；反之，如果心理状态不佳时，则易造成生理系统的紊乱和失调。因此，生理、心理系统的整体状态如何，将影响职工生产活动的效率和作业的可靠性。事故的发生，还与班组职工的心理状态和心理变化有重要的关系。从心理学的角度讲，与人的感知觉、注意、记忆、思维、情绪情感、意志等有直接的关系，与人的个性心理特征包括性格、气质、能力有直接的关系，与人的安全态度、价值观、心理疲劳、酒精和药物、作业环境、职业紧张等有直接的关系，同时还与人的性格倾向有关系，存在着常见的易于引发事故的心理状态。

本书从个体不良心理因素引招事故、群体不良心理因素引招事故、作业中不良情绪因素引招事故、生产中不良因素影响引招事故、人员违章操作行为引招事故五个方面，选择100个具有典型意义的事故案例，结合人的心理变化，介绍了有关安全心理学知识，分析了事故的发生与心理状态、心理变化的关系和影响，同时还提供了有效预防事故的方法。

本书在编写过程中，力求贴近实际、贴近班组、贴近职工，努力做到通俗易懂，在对职工危险心理和对事故案例的分析中，充分体现实用性和针对性。本书既适于作为班组安全活动的读本，也适于作为企业进行职工安全教育培训的教材。

前　言

班组是企业的细胞，是安全生产的第一线，是企业完成各项工作的基础。班组的安全生产状况如何，直接关系到企业的安全生产状况。班组平安，则企业平安；班组不安，则企业难安。因此，加强班组的安全管理，对于保证企业正常生产秩序、提高企业生产效率和促进企业发展具有重要意义。正是由于班组是企业生产活动的主角，是企业完成安全生产各项目标的主要承担者和直接实现者，所以企业安全管理的各项工作必须紧紧围绕生产一线——班组开展才有效。

从许多事故案例（包括重特大事故）来看，事故的发生与班组的安全管理有直接的关系。例如，1994 年 11 月 13 日，吉林省辽源矿务局泰信矿四井发生一起特大煤尘爆炸事故，死亡 79 人，伤 129 人，直接经济损失约 320 万元。造成这起事故的直接原因，是泰信矿四井蹬钩工张延龄在作业中违章多挂重车，致使矿车鸭嘴断裂跑车，撞击摩擦产生火花引燃煤尘爆炸。再如，2005 年 11 月 13 日，中石油吉林万化公司双苯厂在生产过程中，由于当班操作工停车时操作失误，未将应关闭的阀门及时关闭，导致进料系统温度超高，长时间温度超高后引起设备爆裂并引起连环爆炸，造成数万名居民和大学生紧急疏散，以及松花江污染事件。

据统计，当前伤亡事故中，包括重大、特大事故，因为不可抗拒的自然灾害或目前技术上还不能解决的难题而造成的事故是极少的，绝大多数属于责任事故。在这些责任事故中，90％以上的事故发生在班组，其中，80％以上的事故是由于违章指挥、违章作业和设备隐患没能及时发现、及时消除等人为因素造成的。这些因违章指挥、违章作业以及操作失误所导致的事故具有很强的随机性和突发性，其中一个重要原因就是班组安全管理薄弱，缺乏有效的控制措施。如果在事故发生之前，班组长或者班组安全员、班组的老职工安全意识强一点，管理得严格一点，及时纠正违章作业行为，这样惨痛事故的发生就有可能避免。类似情况在一些常见多发事故中体现得更为明显。在这套“班组安全100丛书”中，对此类常见多发事故进行了详细的介绍和深入的分析。此类情况下，有的时候只要班组长或者班组安全员认真负责一点，小心谨慎一点，就会避免事故的发生，防止事故的伤害，挽救一些人的生命，这样的事例数不胜数。

企业的安全生产需要建立长效机制，需要制定各项安全管理规章制度，需要企业领导和其他管理人员予以充分重视，需要进行安全投入以改善设备设施。除此之外，还有一个更加重要的“需要”，那就是需要把规章制度、预防措施落实下去。某企业在门口立起这样一块牌子："开会＋不落实＝零，制度＋不落实＝零。"这个牌子立得好，这两个"公式"也好，言简意赅，寓意深刻，令人深思。安全生产工作需要扎扎实实，一步一个脚印，不能躺在会议、制度上睡大觉，更不能成天说套话、废话、空话、大话。人是安全生产过程中起决定作用的因素，企业的设备、工具和原材料等都要由班组掌握使用；企业的生产、技术、经营管理和各项规章制度的贯彻落实，也要通过班组的活动来实现。企业的安全工作要落实，落实到哪里呢？就是要落实到班组，落实到职工。

自1988年全国总工会、原国家经贸委联合颁发《工业企业班组安全建设意见纲要》以来，许多工会组织和企业，结合自身的实际情况，狠抓班组安全建设，取得了显著成效。例如，天津市自1995年开展创建安全先进、标兵班组竞赛活动以来，创建活动取得了明显成效，班组安全建设日益成为预防和杜绝伤亡事故的前沿阵地。从近两年的统计报表中可以看出，全市有9万多个班组的近百万职工提出事故隐患10.65万项，纠正违章6.65万项，避免可能发生的事故7 600多起，为国家和企业挽回经济损失超过2.75亿元。实践证明，开展班组安全创建活动，加强班组安全管理，对于预防事故的发生，保证企业安全生产能够起到重要作用。

这套"班组安全100丛书"的编辑出版，我认为十分必要。班组在实际生产作业中，需要安全生产知识，需要具体的安全管理方法和经验，需要预防事故的具体措施。这套丛书比较详细、全面地对班组安全管理（活动）的经验与方法进行了介绍，对人员操作事故、设备管理事故、人员操作与设备管理交叉事故案例做了分析，此外还对紧急情况应急处置案例做了分析，切合了班组的需要。本套丛书的编写人员中许多来自企业，他们之中大部分人都曾经担任过班组长，对班组的学习、生产情况十分熟悉，都有着切身的感受，所以从选材、叙述、语言文字等方面更加注重班组的实际需要，下了很大的功夫，做了很大的努力。

安全生产是人们共同的追求与期盼，是国家经济发展的需要，也是企业发展的需要。在此希望企业的领导者首先从自身做起，重视安全生产，关口前置、重心下移，重视班组建设，切切实实把班组安全工作做好。

2013年6月

目　录

一、个体不良心理因素招来的事故

从我们身边所发生的一些事故来看，引发事故的原因其实并不复杂，许多是由于职工安全意识淡薄等主观因素引起的，只要稍加注意就能避免，但是事故还是发生了，最终会给自己和家庭带来了不幸。有资料表明：由于职工安全意识淡薄，存在麻痹大意、侥幸等不良心理引起的人身伤害事故约占 60%以上。这是一组触目惊心的数据，它警醒我们对此要足够重视。可以说，职工安全意识、心理过程和个性心理是否良好健康，已经成为一种不容忽视的安全因素。因此，了解有关安全心理学知识，了解心理过程和个性心理相关知识，强化安全意识，对于保证生产作业安全有着积极的意义。

人的行为与人的心理活动有着密切的联系，会受到心理活动的影响。在企业，职工的行为自然也会受到心理的影响。可以说，职工的任何一种违章违纪行为，都是在一定的心理活动影响下产生的，而且都是心理活动的外在表现。不良心理因素是形成不安全行为的原因。在生产活动中，健康的心理产生安全需要，形成安全动机，指向安全目标，表现为规范行为、遵章守纪，而不良的心理因素则会偏离规章制度的要求，出现不安全的行为。因此，安全管理人员和班组长，要重视心理问题，了解有关心理知识，了解人的心理特点，从而采取有效措施，提高职工控制自己行为的能力，遵章守纪，减少不安全行为。

1. 心理过程和个性心理

心理学是研究人的心理活动规律的科学。人在工作、生活、学习、交往等社会活动中，每时每刻都需要看、听、记和思考，都会有喜、怒、哀、乐的情绪，也都会表现出自己的性格、气质与个性心理的特点。这一切都是心理现象，是构成人心理活动的客观原因。

人的头脑对现实世界的反映主要体现为人的认识活动，如感觉、知觉、表象、记忆、思维等，这些认知活动都属于人的心理。每个人一生下来，就要同自身以外的事物打交道，因此任何人都有心理活动。

人对外在事物的认识和反映，不是消极的、被动的，而是积极的、主动的。这些表现除了感觉、知觉、表象、记忆等外，还有思维、想象、注意、情绪、意志等内心活动，这些内心活动也属于人的心理。因此，无论是感觉、知觉、思维，还是意志、情绪等心理现象，不同的人都有自己的特点，这些特点反映在一个具体的人身上，就形成了区别于其他人的心理特点，这些特点通常称为个性心理特征。个性心理特征是一个人所具有的各种心理活动特点的综合体现。

一个人的心理活动是他外在行为的内在根据和驱动力，外在行为则表现了他的内部心理活动，且受内部心理所支配。所以，人的行为表现必有心理上的原因，如果心理不正常，行为就要出毛病，就可能出事故。正因为这样，研究心理活动规律，校正心理毛病，对保证安全管理有重要的积极意义。

人的心理活动形式是复杂的，为了研究的方便，心理学把人的心理活动形式分为心理过程与个性心理两个方面，也通常从这两个方面研究人的心理（见表1—1）。

表1—1　人的心理活动形式

心理过程	认识过程（感觉、知觉、记忆、想象、思维等）
	情感过程（喜、怒、哀、惧、爱、恶、欲等）
	意志过程（坚定、勇敢、执着等）
个性心理	个性心理倾向（需要、动机、兴趣、信念、世界观等）
	个性心理特征（能力、气质、性格等）

心理过程是人的心理活动的基本形式，是人脑对客观现实的反映过程。认识过程又是最基本的心理过程，它是人脑对客观事物的属性及其规律的反映，即人脑的信息加工活动过程，包括感觉、知觉、记忆、想象和思维等。人在认识客观事物的过程中，总是会采取一定的态度，产生各种各样的情绪体验（如喜、怒、哀、乐）和情感的体验（如喜爱、厌恶）。根据对客观事物的认识，人自觉地确定目标、克服困难、力求加以实现的过程，称为意志过程。认识、情感、意志这三个心理过程，相互联系、相互促进，构成了人人都有的统一的心理过程。

心理学把人的心理现象分为不同方面，是为了便于对其进行研究。但实际上，人的心理活动是一个整体，各种心理现象之间是相互联系、相互影响的，并且在特定的情境中综合地表现为一定的心理状态，并在行为上得到体现。因此，心理学除了分门别类地研究上述心理活动外，还要研究心理状态和行为，如分心、疲劳、紧张、动机、行为规律等。

2. 认知心理概述

认知心理是人在认识活动中所体现出来的心理现象或心理活动。认知心理的具体表现形式是多种多样的。心理学的研究表明，人的认识过程是由一连串相互联系、相互影响的阶段或环节构成的，其中包括感觉、知觉、记忆、思维、想象等。其中感觉是人对直接作用于本身的感觉器官的事物的个别属性（如颜色、形状、硬度等）的反映过程。它是使外界事物的刺激进入人脑的中介和桥梁，是把人同外界事物联系起来的纽带。知觉是对直接作用于感觉器官的事物的整体的反映过程，体现为感觉的综合。记忆是人对以往曾经接触过的对象和现象的复现过程，是使人能够积累经验、丰富头脑表象储备的心理保证。思维和想象是人对进入人脑的各种信息、知识、表象进行概括、提炼、加工、改造的过程，是认知心理的关键环节和步骤。

(1) 感觉特性与安全

感觉是大脑对客观事物个别属性的反映。感觉是一种简单的心理现象，是认识的起点。离开了对客观世界的感觉，一切高级的心理活动都难以实现。感觉依据感觉分析器和它所反映的特定刺激物，可以分为外部感觉和内部感觉两大类。外部感觉是个体对外部刺激的觉察，主要包括视觉、听觉、嗅觉、味觉、皮肤觉。内部感觉是个体对内部刺激的觉察，主要包括机体觉、平衡觉和运动觉。其中视觉和听觉是最重要的感觉。

感觉与安全有这样几个方面的特性：

1) 对机体状况和感觉器官功能的依赖性。不管是哪种感觉，都同一个人的机体状况有关。人的机体不健康、有毛病或有缺陷，都直接影响感觉的发生和水平。机能健全的感觉器官是感觉的物质基础和先决条件。

2）所有感觉都与外在刺激的性质和强度有关。一种感受器只能接受一种刺激。刺激包括刺激的强度、作用时间、强度—时间变化率三个要素，将这三个要素作大小不同组合可以得到不同的刺激。能引起感觉的刺激必须达到一定强度，能被感觉器官感受的刺激强度范围称为感觉阈。能引起感觉的最小刺激量称为感觉阈下限，能产生正常感觉的最大刺激量，称为感觉阈上限。刺激强度不能超过刺激阈上限，否则，感觉器官将受到损伤。为了保证安全生产，就要恰当控制外界刺激的强度，并根据不同目的适当调节和选用刺激方式。例如，作业现场的照明光线，既不能太弱，太弱会大大降低视觉感受性；也不能太强，太强则使人眩目。

3）感觉的适应性。所谓适应是指由于刺激物对感受器的持续作用而使感受性发生变化的现象。适应能力是有机体在长期进化过程中形成的，表现在所有的感觉中。它对于人感知事物，调节自己的行为等具有积极意义。例如，夜晚与白天，亮度相差百万倍，若无适应能力，人就不能在不断变化的环境中精细地感知外界事物，调节自己的行动。

4）不同感觉间是相互作用的。对某种刺激物的感受性，不仅取决于对该感受器的直接刺激，而且还与同时受刺激的其他感受器的机能状态有关。不同感觉间之所以是相互作用的，归根结底是因为人体是各种感觉器官构成的一个有机整体，不同器官虽有不同功能，但它们之间相互联系，因而能相互影响。

5）感觉的模糊性。尽管人的感觉器官具有很强的感受性，但对外界事物变化的感知却并不很精确。而且，虽然外界刺激是客观的，但对不同的个体来说，其感受到的结果却有较大差异。这是因为，感觉作为一种心理现象，并非由纯客观刺激所决定，而是由客观和主观的相互作用所决定的。

（2）知觉特性与安全

客观事物直接作用于感官不仅会产生感觉，而且还会引起知觉。知觉是大脑对直接作用于感官的客观事物整体属性的综合反映。按照知觉所凭借的感觉信息的来源不同，可以将知觉分为视知觉、听知觉、嗅知觉、味知觉、触知觉。按照知觉的性质和特点，在传统心理学领域内，通常把知觉分成时间知觉、空间知觉、运动知觉和错觉四大类型。

知觉有如下几个比较明显的特性，它们都和安全有着密切的关系。

1）知觉的选择性。知觉的选择性是指当客观事物作用于人的感官和头脑时，总是有选择地、优先地反映少数对象或对象的部分属性而对其余事物或事物的属性则反映得比较模糊的心理现象。一般来说，被清晰地知觉到的事物便是知觉的对象；而其他模糊知觉到的事物便是这种对象的背景。

2）知觉的理解性。人在感知当前事物时，总是根据以往的知识或经验来理解它们，并用词把它们标示出来。心理学中把知觉的这种特性称为知觉的理解性。知觉的理解性说明知觉并不是一种纯粹的感性活动，而是与部分理性活动相联系，与思维活动相联系的心理现象。

3）知觉的恒常性。当知觉的条件在一定范围内发生改变时，知觉的印象仍然保持相对不变，知觉的这种特性即为知觉的恒常性。一般说，对对象原有的知识和经验越丰富，就越有助于感知对象的恒常性。相反，知觉的恒常性就差。此外，知觉恒常性还和环境有关。熟悉的环境有助于保持知觉恒常性。知觉恒常性的积极意义在于：它保证人在瞬息万变的环境条件下，仍能感知事物的真实面貌，从而适应环境。

(3) 记忆特性与安全

记忆是包括“记”和“忆”的完整过程。所谓“记”指识记和保持，这是记忆的前提和关键。所谓“忆”是再认和回忆，这是记忆要达到的目的，也是检验记忆的指标。概括地说，记忆也是人脑的一种机能，它是过去的经验在人脑中的反映。具体地说，记忆是人脑对感知过的事物、思考过的问题或理论、体验过的情绪、做过的动作的反映。

记忆是一个复杂的心理过程，它包括识记、保持、再认或重现三个基本环节。

1) 识记。识记是记忆的第一步，是获得事物的印象并成为经验的过程。根据是否有预定的目的和意志努力的程度，识记可分为无意识记和有意识记两种。无意识记是事先没有自觉的目的，也没有经过特殊的意志努力的识记，又称为不随意识记。有意识记是事先有预定目的，并经过一定的意志努力的识记，又称为随意识记。人们掌握知识和技能，主要靠有意识记。不管是无意识记还是有意识记，通常都是一种反复的感知过程，借以形成比较巩固的联系。

2) 保持。保持是把识记过的内容在头脑中储存下来的过程，它是识记在时间上的延续。就识记与保持的关系而言，识记是保持的前提，保持是识记的继续和巩固。保持的对立面是遗忘。遗忘指对识记过的事物不能（或错误地）再认和重现。它是保持的丧失或被干扰。

3）再认和重现。再认又称识别。当先前曾识记和保持过的事物再出现于面前时，人们能把它认出来，这就是再认。另一种情况是，即使先前感知或思考过的事物不在面前，甚至已隔了很长一段时间，人们仍然能把它在头脑中重现出来，这就是重现过程。重现也称为回忆。可见，再认和重现虽都属于对过去感知过的事物在头脑中的恢复，但程度是有差别的。一般可以认为再认主要是以识记为前提，重现则主要以保持为基础。

记忆无论是在人的日常生活中，还是在生产、工作和学习中，都有非常重要的作用。记忆是人们积累经验的基础。没有记忆，人类的一切事情都得从头做起，无法积累经验，人类的各种能力也就不能得到提高，一切危险也就无法避免，安全也就没有保障。同时，记忆是思维的前提，只有通过记忆，才能为人脑的思维提供可以加工的材料，否则思维就只能开空车。人之所以比动物“乖巧”，能在复杂多变的环境中求得生存和发展，一个重要原因就是人类会思维。但思维必须有原料，这就是丰富的信息储存，而信息的储存要靠记忆。可见没有记忆，也就难以思维，更不可能做出预见性判断。

(4) 思维特性与安全

思维是一种高级的认知活动，是人脑对客观事物的本质属性和内部规律性的间接的、概况的反映。在日常生活中，人们经常说到的“考虑”“思考”“想一想”等，都是指思维活动。

1）依据凭借物的不同，可将思维分为动作思维、形象思维、抽象思维。动作思维是以具体动作为工具解决直观而具体问题的思维。形象思维是以头脑中的具体形象来解决问题的思维活动。抽象思维是以语言为工具来进行的思维。在正常成人身上，这三种思维往往是互相联系、互相渗透的，单独运用一种思维来解决问题的极少。从思维的发展来看，经历着从动作思维到形象思维，再到抽象思维的过程。

2）依据思维活动的方向和思维成果的特点，思维可分为辐合思维与发散思维。辐合思维是人们根据已知的信息，利用熟悉的规则来解决问题的思维。辐合思维是一种有方向、有范围、有条理的思维活动。发散思维是指人们沿着不同方向思考，得出大量不同结论的思维。发散思维得出的各种结论是否适当，需要通过辐合思维进行检验。

3）根据思维活动及其结果的新颖性，思维又可分为常规思维和创造思维。对已有知识经验没有进行明显的改组，也没有创造出新的思维成果的思维叫作常规思维。对已有知识经验进行明显的改组，同时创造出新的思维成果的思维叫做创造思维。创造思维是高级的思维过程，是辐合思维和发散思维的有机结合。

思维品质是衡量思维能力优劣、强弱的标准或依据。一般思维的基本品质主要通过思维的广阔性、批判性、深刻性、灵活性、敏捷性等体现出来。此外，思维的品质还涉及思维的条理性或逻辑性、思维的新颖性和创造性等。它们在安全生产中也是非常重要的。思维的条理性差，说话、办事也就会缺乏条理。表达不清，人不知所云或办事丢三落四，则极易引起事故发生。思维的创造性差，凡事处理总是老一套，对简单问题可能还有效，但遇到新问题就会不知所措。总之，良好的思维品质是人们做好一切工作最重要的主观条件和基本保证。

(5) 想象特性与安全

想象是思维活动的一种特殊形式。它是人脑对已有的感知形象进行加工、改造并形成新形象的心理过程。想象是一种高级认知活动。想象按目的性程度和产生的方式，可以分为无意想象和有意想象两大类。无意想象也称不随意想象，它是一种没有特定目的的、不自觉的初级想象，是一种“流变”式想象。有意想象是有意识、有目的并需依赖意志的努力而进行的想象。

想象的品质主要反映在主动性、丰富性、生动性、现实性等方面。它们对安全都有一定影响。

1) 想象的主动性。想象的主动性是和有意想象联系在一起的，是人驾驭的想象，能做到“当行则行，当止则止”，主动的想象，无论对搞好生产、提高工作效率，还是保证生产安全，都很重要。在安排生产，从事实际操作时，要主动想象可能会出现哪些问题、困难，哪些有碍安全，并想象如何避免，可以做到临事不乱，处变不惊，工作井然有序。相反，缺乏想象，一旦祸事临头，就会惊慌失措。

2) 想象的丰富性。想象的丰富性是指想象内容充实、具体。想象的丰富性取决于一个人的表象储备，这同经验积累有关。“见多识广”是想象丰富的必要条件，同时爱好思考也是必要的。对同一种现象或事物，爱好思考的人想得深、想得细、想得全。显然，这对预防事故是有好处的。但应指出，想象过于丰富，有时会使人谨小慎微，工作时放不开手脚，产生畏难情绪或恐惧心理，反而会影响生产安全。

3）想象的生动性。想象的生动性是指想象表现的鲜明程度。有的人对想象中的事物，如闻其声，如见其形，历历在目，栩栩如生。有的人则对想象中的事物比较粗略、模糊。想象越生动，对想象的体验就越深，记忆也容易持久。

4）想象的现实性。想象的现实性是指想象与客观现实相关的程度。有现实性的想象是有根据的想象，它在一定条件下是可以实现的。无根据的想象是空想和瞎想。凡想象都有可超越现实的特点，但是有现实性的想象可以指导人的进一步行动，促进人们按这种设想去奋斗，而空想则起不到这种作用。因此，在想象中要注意提高其现实性程度。

3. 人的心理因素分析

心理学是研究“人心”的学问，但心理学之所以对人心感兴趣，是因为了解了人心就会理解人的行为。因此，现代的心理学不仅研究“人心”，而且研究任何对理解人的行为有利的东西，可以说心理学是一种范围很广的以理解人的“行为”为目的的学问。

在安全生产管理工作中，事故的直接原因可分为人的不安全行为和物的不安全状态两个方面，而物的不安全状态又往往是由于人的不安全行为引起的。因此，探索行为的实质有利于控制人的不安全行为，改变物的不安全状态，提高安全管理水平，从而减少事故的发生。

人的心理是同物质相联系的，它起源于物质，是物质活动的结果。心理是人脑的机能，是客观现实的反映，是人脑的产物。人的各种心理现象都是对客观外界的“复写”“摄影”“反映”。但人的心理反应有主观的个性特征，所以对同一客观事物，不同人的反应可能是大不相同。例如，从事同一项工作的人，由于心理因素（精神状态）不同，工作效率有明显差异。人精神状态好的时候，工作效率高；精神状态不好的时候，效率低，并且可能会出现差错和事故。

人的心理因素可分为以下 5 个方面。

（1）性格

性格是指一个人在生活过程中所形成的对现实比较稳定的态度和与之相适应的习惯行为方式。如认真、马虎、负责、敷衍、细心、粗心、热情、冷漠、诚实、虚伪、勇敢、胆怯等就是人的性格的具体表现。性格是一个人个性中最重要、最显著的心理特征。它是一个人区别于他人的主要差异标志。人的性格构成十分复杂，概括起来主要有两个方面，一是对现实的态度，二是活动方式及行为的自我调节。对现实的态度又分为对社会、集体和他人的态度，对自己的态度，对劳动、工作和学习的态度，对利益的态度，对新事物的态度等。行为的自我调节属于性格的意志特征。

性格可分为先天性格和后天性格。先天性格由遗传基因决定，后天性格是在成长过程中通过个体与环境的相互作用形成的。我们必须重视性格的可塑性，以前人们认为性格是与生俱来的，是不可变的，现在则普遍认为性格是可变的。这个观点对安全心理学特别重要，如能通过各种途径注意培养人的优良品格，摒弃与要求不相适应的性格特征，将会为社会、为发挥人自身的潜能带来巨大的好处。

（2）能力

能力是指那些直接影响活动效率，使活动顺利完成的个性心理特征。能力可分为一般能力和特殊能力。一般能力包括观察力、记忆力、注意力、思维能力、感觉能力和想象力等。它适用于广泛的活动范围，一般能力和认识活动密切联系就形成了通常所说的智力。特殊能力是指在某种专业领域活动中所表现出来的能力，如操作能力、节奏感、对空间比例的识别力、对颜色的鉴别力等。一般能力和特殊能力是有机联系的，一般能力越是发展，就越为特殊能力的发展创造有利条件；反之，特殊能力的发展，同样也促进一般能力的发展。

劳动者的能力是有差异的，其影响因素很多，主要有素质、知识、教育、环境和实践等因素。

1）素质。素质包括人的感觉系统、运动系统和神经系统的自然基础和特征。素质是能力形成和发展的自然前提，但是素质本身并不是能力，它仅关系到一个人能力发展的可能性。能力的发展还受其他因素的制约和影响。

2）知识。知识是指人类活动实践经验的总结和概括。能力是在掌握知识的过程中形成和提高的，离开对知识的不断学习和掌握，就难以提高能力。能力与知识的发展也不是完全一致的，往往能力的形成和发展远较知识的获得要慢。

3）教育。教育与人的能力有着重要的联系，一般能力较强的作业者往往受过良好的教育，良好的教育使作业者的知识和能力趋于同步增长。

4）环境。环境是指自然环境和社会环境两方面。自然环境优越，有利于形成和发展作业者的能力，社会环境同样影响作业者能力的形成和发展。

5）实践。实践活动是积累经验的过程，因此对能力的形成和发展起着决定性作用。教育和环境只是能力发展的外部条件，人的能力必须通过主体的实践活动才能得到发展。

（3）动机

动机是一种激发和维持个体进行活动，并导致该活动朝向某一目标的心理倾向或动力。动机是一种内部的心理过程，也是一种心理状态。这种心理状态称为激励，即指由于需要、愿望、兴趣和情感等内外刺激的作用，而引起的一种持续的兴奋状态，可以利用它作为促进行为的一种手段。人们对工作所持的动机是多种多样的，由于动机的不同，工作态度和效率也是千差万别的，因此在因素分析中，要把动机看成是影响工作结果的重要因素之一。

随着行为科学的发展，所创立的激励动机的学说很多，经常被引用的主要有马斯洛的需要层次理论、赫茨伯格的双因素激励理论、弗鲁姆的期望理论、利克特的集体参与理论等。

（4）情绪

情绪是人对客观现实的一种特殊反映形式，是人对于客观事物是否符合人的需要而产生的态度。任何情绪都是由客观现实引起的，当客观现实符合人的需要时就产生满意、愉快、热情等积极的情绪；相反，就产生不满、郁闷、悲伤等消极的情绪。

按情绪的体验可分为心境、激情和应激三种。心境是一种比较持久的、微弱的影响人的整个精神活动的情绪状态；激情是一种强烈的、短暂的，然而是暴发式的情绪状态；应激是在出乎意料的紧急情况下所引起的情绪状态。紧急的情景惊动了整个机体，它能很快地改变有机体激活水平，使心率、血压、肌体紧张发生显著变化，引起情绪的高度应激化和行动的积极化。

情绪对人们的工作效率、工作质量有重要的影响，关系到人的能力发挥及身心健康。因此，应当特别关注影响情绪的因素（社会的、工作的、人际的以及家庭的和自身的）的研究并加以改进。

（5）意志

意志是一个人自觉地确定目的，根据目的来支配和调节行为，克服困难以实现目的的心理过程。意志也可以说是一种规范自己的行为，抵制外部影响、战胜身体失调和精神紊乱的抵抗能力。意志在一个人的性格特征中具有十分重要的地位，性格的坚强和懦弱等常以意志特征为转移。良好的意志特征包括坚定的目的性、自觉性、果断性、坚韧性和自制性。意志品质的形成是与一个人的素质、教育、实践及社会影响分不开的。为了出色地完成各种工作，人们应当重视个人意志力的培养和锻炼。

人的行为内部交织着各种复杂的心理因素。因此，在分析某个行为的时候，应分别对各种心理因素进行分析，应尽可能收集各种因素所具备的条件。

对于人的心理活动与人的行为，不同的心理学派和心理学家对行为的实质有着不同的看法。有人认为，行为是由刺激所引起的外部可观察到的反应，如肌肉的收缩、腺体的分泌等。有人认为，相同的行为可来自不同的刺激，而相同的刺激在不同的人身上，可引起不同的行为。例如违反操作规程的行为，可以来自劳动用工制度、工资薪酬、管理措施等不同的刺激；对于受到领导批评这种刺激，有的人会接受批评并及时改正行为；而有的人可能会产生抵触情绪，进而影响行为的改正；还有的人可能会采取无所谓的态度，我行我素。因此，相同的管理措施会使职工产生许多不同的行为，解决的办法应该是提供信息咨询、上下沟通，帮助职工解决情绪上和适应上的问题。

综上所述，人的行为实质就是人对环境（自然环境、社会环境）外在的可观察到的反应，是人类内在心理活动的反映。行为是人和环境相互作用的结果，并随着人和环境的改变而改变。在这里，行为是广义的，既包括人的外观的活动、动作、运动、反应或行动，也包括人的内心的活动、思考等。例如一个司机酒后驾车是他的一种外观的行为活动，而该司机在喝酒前对喝酒后开车会不会出事故所进行的思考则是一种内在的行为。人的任何行为都与心理活动有关，学习心理学的有关知识，对于了解生产过程中人的不安全行为，激发职工的安全行为，是很有帮助的。

1.违章横跨溜子招来的事故

一个春光明媚的周末，郑某穿上假肢拄着拐杖，来到煤矿俱乐部，参观那里正在举办的历年煤矿“安全典型事故案例”图片展。

郑某6年前受伤的事故案例，成了展览的“反面题材”之一。看见自己受伤的图片，郑某不由自主地用手擦了擦眼角的泪水。那次事故是由于他疏忽大意，安全意识差，违章横跨溜子造成的。那次事故使他的左腿骨折，以至于最终残疾。

2002年4月19日上中班，当时，郑某和一名工友负责采面机巷的端头支护和机尾巷的回撤工作。采煤机割煤到机尾时停下来了，郑某就和工友开始在端头进行移工型钢梁和支护工作，在最后一根单体支柱尚未打时，顶板的矸石突然落下，造成溜子停止了运行。工友从另一方向拖了一根单体支柱，郑某看他拖着吃力，就去帮他。郑某双脚站在溜子里，用双手去抱单体支柱时，停止的溜子突然恢复了运行，溜子内的刮板把单体支柱拉动，致使郑某的左腿被夹进采面溜子的机头里，造成左腿粉碎性骨折。

事后郑某才清醒地认识到，如果当时溜子司机在重新启动溜子时，能按照规定先实行“点动”操作；如果当时在搬运单体支柱时，郑某先通知一声溜子司机不要开车；如果当时郑某不去违章横跨溜子，就不会出现这种事故了。种种假设的偶然性，造成了必然受到伤害的结果，这是郑某思想松懈、麻痹大意、安全意识差的结果。现在郑某虽然早已伤退在家，可一说起这件伤心的往事，就让郑某追悔莫及。

事故教训与点评

这起事故的发生，在于停止的溜子突然恢复了运行，溜子内的刮板将单体支柱拉动，致使当事人的左腿被夹在采面溜子的机头，造成左腿粉碎性骨折。事故之后，当事人后悔地假设：如果当时溜子司机在重新启动溜子时，能按照规定先实行“点动”的操作；如果当时在搬运单体支柱时，当事人能先通知一声溜子司机不要开车；如果当事人当时不去违章横跨溜子，就不会出现这种事故了。种种假设的偶然性，造成了必然受到伤害的结果，这是思想松懈、麻痹大意、安全意识差的结果。

事故的发生，往往具有偶然性与必然性。从偶然性的角度讲，不会如此巧合，正站在溜子上搬运单体支柱，溜子就会启动运转。从必然性的角度讲，只要思想松懈、麻痹大意，违章横跨溜子，就会出现事先无法预料到的事故。在生活工作中，我们常常把粗心大意、麻痹大意当成一种无伤大雅的坏习惯，认为这种常见的小毛病不会带来什么令人遗憾终生的事件。但是，对于安全来讲，一个微不足道的疏忽，一个细小的隐患，就有可能导致事故的发生，并且受到事故的伤害。因此，班组在生产作业中，要提升职工的自我保护意识、遵章守纪意识，要努力使职工的观念从“要我安全”转变为“我要安全”，这实际上是对生命价值的再认识。因此，应当改变照本宣科和说教式的学习方法，引导职工从珍爱自己、珍惜工友生命的视角出发理解安全生产政策法规，理解规章制度，理解遵章守纪的意义，从而自觉地将遵章作业和珍爱生命联系起来。班组要时刻关注职工的身体和精神状况，尤其要注意培养职工的安全意识和安全操作习惯。作业时，工人们一定要遵守规章制度，严格按照规程标准操作，千万不要冒险作业、违章作业。

2. 违章进行人工打桩作业招来的坍塌伤害事故

一大块混凝土垮下去，接着涌出大量的流沙，周围的井壁也跟着坍塌，大家都惊呆了，大家奋力把绳子摇上来时，绳子上除了粘满的泥土，什么也没有……

1999 年，刚走出学校的王某，在南方某城市待了半个月也没找到合适的工作，到最后连吃饭的钱都没有了。为了解决生计，王某打算到工地去做苦力，熬过一段时间再说。

顶着烈日的烘烤，王某到一个个工地去问有没有活让他干，很多工头瞟他一眼就摇头，说他吃不了苦，不肯要他。就在王某要绝望的时候，终于有一处人工打桩的工地（也叫挖井）收留了他，因为挖井需要两个人合作，下面一人挖，上面一人负责用摇手架把下面的土摇上来，而他们工地刚好缺了一个人，就把他用上了。

跟王某合作的是老杨，四十多岁的年纪，满脸络腮胡子，熊腰虎背。每天都是他下井挖土，王某在上面摇土，他干活总有使不完的力气，动作快得很，当王某好不容易把一桶土摇上来的时候，下面的桶又装满了，王某就这样不停地摇，每天累得骨头都快散架了，但为了有饭吃，王某只有咬着牙坚持下去。

时间长了，王某发现一个奇怪的问题，就是他们的井出土比别人少，混凝土用得也比别人少很多，但他和老杨每天挣的钱却比别人多。休息时，王某忍不住悄悄问老杨，老杨笑而不答。后来发现老杨除了最上面那一米井壁挖够厚之外，下面的井壁就很薄，规定挖掘 20 厘米的壁厚，老杨只挖了不到 10 厘米，难怪用的混凝土还不到别人用的一半。这可是偷工减料啊，虽然这样提高了工作效率，多赚了钱，可要是影响到整栋大楼的安全，那岂不贻害无穷，再说，井壁那么薄，老杨在下面，要是土层结构不结实，塌方了那岂不很危险！

王某把自己的忧虑跟老杨说了，没想到老杨哈哈大笑，说挖好的井是用来倒钢筋混凝土的，井壁根本不会影响到大楼的安全，至于他的安全只要他别乌鸦嘴就行了。老杨都那样说了，王某也不便多说，只是平时多留了个心眼，经常观察井壁有没有异常，以便及时告诉老杨。

王某担心的事还是发生了。那时他们的井已经挖到 16 米深，就剩最后 1 米就完工了，那天开工没多久，王某就发现离地面 5 米深的地方，井壁突然有了裂痕，裂痕正在扩大。王某赶紧大叫老杨，但他一直在井下埋头干活，似乎根本听不见，王某只好用力甩动摇土绳子来撞击老杨，挥动手势招呼他上来，周围的工友听见王某的喊声也都过来帮忙，老杨这才知道不好，抓住绳子让他们往上拉，但是突然一声巨响，一大块混凝土垮下去，接着涌出大量的流沙，周围的井壁也跟着坍塌，大家都惊呆了，当大家终于把绳子摇上来时，绳子上除了粘满的泥土，什么也没有……后来动用了四台挖掘机经过三个多小时的挖掘，才找到泥人似的老杨，但他已经因伤势过重而停止了呼吸。

王某就这样眼睁睁地看着一场事故在面前发生，却无能为力。王某知道是他害了老杨，如果他当初坚决阻止老杨偷工减料，或者向工头汇报，老杨也许会受到批评，也许会被开除，但他不会出事。

建筑公司很快派来了工作人员对老杨的死因进行了调查，并找王某了解相关情况，由于怕被追究责任，王某并没有说出很早就发现安全隐患的事。王某只把当时见到塌方的情形说了出来，工作人员见王某年龄小也就没问太多，事后召开全体工人大会，对他们进行了相关的安全教育，要求大家一定要遵守安全规章制度，不要把生命当儿戏。从此工友们变得小心谨慎，不敢有丝毫大意。

事隔多年，王某依然无法忘记那一场事故，为自己年少无知隐瞒事情的真相而致人死命深深地愧疚。

事故教训与点评

这起事故的发生，在于事故当事人的偷工减料、违章作业，还在于安全意识的淡薄，在那么深的井下，井壁那么薄，只要土层结构不结实，塌方随时都有可能。以后事情的发展也的确如此，老杨因井壁坍塌而不幸遇难，他死于自己的违章作业，死于以敷衍心态对待工作。

在日常工作中，由于工作的枯燥和劳累，有些人往往用敷衍的心态对待工作，用违章作业的方式偷懒。从心理学角度分析，敷衍的心态容易使人对潜在危险视而不见，或者心存侥幸地认为“这种事情不会发生在我的身上”，或者“这件工作一会儿就完成了，还来不及发生危险”，或者“对付对付就完了，反正也不是我自己的事情”。换言之，之所以产生对工作敷衍的心态，其中一部分原因是对工作缺乏责任感，只顾自己的自私心态。自私心态虽然是一种近似本能的欲望，但是这种心态容易发生危险的结果，容易因为自己的私利而不顾安全，不仅威胁自身安全，也威胁他人的安全。所以，在“三不伤害”中，就有不伤害他人的要求。因此，班组在生产作业中，为了整个班组的安全，也为了自身安全，必须杜绝这种敷衍心态和习惯性违章的滋生泛滥，对于这种敷衍的心态、自私的心态，要及时批评纠正，不要伤害自己，也不要伤害他人。

3. 违章用铁锹把撬皮带招来事故

2002 年 6 月 15 日，刘某终生难忘的日子。那天早晨，班前会结束后，班长安排她与工友小马到污水处理站处理污泥输送皮带跑偏的故障。

到现场以后，正好赶上皮带停止作业检修时间，刘某她们就赶紧干了起来，并且三下五除二就干完了。可当皮带重新运行时，她们发现刚才的螺栓调整并不到位，皮带依然有些跑偏。当时天气非常炎热，再加上污水处理站温度比较高，热气逼得人喘不过气来，刘某心中不免焦躁起来，一心想着赶紧把活干完，好找个地方凉快凉快。于是她让小马到皮带滚筒位置观察，自己顺手拿起当班操作工的铁锹，想用铁锹把皮带撬过来，其实这是她们处理皮带跑偏故障的习惯性违章操作行为，因为大家都这样干，也没有出过错，所以谁也没当回事。

不幸的事情发生了，因为皮带正在运行中，加上刘某用力有些猛，身体突然失控，脚下打滑，一下子摔倒了，而手中的铁锹也随着皮带飞了出去，铁锹就像离弦的箭一样向小马飞去，多亏小马反应迅速，及时躲过了铁锹头，可铁锹把还是打在小马的身上，由于打击的力量很大，致使他右侧肋骨骨折。

这起事故给小马及其家人带来了伤害和痛苦，也给企业带来了损失，而刘某自己也一直悔恨不已！

事故教训与点评

这是一起习惯性违章操作行为导致的事故。

习惯性违章实际上是一种定式思维，并由定式思维导致事故，伤害自己或者他人。定式思维也称为思维定式，这是心理学研究中的一个重要课题。那么思维定式是怎样形成的呢？一是由过去的逻辑推理经验形成的。例如过去就是使用铁锹把皮带撬过来，这一次处理皮带跑偏故障，因为曾经出现过相似的状况，同样可以重复原来的做法，于是进行习惯性违章操作。二是由已有的社会经验或习惯形成的。定式思维作为一种思维活动方式，来源于现实生活经验，大量的现实生活经验，逐渐积累并且定型为思维定式。思维定式容易使人们产生思想上的惯性，养成呆板、机械、千篇一律的解决问题的方式。大量事例表明，思维定式确实对问题解决具有较大的负面影响。当一个问题的条件发生质的变化时，思维定式会使解题者墨守成规，难以涌出新思维，做出新决策，造成知识和经验的负迁移。更重要的是，从安全角度讲，只要是习惯性违章作业，就有可能引发事故，即使这次侥幸没有发生事故，但是下一次就有可能造成危害。人们经常说：常在河边走，哪有不湿鞋，就是这个道理。所以，班组对于习惯性违章行为不能姑息迁就，发现就要纠正。在此，还要记住这起事故之后的深刻教训：坚决杜绝习惯性违章操作，只有这样，才能保证生产安全。

4. 违章进行支护作业遭遇碎矸冒落招来的事故

李某在某矿基建工区从事采掘工作。别看他今年才 25

周岁，可在煤矿工作已经快满 7 年了，算得上“老煤矿”了。刚来的时候，他很遵章守纪，可随着时间的推移，他的思想发生了变化，安全意识也变得淡薄了，终于因为一时的侥幸心理，给他留下了永远的遗憾。

那是 2008 年 7 月 4 日凌晨 2 时 10 分左右，李某所在班在 1404 二号下山负责切眼开门，在放完炮后准备进行临时支护。当时，班长安排李某先进行敲帮问顶，然后再施工临时支护。李某认真地检查完顶板后，发现左帮上肩窝部位有一开裂碎矸，便马上用钢钎撬，试了几次，尽管每次都使出了很大力气，但碎矸还是纹丝不动。他向班长做了汇报，班长指示必须想办法把这个问题解决，否则就不准施工支护。他又用钢钎试了几次，但碎矸仍然不动。

此时，李某见班长离开现场去找车皮，觉得碎矸很牢固，不会在他干活的时候“凑巧”掉落。于是，便趁班长没有看到，贸然进行了临时支护施工。他在扒完右帮下边的棚腿窝后，就到左帮下侧去扒棚腿窝。正干得起劲，没有想到那块碎矸突然冒落，掉下一块重约 5 千克的矸石，李某躲闪不及，被重重地打到了腰部，剧烈的疼痛让他死去活来，心中追悔莫及。事后，经医院检查，其腰部第四脊柱骨为轻度骨折。

事故教训与点评

侥幸心理就是企图通过偶然的概率取得成功或避免灾祸。这导致了许多悲剧的发生。心理学研究结果表明，侥幸心理是人的本能意识，普遍存在于人的思维活动中。正常情况下，处于潜意识状态的侥幸心理还不能支配人的行为。可是，如果这个人的自控能力不强，潜意识就会占上风，就会使人头脑发热而发生失控行为。一个人如果形成喜欢依赖侥幸心理做事的习惯，就很危险了，是迟早要吃大亏的。

侥幸心理是引发事故的一个重要因素，因此班组需要加以重视，并有计划地培养职工的安全习惯。习惯是在长期的实践中逐渐养成的、一时不容易改变的行为、倾向或社会风气。心理学研究认为：某件事如果重复 21 次会成为习惯，如果有效重复做 210 次会成为专业者，如果有效重复 2 100 次会成为专家。习惯左右着人的思维方式、观念行为，直至成为“下意识”。行为科学研究认为：一个人一天的行为中只有约 5%是属于非习惯性的，剩下的 95%都是习惯性的。一种行为重复 21 天以上会形成习惯，重复 90 天即形成稳定的习惯。一种思想观念如果被验证 21 次以上，十有八九已经变成牢不可破的信念。班组可以利用这一规律，加强安全规章制度、操作规程的培训教育，通过课堂教学、现场示范、实际操作、“师傅带徒弟”等方式，培养职工养成日常工作中严格规范、一丝不苟执行安全操作规程的习惯，使职工的安全行为反复强化，直至成为条件反射，从而养成安全的习惯。

5. 违章滑入刮板输送机作业招来的骨折事故

罗某是重煤集团打通一矿的一名采煤工人。2004 年 4 月 15 日，因违规而付出了沉重代价。时至今日，他的伤腿一遇天气变化，就不断地疼痛使他倍受煎熬。唉！真是悔不当初！

4 月 15 日，那天是中班，班里定下了“保 4 争 5”（保证完成 4 刀，力争 5 刀）的目标任务。在排班时，班长要求各岗点密切配合，避免生产环节脱节，对此，全班员工积极响应。罗某的工作是负责工作面进风和回风两巷顶板的超前支护。作为班里的骨干，他心里清楚自己工作岗位的重要性。每当工作面割了一刀煤后，刮板输送机就要向前推移，而他就必须及时用单体支柱将输送机的机尾部打好压柱，以保证割煤时刮板输送机的正常运转。按照规定，在打机尾部压柱时，必须停止采机割煤。但罗某为了不耽误出煤时间，照常让割煤司机继续割煤。在刮板输送机载着滚滚煤炭快速运转的过程中，先熟练地用单体支柱将机尾部后山面的压柱打好，当他抱着一根大约 80 千克重的单体支柱站在刮板输送机上，正准备打煤壁面的压柱时，机尾部突然翘立起来，他的脚一下子就滑入了高速运转的刮板输送机里，右脚、小腿当即卡在刮板下，造成严重骨折。如果不是工友及时停机，后果不堪设想。

事故教训与点评

这是一个典型的违章冒险作业事故，从事故发生的经过来看，不发生事故属于偶然，发生事故属于必然。按照规定，在打机尾部压柱时，必须停止采机割煤。但为了不耽误出煤时间，当事人违章让割煤司机继续割煤，在刮板输送机载着滚滚煤炭快速运转的过程中，将机尾部后山面的压柱打好。可以设想，在这种危险的状态下，稍有疏忽就会发生事故，本起事故中当事人的右脚、小腿被卡在刮板下，造成严重骨折。如果不是工友及时停机，后果不堪设想。

从安全心理学角度来分析事故，事故是由当事人过度自信心理导致的失误。过度自信或称为自负，主要是对自我能力的认知过高。适宜的自信是帮助人们产生面对挑战和困境的力量的内在源泉，然而，如果人对于自身的能力没有正确的评估，对于自我的认知失之偏颇，则会产生由缺乏自信导致的自卑，或者由自信泛滥导致的自负。过度的自信会给人们的生活和工作带来很多困扰，要改变这种心态，就要正确认识自我。过度自负来自于缺乏正确的自我意识，缺乏对自己客观的自我评价，对于有这种倾向的人，可以通过让其有意识地识别自身的想法、感受和行为的方式，帮助其深入洞察自我，对于自己的想法、期望、行为以及个性特征等形成正确的判断和评价。对自己的评价过高或过低，都会产生自负或自卑的心理，自负时会以自我为中心，目中无人，而自卑时则会认为自己一无是处，自惭形秽，这些都会影响我们处理与社会及他人的关系。因此通过对自己的洞察和理解，帮助自己建立正确的自我评价相当重要。

6. 自恃经验丰富无视安全操作规范招来的事故

2000 年 8 月的一天，某企业建筑施工队员工黄某与王某一起床就被班长叫住了。

“今天，你们两个去把那大楼外墙的洞补一下。”

“洞，就是那个直径半米左右的小洞?”黄某问了一句。

“对，你们去补一下。要当心，先搭个钢管脚手架，再系好安全带，再……”黄某心里嘀咕道：补这么个小洞，不是毛毛雨嘛，我做了那么多年了，干这么一点小事，不必兴师动众吧！他没把班长的话当回事。

听完班长的吩咐，黄某和王某来到大楼底下，抬头看了看那个洞。说它低吧，不低；说它高吧，也不算太高。要补这个洞，还非得用架子什么的撑一下。班长说搭个脚手架，补这么一个小洞，就要搭一个独立的钢管脚手架，这也太麻烦了点。黄某一边想着，一边环顾四周，视线落在了不远处墙边的铝合金人字梯上。

“就用这梯子，你帮我看着，我来补。”

“行吗?”王某半信半疑地问。

“没事儿，做了这么多年了，相信我，没错的。”

于是，黄某搬来梯子，又随手拿了一顶安全帽，往自己的脑袋上一扣，爬上了靠在墙上的铝合金人字梯。

王某抬头看着黄某一点儿一点儿往上爬，心想：“看来没事儿，到底是老员工。”

黄某一边爬一边得意扬扬地想着：这不是挺好的，幸亏没听班长的，搭什么脚手架，那要做到什么时候。看来今天可以早点下班了。下班后，找人喝酒去，找谁呢?

黄某正胡思乱想着，突然觉得身体晃荡了一下：怎么回事儿，我的手和脚还在梯子上，怎么觉得人不着边，在空中晃呢?糟了，完了……

当王某看到黄某从空中摔了下来，一下子吓傻了。幸好他还知道救人，马上拦了一辆车，将黄某送到了附近的医院。虽然医生竭尽全力抢救，但黄某终因脑部严重受伤，经抢救无效死亡。

此时，一直在一旁守候的王某不禁自言自语地说：“如果听班长的话，就好了。”

事后，事故调查小组一致认为：该事故的主要原因是违章操作。事故的直接原因是，黄某虽然经过三级安全教育，上岗前又接受了安全技术交底，但自恃有多年工作经验，且工作量小，无视班长的意见及安全操作规范，违章作业而导致了这起事故的发生。

这起事故的间接原因有二，一是项目部领导及安全员没有及时检查，未能及时制止施工人员的违章作业；二是现场监护人王某没有及时制止违章行为。

为预防此类事故的再次发生，该单位立即召开员工大会，以这起事故为典型事例，进行员工安全教育；重申了必须严格遵守安全管理条例及安全制度；要求全体员工牢记安全教育的内容，增强安全意识，提高自我保护能力，真正做到安全生产；针对各工种不同的特点进行安全教育，要求其严格执行各自的安全操作规程，严格按安全技术交底进行操作，如确需要改变，必须征得班长及项目负责人的同意，并落实相应的安全措施方可施工；对现有的施工设备及登高作业工具进行安全检查和维修保养。

与此同时，与这起事故相关的人员也受到不同程度的处罚：工地项目经理负有领导责任，管理不严，被处以行政警告处分和相应的经济处罚；安全员负有安全督促检查不力的责任，被处以扣罚半年奖金的处分；现场监护人员负有没有及时制止和汇报该起违章作业的责任，被处以扣罚年终奖30％的处分。

违章者付出了生命的代价，这个悲剧留给我们的教训永远不能忘记！

事故教训与点评

两名员工面对大楼底下需要填补的洞，班长要求他们搭个脚手架，但是作业人员为了图省事，借用了墙边的铝合金人字梯。结果，一名员工不慎发生高处坠落，导致死亡。违章者付出了生命的代价，但这个悲剧留给我们的教训却永远不能忘记，那就是不要怕麻烦，要遵章守纪。

在这起事故中，作业人员怕麻烦、图省事的侥幸心理，导致了作业人员不搭脚手架，借用铝合金人字梯作业，进而引发了事故。一些不良的个性心理特征，常常是酿成安全事故与人身伤害的原因。对待本职工作，有些人认真负责、踏踏实实，有些人敷衍了事、马马虎虎；在工作过程中，有些人谨慎小心，有些人粗心大意；对待上级违反安全规定的作业指挥，有些人不予盲从、据理力争，而另一些人则不敢抵制或违心地屈从。有不良心理特征的人均易发生错误，产生不安全的行为，并容易导致事故的发生。就侥幸心理而言，人们工作和生活的方方面面、时时处处都存在，只是轻重程度不同而已。侥幸心理，即人们总是相信概率，认为小概率事件不会发生。而莫非定律告诉我们：如果坏事情有可能发生，不管这种可能性多小，它总会发生，并引起最大可能的损失。在工作和生活中，当你感觉事情不对时要特别小心，千万不要麻痹大意，更不要铤而走险。在生产作业中，要做好一切准备，将事故隐患消灭在萌芽状态。这也是我们最想得到的结果——安全。毕竟生命只有一次，生命高于一切。

7. 不听他人劝告违章作业招来的人身伤害事故

某工厂数年前从对口的扶贫地区招来了一批合同工。其中一位赵姓青年，小学文化程度，但小伙子肯干，长得魁梧健壮有力气，但缺点是听不进他人劝告，好自以为是。

赵某来到工厂后，由于文化水平低，被分配到运输队当了名跟车装卸工。农村青年有了固定的工作，收入稳定，心情舒畅，工作努力，听从厂里师傅的指导，随汽车今天东明天西，有时早有时晚，学习的机会和与集体共同生活的时间少。然而时间一长，他进厂时的那股新鲜劲没有了，积极向上的进取心也逐渐衰退了。在缺乏监督、检查、指导的工作条件下，搬运与装卸怎样省力就怎样做。驾驶员是个中年人，赵某来跟车之初，他对赵某很是关照，特别是生产安全方面更是多方指点，赵某也能听得进去。随着时间的推移，赵某的知识和经验也逐渐增加，此时的赵某就嫌驾驶员啰唆，听的少，不听的多，有时甚至一点也不听。驾驶员也在想，赵某进厂已经几年了，也算是个“老工人”、熟练的装卸工，自己的安全自己管，老是去提醒他又不爱听，影响相互关系，少管闲事吧！渐渐地除非不得已，驾驶员不再关照他，对他的操作一般听之任之，赵某也就更自由自在地干着他的搬运工。

这天赵某随车来到焦炭仓库装焦炭，因料仓放料门把手离地面 2 米有余，并在一上料皮带机旁，按规定应在车辆停稳后，人站在车厢板上拉把手放料。但赵某为了方便不爬上卡车，自恃身材高大就站在车尾与皮带机之间的夹缝里，踮着脚拉动放料门手柄。在皮带机旁的一名操作工看见了，急忙叫赵某赶快停下来，说这样做太危险，但赵某却不予理睬，恰巧此时卡车车厢的前半部分已堆满焦炭，赵某叫驾驶员将车向前移。由于松刹车、挂挡和地面向内后倾斜，卡车在向后滑动时，赵某被挤在卡车与皮带机架之间，一旁的工友急忙呼叫，驾驶员连忙将卡车向前开动，这时赵某自行走出夹缝，只走了几步就倒地不起，工友们连忙将他送往医院，终因动脉血管破裂，抢救无效死亡，一个 26 岁的生命就此结束了。

这起事故的发生，主要是赵某图省事，不按照操作规程操作，明知有危险，却不考虑安全，而且还不听劝告，自以为是，由此则难免出事。

事故教训与点评

在这个事例中，赵某的自以为是的性格害了他。从事故经过来看，那天赵某随车来到焦炭仓库装焦炭，因料仓放料门把手离地面 2 米有余，并在一上料皮带机旁，按规定应在车辆停稳后人站在车厢板上拉把手放料，赵某为了方便不爬上卡车，自恃身材高大就站在车尾与皮带机之间的夹缝里，踮着脚拉动放料门手柄。这时有人阻止还不听。最终导致被挤在卡车与皮带机架之间而丧命。

从事故发生的情况看，赵某来到工厂后，时间一长，进厂时的新鲜劲没有了，积极向上的进取心也逐渐衰退了。在缺乏监督、检查、指导的工作条件下，怎样省力就怎样做，别人劝告也不听。从赵某的精神状态来看，他正是陷入了职业倦怠的陷阱，这种倦怠感让他对工作失去了耐心和理智，在工作中不够谨慎，失去兴趣，结果操作失误，伤害了自己，这正是职业厌倦综合征的表现。职业厌倦综合征是指长时间对工作感到厌烦，工作不起劲，什么都懒得去做，工作效率低，失误多的症状。职业厌倦综合征的产生主要有三个原因：一是长期的工作压力引起身心状态的不良反应；二是身心存在疾病；三是对工作内容缺失兴趣，如对岗位安排不满、对工作不感兴趣、长期单调地重复劳动等。对此，职工本人需要注意自己的健康状态，平衡好工作和生活的关系，遇到压力要及时缓解，避免长期的精神压力带来的精神疲惫，进而导致不良状态的出现。同时，班组也要关注职工的心理健康，多组织职工进行一些文化娱乐活动，调节工作带来的心理压力。

8．新年夜班时刻维修清花车麻痹大意招来的断手事故

一个人一生中能引以为荣的事情不多，而引以为戒、引以为训的事情则不少，特别是那种由于自己麻痹大意造成事故而导致伤残的事情，更是令人遗憾终生。

韦某是一名“老三届”，在黑土地里滚了10年。后来进了纺织厂。由于他肯吃苦，钻地笼、扫尘室，样样都做；又由于他肯钻研，虚心问、勤奋学，很快就成为清花车间的技术骨干。他熟悉生产流程，也熟悉纺织机械“老虎口”的特点，经常参与“老虎口”的技术革新。他修车还修得快，修得好，被大家称为清花“一把手”。因此，他多次被评为厂

里的先进工作者和“十佳青年”。每当他把奖状捧到瘫痪在床的老爸面前时，为抚养他辛劳大半辈子的老父亲总是说：“儿子啊，有出息，有出息。”

就在他为自己所掌握的技术而自豪的时候，企业进行重组调整、压锭减员，老婆为此而下了岗，而他则站稳了脚跟。他的技术上“一把手”的优势，在厂里和家里都得到体现。尽管全家的重担都压在了他的肩上，但他还是乐观地唱道：里里外外“一把手”，穷人的日子不用愁。

转眼到了小年夜。他顶岗做夜班，这是老企业最后的一个班。机械状况自然不好，防护联锁装置摇摇晃晃，其中有一台清花“老虎口”机械联锁装置中的联锁销也没了。反正要全部拆光，所以没有专门维修。大家相互提醒要注意安全，平平安安迎新年。凌晨时分，一台机器出了故障。他一看，正是那台失去机械联锁销的清花车，考虑到联锁装置有问题，他切断电源后在车间里兜了一圈，估计马达已停妥，他才打开“老虎口”窗门，伸手去处理故障。万万没想到机械并没有停止运转，它一刀刃重重地砍在他的右手上，一阵剧烈的钻心之痛传遍了全身，他无力挣扎，打手无情地吞噬他的手掌，吞噬他的手臂……

他不知道工友们是怎样发现他的，企业是怎样派人在半夜里送他进的医院。等他清醒过来时，周围是一片“噼噼啪啪”的爆竹声。他第一次在医院过年，第一次同时忍受着肉体疼痛与心灵伤感度过新年。

此时，他仿佛听到了视他为唯一精神寄托的老爸的叹息，他一定在苦苦地等着他吃团圆饭，等着他给他喂药。而做儿子的不仅不能让他晚年幸福，还不能好好地伺候他，尽一份孝心。可恶的“老虎口”，他为什么要贸然地把手伸进去！

此时，他想到了跟自己一起生活了20年却没有好好享受过的老婆。他这个所谓的里里外外“一把手”，到头来还要把全家的重担全甩给她，让她为他负重操劳、伤心流泪。那个失去销子的机械联锁，他为什么事先不把它修好！

此时，他看到了品学兼优的女儿那期待的眼神。不争气的爸爸不仅失去了“一把手”，而且还失去了助孩子安心读书的一臂之力。新年开学，他拿什么给孩子付学费！为什么他那么麻痹大意，为什么他那么没有自他保护意识！

望着失去“一把手”的残臂，他好像掉进了深渊，痛心疾首。他意识到：他引以为自豪、引以为荣耀的“一把手”不复存在，他失去的远远不只是“一把手”。

他在痛苦中熬过了一天又一天，一夜又一夜。那天，他在老婆的陪伴下，来到厂里报销医药费。这时，厂子变了，合资企业的牌子挂在了厂门口。原本他凭着“一把手”的能力，可以在这家合资企业大显身手，而今他却剩下一只手。一位接待他们的领导告诉他：老厂转制后改成了合资企业，剩下的人自力更生。当他看到韦某激动的神态，马上安慰道：请不要着急，企业正在积极地想办法，帮你解决医药费和生活补贴等问题……

此时此刻，一种悲伤、一种悔恨再次从他心底涌出，他伤心地流泪了，他想，他能怨谁呢？只能怨自己，怨自己忽视安全。警世良言说得好：“疏忽一时，痛苦一世。”这次事故对企业、对自己、对家庭所造成的损失和创伤，都是无法用钱或其他东西来衡量和弥补的！

从“一把手”到一只手，他深深地认识到：安全是自己的事情，是自我的需要。他要告诉大家：安全无小事，防范靠自己。安全不仅关系到企业的生产和效益，还关系到家庭的幸福和美满，关系到家庭中的老老少少。“安全第一，预防为主”是用生命和鲜血换来的，为了自己，为了家庭，为了今天，为了明天，请善待自己，请善待自己宝贵的生命！

事故教训与点评

事故的发生往往是一瞬间的事情，而事故之后的痛苦却要延续终生。从事故经过来看，在事故发生之前，当事人实际上已经预感到危险，考虑到联锁装置有问题，切断电源后在车间里兜了一圈，估计马达已停妥，才打开“老虎口”窗门，伸手去处理故障。万万没有想到，机械打手并没有停止运转，它一刀刃重重地砍在当事人的右手上，无情地吞噬手掌和手臂。

在生产作业中，隐患与事故之间不停地发生变化，其中最值得我们关注的就是隐患与事故的变化规律。隐患与事故二者均存在、发展于生产实践的运动之中，事故是从隐患转化而来的。其演绎形式是：隐患→事故。但是，两者又有量变与质变的区别：隐患是事故的量变过程，事故是隐患的质变结果。就这起事故而言，事故发生之前，一台清花“老虎口”机械联锁装置中的联锁销没有了（隐患），凌晨时分那台失去机械联锁销的清花车出了故障，考虑到联锁装置有问题，切断电源后估计马达已停妥，才打开“老虎口”窗门，伸手去处理故障。万万没想到机械打手并没有停止运转。这起事故说明，事故是隐患的质变结果，事故是从隐患转化而来的。

预防事故的发生，需要每一位职工都要加强风险识别意识。风险识别是指在风险事故发生之前，运用各种方法辨别所面临的风险并且分析风险事故发生的潜在原因。这包括对风险的感知和分析两个方面，前者是风险识别的基础，后者是风险识别的关键。感知风险就是对客观存在的各种风险进行认知，只有在感知风险的基础上进行分析，才能够挖掘出导致风险事故发生的条件因素，为拟定风险处理方案，实施风险管理决策服务。而分析风险即分析引起风险事故的各种因素。对于所面临的风险有所感知、有所认识，才能有效识别隐患，预防风险、预防事故。

9. 违章打开馒头机保护罩清除面团招来的事故

提起邱某失去的右手，她真是懊悔不已。13 年前，她在重庆永荣矿务局某单位后勤科伙食班当炊事员，单位为减轻炊事员的劳动强度，购买了馒头机。在一次班组学习会上，分管后勤的厂领导对伙食班提出了要求，强调安装馒头机要装接地保护装置，要注意馒头机螺旋转动设备的安全使用。当时，她觉得在这个问题上，领导太絮叨了，对此不以为然。

1991 年 11 月 3 日早晨，她当班，由于做的馒头不成形，就去找班长来查找原因，班长发现是因为她和的面太稀，面团粘在馒头机的螺旋上。于是她与班长一起清理粘在螺旋上的面团，准备重新和面。她打开螺旋的保护罩，习惯性地将右手伸进去清理面团，突然螺旋转动起来，她没来得及躲闪，手被卷了进去，顿时血肉模糊。她痛苦地呼叫着："班长，她的手！班长，她的手……"

当她从昏迷中醒来时，发现自己的右手已经进行了截肢手术，真是痛苦万分。她失去一只手，都是由于缺乏安全知识、习惯性违章造成的。

由于对馒头机结构和性能不是很了解，对安全操作规程了解不够，在馒头机螺旋需要清理的情况下，她盲目地打开保护罩，又在没有停电的情况下擅自打扫，并且违章用手去排除面团。班长与她一起作业，缺乏互保意识，错误启动开关，让转动起来的馒头机"吃"掉了她的右手。

没有了右手，给她的生活带来诸多不便，追悔莫及。如今，她失去了劳动能力，丈夫单位效益不好，孩子读书要花钱，事故给她的家庭带来了灾难性的创伤，这一切都是她不重视安全的结果。

事故教训与点评

这起事故的发生，一方面是习惯性违章操作，当事人打开馒头机的保护罩，习惯性地将右手伸进去清理面团，结果螺旋突然转动起来，没来得及躲闪，手被卷了进去；另一方面则是班长缺乏互保意识，错误启动开关，导致馒头机的转动。当事人认识到，事故都是由于缺乏安全知识、习惯性违章造成的。

习惯性违章也是一种不安全习惯。对于不安全习惯，在哲学上有个理论叫作"秃头论证"。说的是，当一个人头上掉一根头发时觉得很正常；再掉一根时也不用担心；接着又掉了一根，仍旧不在意……长此以往，一根根头发掉下去，最后秃头便出现了。著名的海因里希法则认为：每一起严重事故的背后，必然有29次轻微事故和300起未遂先兆以及1 000起事故隐患。事件的发生是量的积累，如果不注意细节变化，不注意量的变化，那么突变就会在不知不觉的渐变中发生，当你发觉时，事物的性质早已走到了反面。哲学上一般将其解释为量变到质变。在企业安全生产中“秃头论证”现象也时常可见，虽然安全生产的规章制度很全面、很严格，但有些职工为了赶生产进度，为了省力气，而忽略了安全规程要求，一次、两次、多次凭侥幸未出现事故，逐渐形成了违章作业的坏习惯，最终酿成重大安全事故。一位外国学者曾对数万起煤矿工伤事故进行统计，其中80%都是由习惯性违章引起的。为此，企业在安全生产的宣传教育中，要注意对职工的不安全习惯进行纠正，教育职工严格按程序操作，按规程作业，杜绝侥幸心理，运用多种手段持续不断地进行不安全习惯的纠正，直至让职工养成良好的安全习惯。

10.违章扒车招来的左腿轧碾断事故

刘某是矿井的信号把钩工，到矿工作多年，已经是10年合同期的合同制工人。2002年3月31日，刘某上零点班，刚一上班他就来到暗斜井绞车道下边的信号室。信号室也叫躲避硐，有车上下时，躲在这里很安全。刘某的工作就是给矿车摘钩、挂钩和发开车和停车信号，不过一个人操作还是有危险的。暗斜井提升道有七八百米长，两头悬挂的警示牌上明明白白地写着“行车不行人、行人不行车”的禁令。既然领导安排他一个人在这里干，他也乐得清静，没有活儿的时候还能打个盹。

这个班总共只提放了 10 趟车，刘某一会儿干一会儿睡，不知不觉就快到下班时间了。在他睡着的那一会儿，有一个放炮员从躲避硐口悄悄地溜过去了。放炮员看他正在打瞌睡，就没惊动他，背着一箱炸药悄悄地顺着暗斜井绞车道的台阶向上走去。

放炮员没惊动刘某自有他的道理。暗斜井是一个绞车道，行车不行人，对此矿上有严格明确的规定。这种偷偷摸摸的事情，他怕被刘某看见。

刘某醒来时是早晨 7 点多钟，放炮员刚走过不长时间。刘某打电话问了问暗斜井上平台的组长老刘，得知眼前的这台矿车提上去就可以下班，他有些不平静了。他升井的路线只有一条——从新副斜井的巷道走回去。虽说要走四十多分钟，但这条路是安全的，是遵章守纪者的一条路，是没有危险的一条路。

又累又饿又着急的刘某当机立断，和刚刚过去的放炮员一样，选择了那条违反规章的、不能行人的绞车道升井。比放炮员更可怕的是，刘某不是走，而是违章扒车，他要扒矿车快速升井。那是一辆装满矸石的几吨重的矿车。

这个班，他是提放车的信号员，只要他一发信号，矿车就会顺着绞车道被钢丝绳提升上去。信号一响，他跳到矿车前的“碰头”上，背靠矿车，两脚分开蹬着矿车的挂钩处。绞车道是一个大于 20°角的斜坡，这种能向后仰靠的姿势让他很惬意。但仅仅惬意了一瞬间，不安与惶恐便向刘某袭来。他意识到，这是严重的违章行为，只是他并没有想到自己会出事故，更没有想到他会死或受伤，他想到的仅仅是他的违章行为如果被抓到，是要被开除的。他暗自祈祷：今天千万不要碰到查岗的。

突然，他看到前方有灯光晃动，马上心虚地联想到是查岗的人正从台阶上往下走。惊慌失措的他没有多想就往左边跳了下去。由于跳得太仓促，右脚抬起的高度不够，长筒水靴被矿车碰头上的插销环挂了一下，身体失去了平衡，被快速行进的矿车带倒，装满矸石的矿车从他的左腿上轧了过去。他眼前一黑，觉得自己要死了，求生的本能使他再也顾不得自己的违章行为是否会被发现，撕心裂肺地大声哭喊："救命啊！救命啊……"

最先赶到的就是那位违章走绞车道的放炮员。放炮员顺着斜井绞车道吃力地向上走，走着走着，突然听到刘某发出的信号铃声，知道要提车了。他担心被人发现，更担心自己的安全，于是决定就地休息一会，等这一车提上去后再悄悄过去。为了躲避提升上来的矿车，放炮员必须紧贴着巷道壁，就在他犹豫不定的时候，矿灯光一闪一闪的，被同样"做贼心虚"的刘某看见了。

放炮员用矿灯一照，发现刘某的左腿连膝盖都不见了，只剩下半截血肉模糊的大腿，赶紧将他扶起，然后掐住他的断腿处以控制流血，并朝着上平台的几个机电队工人喊："快来人啊，刘某的腿被轧断了……"听到叫喊声，上平台的3位工友意识到出事了，连忙把矿车提到上平台，放下挡车栏、挡车绳，跑下来用旧风筒布做了个简易担架，将刘某送往地面。虽经医院全力抢救，终因断腿轧伤太重，已无法接肢，刘某永远失去了一条腿。

事故教训与点评

这起事故属于典型的严重违章导致的事故。在事故发生地暗斜井提升道，两头悬挂的警示牌上清清楚楚地写着“行车不行人、行人不行车”的禁令，因此在行车的时候不能行人，如果行人十分危险。而违章扒车更是危险，对此煤矿也有明确的规定，如果被抓到是要被开除的。在这种既危险又违章的情况下，刘某还是选择了违章，最后被快速行进的矿车带倒，装满矸石的矿车从他的左腿上轧了过去，永远失去了一条腿。

一般来讲，人们在艰苦的工作中容易违章，在恶劣的环境中容易违章，这是因为艰苦的工作体力透支大，迫切需要休息，恶劣的环境难以忍受，迫切需要离开。在这种迫切的生理和心理需求之下，于是铤而走险，违反规章制度。对于违章行为，特别是对容易造成人身伤害事故的严重违章行为，必须采取严厉的处罚措施，惩戒不安全行为。

惩戒不安全行为，可以运用热炉法则。热炉法则的含义就是违章行为如同用手触摸热炉，毫无疑问会被灼伤。在企业和班组安全教育中要利用热炉法则，加强对职工安全习惯的培养教育，让违章犹如热炉，使职工都懂得不能触犯，如有触犯，必受惩处。热炉法则的安全教育有四个要点：一是热炉火红，会灼伤人的预防性原则。这就要求企业和班组经常对职工进行安全规章制度教育，以警告或劝诫职工不要触犯安全规章制度，否则会受到惩处。二是每当有人碰到热炉，肯定会被灼伤的必然性原则。教育职工懂得只要触犯安全生产规章制度，就一定会受到惩处。三是当有人碰到热炉时，立即会被灼伤的即时性原则。对违章职工的惩处必须在错误行为发生后立即进行，绝不能拖泥带水，绝不能有时间差，以便达到及时纠正错误行为的目的。四是不管谁碰到热炉，都会被灼伤的公平性原则。对违章人员的惩处要公平，不管是谁，只要违章都要严惩不贷。

11．采取省事省时“高招”导致的事故

2008年12月2日，在北京市某居住小区一栋新楼即将竣工的收尾工作中，在拆除脚手架和搬运新楼木板作业时，作业人员为了图省事将楼上木板向下扔，一人为了躲闪飞来的木板，被绊倒在地并重重地摔在石头上，导致当场死亡。

（1）事故经过

2008年12月2日，北京市某居住小区一栋新楼即将竣工。收尾工作中，架子工领班周某按照项目部安排，拆除脚手架和搬运新楼木板。

周某虽然年仅33岁，但是从事建筑施工工作已有多年，由于勤奋好学，他在城市施工建设中成为一名架子工领班，指挥着十几名施工人员。按照施工程序，新楼完工后需要将脚手架和木板拆除。按照作业规章要求，高层的木板应该通过电梯送往地面，但这样费时费力，于是周某灵机一动，想出了一个自认为既省时又省事的“高招”：要求施工人员把6层以下的木板拆除后，直接从每层的外面往地上扔，把6层以上的木板拆除后通过电梯送往地面。

2008年12月2日下午1点，在周某的指挥下，开始了拆除脚手架和木板的工作。为防止木板伤及施工现场的来往

行人，周某和另外一名施工人员站在大楼下面的东西两头把守。“咔嚓”一声巨响，第一块木板落地，溅起了一些碎石和木板碎片；又是“咔嚓”一声，第二块木板落地，木板被摔劈的碎片弹起飞溅得很远……周某暗自得意，认为过不了多久就可以大功告成了。可万万没有想到，就在第三块木板被扔下来的瞬间，悲剧发生了——木板落地溅起的一块碎片飞向周某，周某急于躲闪，却没注意到脚下的石头，一下子被绊倒并重重地摔在石头上，顿时脑浆流出，当场死亡。

事故发生后，现场的作业人员都惊呆了，刚才还是一个活生生的英俊汉子，瞬间就成了躺在地上的尸体。现场人员急忙拨打“120”急救电话，随后，急救车把周某送往了医院，但是医院已无法挽回他的生命。

(2) 事故原因分析

造成事故的直接原因，是周某为了省事，指挥施工人员把 6 层以下的木板拆除后直接往地上扔，周某为了躲闪落物，不慎绊倒并摔在石头上，导致死亡。

造成事故的间接原因：一是施工单位管理人员未按施工实际情况落实安全防护措施，导致作业班组擅自违章作业；二是缺乏对作业人员的遵章守纪教育和现场管理不力。

(3) 防范措施

事故发生后，项目部立即将事故上报公司安全管理部门，并通知了周某的亲属。公司安全管理部门按照“四不放过”原则，立刻召集各建设项目部的经理，在工地召开现场会，并采取有效措施，避免事故再次发生。

一是施工单位召开全体管理人员和班组长参加的安全会议，通报事故情况，并进行安全意识和遵章守纪教育，重申有关规章制度，加强内部管理和建立相互监督检查制度，牢记血的教训，始终绷紧安全生产这根弦，消除隐患，杜绝各类事故发生。

二是要抓好班组长和员工安全教育，要把操作规程落到实处，要增加以案学法的内容。通过一桩桩血的教训归纳出来的各项规定，使一线施工人员深刻了解法规和操作规程的用意，从而学以致用、自觉遵守。

三是进一步加强对作业班组的安全管理，加强监督力度。项目部要结合施工特点，组织好专（兼）职安全管理人员，加强施工现场安全管理，安全管理人员随时到施工现场进行巡查，发现违规行为及时纠正。

事故教训与点评

周某的家乡在内蒙古乌兰察布市，妻子是一名小学教师，她接到通知后没敢和家人说实话，借口到外地开会，把上小学的儿子留给公公和婆婆照料，自己强忍着悲痛赶到了丈夫工作的建筑公司。当了解事故的真实情况后，她没有向公司提什么要求，只是在心底深深地藏着对丈夫的爱，并对丈夫因违章操作而酿成大祸感到悲伤。她独自一人暗暗流泪，不知道回家后怎样向公公和婆婆交代，更担心由此给不到10岁的儿子幼小的心灵造成创伤。她没有心思多待，按照公司的安排处理完后事，就带着公司给的抚恤金和周某的骨灰回到了内蒙古乌兰察布市。

事故发生后，不论是当事人还是旁观者，对此不禁十分感慨。楼房竣工本来是一件值得庆贺的事，却发生了这样的悲剧，作为架子工领班的周某，明知自己是在违章指挥、违章操作，却为图一时省事，搭上了自己的性命。

从心理分析的角度来看，需要产生动机，动机支配行为。有了动机，就要选择或寻找目标，然后进行实现目标的行为。需要得到满足，紧张、不安和不满消除，新的需要又重新发生，再形成第二个行为。需要是一切行为的动因。在这起事故中，作为架子工领班的周某，为了省时省力，违章指挥、违章操作，要求施工人员把 6 层以下的木板拆除后直接从每层的外面往地上扔，结果搭上了自己的性命。一般来讲，违章不一定发生事故，但是经常违章、习惯性违章，必然在某种机缘巧合的情况下发生事故。这起事故之所以会发生，就是施工人员没有按照操作规程操作，自以为创造了走捷径的道路，却是一条断送生命的绝路。

12. 疏忽大意未能发现致命缺陷导致的事故

2003 年 2 月 2 日，湖北铜绿山矿选矿车间选铁工段在生产过程中，一名电工在配电柜接潜水泵电源时，空气开关发生放炮拉弧，产生强烈电弧，导致这名电工的面部被电弧灼伤。

（1）事故经过

2003 年 2 月 2 日，湖北铜绿山矿选矿车间选铁工段在生产过程中，3# 泵房发生一起淹泵故障，需要启动潜水泵，抽取被淹泵室的矿浆。上午 8 时 40 分，工段值班电工李某接到工段指令后，来到 3# 泵房 4# 溢流泵配电柜接潜水泵电源。李某到达指定地点，在接潜水泵时，空气开关发生放炮拉弧，产生强烈电弧，将李某的面部灼伤。由于当天是农历正月初二，车间值班人员疏忽，致使事故现场被破坏，事故痕迹、物件都被移动，给事故分析工作带来一定困难。

事故发生第2天，车间专业安全技术人员对事故现场进行物件收集、清理，并对遭到损坏的配电柜、空气开关进行模拟复原，在现场发现李某使用的一支试电笔，安全技术人员从试电笔分析入手，发现试电笔为288型100～1 000伏。正常情况下，试电笔从顶端到尖端应有8厘米，但事故发生后，被遗失在现场的试电笔只有7厘米，另1厘米被高温电弧熔化。通过查看试电笔中间到被灼伤缺口下端有3厘米，而DZ20－200空气开关上端进线铜排中间相与第2根铜排相间距离正好为3厘米，李某使用的288型100～1 000伏试电笔，其中4厘米裸露在外，未按要求加装绝缘套，所使用的工具存在重大缺陷。同时，专业安全技术人员对4#溢流泵配电柜进行检查确认，DZ20－200空气开关接线柱端，三相绝缘插槽孔未见装有绝缘橡胶插板，再加上李某在验电中未对现场进行认真确认，各种因素累加，导致事故发生。

（2）事故原因分析

通过安全专业技术人员对事故现场的收集、整理及模拟复原，得出了事故原因结论：李某拉下配电柜DZ20－200空气开关电源，用试电笔在空气开关上端验电。当验到右数第三相铜排时，由于配电柜左上边一侧门未打开挡住视线，李某下意识地将试电笔向右边倾斜（因其使用试电笔为右手），以便观察，致使倾斜的未加绝缘试电笔与中间一相连火，造成相间短路，放炮拉弧，产生强烈高温灼热弧光，将其面部灼伤。故此，李某所用验电工具笔帽下端全部裸露，未加装绝缘套，李某在使用试电笔前疏忽大意，未能发现所存在的致命缺陷，是导致事故的重要原因。

（3）防范措施

事故发生之后，事故单位吸取教训，制定如下防范措施：

一是严把工、器具质量关，从产品采购、发放、使用等过程加强对工、器具的管理和监督。同时定期对工、器具尤其是绝缘电工、器具进行检查、校验，发现问题立即停止使用。

二是对车间所属配电设施进行全面检查、清理，对缺少绝缘隔板等安全附件的配电柜应立即重新装设。

三是加强对电器维修人员的安全技术培训，使之熟练掌握本工种的安全操作技能和安全操作规程。

事故教训与点评

这起触电导致的电弧灼伤事故，与李某所用验电工具笔帽下端全部裸露，未加装绝缘套直接相关，正是李某在使用试电笔前疏忽大意，未能发现所存在的致命缺陷，才导致此事故。

对于电工来讲，试电笔是必用工具，在经常的使用中，完全能够发现试电笔存在的问题，如果在思想上重视安全，多一些自我保护意识，这起事故就应该能够避免。之所以使用试电笔前疏忽大意，从安全心理学的角度讲，需要是一切行为的动因，一个珍惜生命与健康的人一定会重视安全工作，因为人有了安全的需要就会产生安全的动机，从而就会引发有效的安全行为。需要是推动人们进行安全活动的内在驱动力。在实际生产作业中，由于长时间处于安全状态，人的心理容易麻痹，这种安全需要、安全意识也会逐渐淡薄，进而影响到人的行为。所以，经常进行安全教育，特别是有针对性地进行事故案例教育，通过具体事故案例的警醒和教育作用，增强职工的安全意识。

13. 不按规定穿戴防护品导致的人员伤亡事故

2009年3月20日，重庆市某特殊钢公司技质部物理室试样加工组在生产过程中，一名试样工在操作普通车床加工两个拉力试样时，由于未按安全操作规程穿戴劳动防护用品，右手衣袖被旋转的拉力试样绞入，人被拉向车床方向，导致头与旋转的车床夹头撞击，造成死亡事故。

(1) 事故经过

2009年3月20日14时30分，重庆市某特殊钢公司技质部物理室试样加工组在生产过程中，组长陈某根据当天加工任务，安排试样工张某操作CA6140普通车床加工两个拉力试样。张某按照陈某的安排，开动车床加工试样，完成一个拉力试样的加工后，在加工另一个拉力试样时，感觉加工的难度较大，于是请组长陈某到车床指导并站在陈某右面听他讲解。约15时25分，陈某在使用外缠砂布的锉刀抛光试样斜坡度的时候，突然整个身体趴在车床上，张某立即关闭车床并上报情况，现场人员急忙打电话求救，十几分钟后，120急救车赶到现场时，经检查确认陈某已经死亡。

(2) 事故原因分析

造成事故的直接原因，是陈某未按安全操作规程穿戴劳动防护用品，在操作车床时，右手衣袖被旋转的拉力试样绞入，人被拉向车床方向，导致头与旋转的车床夹头撞击，造成事故。

造成事故的间接原因：是职工的安全意识淡薄。一方面是公司对职工的安全教育不到位，遵章守纪教育不够；另一方面是公司对现场管理不到位，违章现象检查、督促、纠正不力。

（3）防范措施

事故发生之后，事故单位采取了以下防范措施：

一是进一步加强各级管理人员和职工的安全教育，提高全员安全意识和自我保护能力。重视工人劳动防护用品知识教育，教导职工规范穿戴及正确使用好这把保护伞，这是搞好职工人身安全自保的基础。

二是加强检查监督，奖优罚劣，把职工劳动防护、个人安全自保这个安全工程基础构建得更可靠、更牢固。同时加强岗位培训，如机械设备的安全知识、登高作业和其他各种危险作业的安全教育。定期进行有针对性的现场考问讲解、技术问答、事故预想、反事故演习等现场培训。各班组根据各自生产特点和要害部位、危险区域和设备系统进行培训。

事故教训与点评

这起事故的原因是陈某未按安全操作规程穿戴劳动防护用品，在操作车床时，右手衣袖被旋转的拉力试样绞入，进而头与旋转的车床夹头撞击，导致死亡。

在这起事故中，作为试样加工组组长的陈某，为什么没有要求按照安全操作规程穿戴劳动防护用品呢？从事故发生的时间、过程来看，很有可能是麻痹大意、无意识违章。无意识违章的不安全行为是一种非故意的行为，员工没有意识到其行为是不安全行为。无意识违章与有意识违章虽然在动机上差别很大，但是在表现形式上没有什么区别。不论是有意违章还是无意违章，都容易导致事故。因此，即使是无意违章，也应该纠正。就这起事故来讲，如果有人纠正了陈某右手衣袖没有扣好的问题，那么事故就有可能避免。

14. 违章操作摇臂钻床装夹工件导致的伤亡事故

2007年1月10日，河北省某机械厂机加工车间在生产过程中，一名钳工在操作摇臂钻床时，因心情郁闷，并急于完成任务，不停车装夹工作，结果导致被麻花钻绞死事故。

（1）事故经过

2007年1月10日，河北省某机械厂机加工车间在生产过程中，下午14时上班后不久，钳工黄某在操作摇臂钻床加工汽车发动机缸体平衡轴孔时，由于急于完成任务，违章操作，不停车装夹工件。至15时25分左右，黄某在装夹工件时，由于情绪波动，注意力不够集中，插定销的左手衣袖被转速为200转/分的钻头绞住，而且越绞越向上，直绞到颈部，黄某大声呼喊。工段长陆某听见叫喊声，马上跑过来切断钻床电源，接着该车间职工何某、魏某等3人急跑过来，在用手反转主轴把钻头卸下的同时将黄某解脱下来，并立即送往企业医院，经企业医院初步诊断后立即用车送往大医院抢救，由于伤势严重，最终因抢救无效死亡。

（2）事故原因分析

事故发生后，厂安委会组织事故调查组，对这起事故进行了认真的调查和分析。

造成事故的直接原因，是黄某在操作摇臂钻床时，违反《机械工人安全操作规程》中机床工一般安全规程的第 6 条规定："调整机床速度、行程、装夹工件和刀具，以及擦拭机床时都要停车进行。"结果被麻花钻绞住衣袖以致扭伤左上肢及颈部，造成颈椎骨折，经医院抢救无效死亡。

造成事故的间接原因是：工厂、车间领导对职工的关心不够，教育不力，监督检查不到位。职工带着情绪上岗违章作业问题没有得到及时制止和解决，直至酿成事故。

(3) 防范措施

事故发生之后，事故单位采取如下防范措施：

一是把安全教育引入情感教育，使广大职工认识到"要我安全"是爱护，"我要安全"是觉悟。自觉遵守安全生产法规和操作规程。通过"安全百日无事故"劳动竞赛活动，建立全员、全过程、全方位的安全生产责任制，并形成一个人人讲安全，事事注意安全的氛围。

二是进行班组安全员的培训，提高班组安全员的素质，调动班组安全员的主观能动性，发挥他们的安全把关作用。定期按工种进行安全技术培训，提高操作者的安全技术素质。

三是进一步强化班组现场安全管理，落实班组"三查"(即班前查、班中查、班后查)制度和执行"个人保班组、班组保车间、车间保全厂"的"三保"制度，及时发现和消除不安全因素，为班组一线职工搭建一个安全生产平台。

事故教训与点评

黄某 40 多岁，属于国有企业职工，在钳工岗位工作了

4年，平时工作还算可以，但性格内向，不善与人沟通。发生事故的前一天，黄某因家庭经济问题与爱人吵架，爱人一赌气，就携女儿回乡下去了（距工厂仅9千米）。由于家庭不和睦，加之性格内向，黄某背着沉重的思想包袱上班，整天闷闷不乐，只埋头干活。刚好当天是星期六，工厂又发了工资，黄某工资领到手，一心想快点做完下班后回家看望老婆孩子，所以，在工作中赶进度，贪快，操作摇臂钻床违章装夹工件不停车，以致发生事故。

在生活工作中，那些对个人产生显著影响或关键性变化的事件叫作生活事件。生活事件的实质是人与人之间关系的一种表现。人从一生下来，就同他人发生各种关系，首先是和父母，其次是和兄弟、姐妹和家庭其他成员，在情绪、情感、语言、信息的沟通与交流中逐渐形成一定的关系。人际关系如何，是融洽、和谐，还是紧张，不仅会影响一个人的身心健康和生活质量，而且还会直接或间接影响工作效率和生产的安全。研究表明，有75％以上的癌症患者，在患癌症的前两年内，都有遭遇亲人或好友死亡的不幸。由此来看，带着情绪从事生产作业，由于精力不集中、注意力不集中，最容易酿成事故。这起事故的启示是：工作中一定要情绪稳定，不能因个人的烦心事、琐碎事影响注意力，否则极易发生事故。安全工作如绣花，一针一线不能差。这个血的教训告诉我们，在生产劳动过程中除注意力要高度集中（即精心操作）外，还要严格遵守安全操作规程，否则事故迟早会找上门。

15. 缺乏安全防护导致的高处坠落事故

2002 年 3 月 18 日，上海市奉贤区某镇精细化工厂某车间的一台反应锅在检修过程中，一名机修工在机械平台拆卸反应锅周边螺栓时，由于身体失去重心，从 2 米多高处的平台栏杆空当窜出摔落地面，经抢救无效死亡。

（1）事故经过

2002 年 3 月 18 日，上海市奉贤区某精细化工厂某车间的一台反应锅急需检修。机修工童某在机械平台拆卸反应锅周边螺栓时，由于螺栓锈蚀严重，他使用活动扳手，用足力气使劲扳，不料活动扳手从螺母上滑脱，童某整个身体失去重心，从 2 米多高处的平台栏杆空间窜出摔落地面，由于头部着地，当场昏迷不醒，随即被送往奉贤中心医院抢救，后又被转送至市级医院，终仍因伤势过重而回天乏术，于次日凌晨死亡。

（2）事故原因分析

造成事故的直接原因，是机修工童某在机械平台拆卸反应锅周边螺栓时，由于身体失去重心摔落到地面，导致伤亡。

造成事故的间接原因，是在高处作业中没有严格的安全防护措施，作业人员安全意识淡薄，没有按照规定戴好安全帽，系好安全带，做好作业地点周边的防护。

（3）防范措施

事故发生之后，事故单位采取了积极的预防措施：

一是切实加强安全宣传和安全教育，特别加大了对高处作业因用力不当造成身体失稳引发坠落事故严重性的宣传教育，使员工在作业过程中，时时处处想到安全，提高自我保护意识。

二是加强对作业现场的安全巡查和监管。作业现场的安全管理人员，在作业前要反复强调安全，严格落实安全措施，要仔细进行作业前的安全交底，发现人员违章等不安全行为，及时予以纠正。

事故教训与点评

这起事故的发生比较意外，因为作业地点并不高，只有2米多，周边还有平台栏杆遮挡，作业的难度也不大，只是拆卸反应锅周边的螺栓。在这种作业地点不高、作业难度不大的情况下，容易产生麻痹心理。如果童某能够事先预料自己的行为会造成如此严重的后果，想必是绝对不会有如此鲁莽之举的。

在增强安全意识教育的前提下，还要教育职工在高处作业时，碰到作业中疑难问题切不可蛮干，而应找出问题的症结，采取相应的措施。一味蛮干会给安全生产带来隐患，如在这起事故中，发现螺栓锈蚀严重，应该考虑刷些汽油，使锈死的螺栓松动后再加用管钳将其拧下。这起职工伤亡事故，还向企业领导和作业现场的安全管理人员传递了一个信息，那就是在做好设备设施即物的隐患整改的同时，不要忘记由于人的不安全行为带来的事故隐患。而人在作业过程中，由于身体失稳可能引发坠落事故这一隐患，不得不花大的气力切切实实进行宣传教育，以提高职工的安全意识，杜绝此类事故再发生，纠正人员的违章行为，也许会遭到一些职工的不满和反感，但是，“严是爱，松是害，出了事故害三代”，只要安全管理真正抓到实处，作业现场的安全事故就会明显减少，那么安全管理人员的良苦用心，最终也会得到职工的理解和支持。

16. 错误关闭阀门导致的管道超压爆炸事故

2002 年 3 月 30 日，山东鲁南化肥厂氨合成工段的吹除气管线突然发生爆炸，爆炸将附近的除盐水管线打断，由于现场岗位人员不熟悉发生爆炸的管道，一直没能采取正确的措施来处理，对生产造成一定影响。

(1) 事故经过

2002 年 3 月 30 日上午 11 时 20 分左右，山东鲁南化肥厂氨合成工段满负荷生产，冰机旁边的吹除气管线突然发生爆炸，断口处喷出大量带有氨味的气体，爆炸将旁边的除盐水管线的水表连接法兰打断，断口处有爆炸物飞出十多米远。听到巨响，正在厂区的生产厂长、总工程师及相关处室的人员纷纷赶往现场，由于现场岗位人员不熟悉发生爆炸的管道，一直没能采取正确的措施来处理，直至技术处的有关人员到达后，才切断了气体来源，避免了事故的进一步恶化。

经调查，事故发生时，在冰机处的吹除气管线本来是为了在非常状况下从此处手动或自动放空用的，正常运行状态应该是 1# 、2# 、4# 阀全开，3# 阀关闭。但是在爆炸发生后，经检查发现 1# 阀已经处于关闭状态，2# 阀也处于关闭状态。经过对现场相关人员进行询问，在爆炸发生前一小时，水汽操作工王某曾在1#阀处进行过操作，由于王某对中压蒸汽阀门不熟悉，对所在管道也没有仔细辨认（吹除气管道没有保温），就错误地将吹除气管道上的1#阀关闭，使该管道压力逐渐上升，至安全阀起跳压力时，安全阀正常起跳。在此期间调度人员通知冰机岗位人员关闭弛放气自调阀的前截止阀（因自调阀检修），但冰机岗位人员同样错误地将此吹除气管线安全阀的前截止阀关闭，造成该管道严重超压，最后发生吹除气管线爆炸事故，所幸没有造成人员伤亡。

（2）事故原因

造成事故的直接原因，是水汽操作工王某对中压蒸汽阀门不熟悉，错误关闭1#阀门，使吹除气管道处于充压状态。

造成事故的间接原因，一是由于安全阀内漏，合成工段错误地将前截止阀关至仅剩2扣（按照安全阀管理规定，安全阀前截止阀必须全开且打铅封），待安全阀起跳后，冰机岗位人员更是错误地将前截止阀关闭，导致该管道严重超压，最后发生爆炸。二是企业、工段管理人员对员工安全教育、技术培训不够，对公用工程管道、阀门标识不清，安全阀管理不好。

（3）防范措施

事故的发生虽然没有造成人员伤亡，但是距离人员伤亡并不遥远，只是没有那么凑巧而已。针对这起事故发生的原因，该厂制定了相应的措施防止类似事故的发生：

一是加强对岗位人员的业务培训，特别是对技术人员，利用内部培训、外送培训的方式，提高其业务水平。

二是严格执行安全阀管理规定，在正常运行时安全阀前截止阀必须全开且打上铅封，使安全阀切实起到安全泄压作用。

三是对全厂公用工程管网进行清理，对管道按规定进行标色，重要的阀门挂牌标志，防止误操作。

事故教训与点评

从事故的经过来看，操作人员的技术水平不高，是导致事故发生主要原因。心理学上把顺利完成某种活动所必须具备的心理特征称为能力。能力反映着人活动的水平。能力总是和人的活动密切相关的，只有从活动中，才能看出人所具有的各种能力。能力是保证活动成功的基本条件，在其他条件相同的情况下，能力强的人比能力弱的人更易取得成功。要提高能力，就需要持续不断地进行技术培训，减少操作失误。班组处在生产的第一线，要加强班组培训，提高班组全体人员知识、技能水平，让班组成员了解、掌握事故产生的原因和预防措施，减少操作失误，减少事故发生。培训时不但要教会操作工要做什么，还要让他们知道为什么这样做。例如，有人认为关阀门时，越紧越好，其实不然，阀门只要关严不漏即可，过紧会使密封面应力过大，相互间摩擦加剧，导致密封面过早损坏；有人关阀门不善于利用开关阀门时产生的冲刷作用清洗掉附在密封面上的固体小颗粒等杂质，这也是造成密封面过早损坏的原因之一。因此，班组培训要持续不断，内容要多次反复，强化记忆，达到熟练掌握的目标。

17. 违章清理排水井导致的伤亡事故

2005 年 7 月 5 日，山西省某热电厂供水车间在生产中，安排 4 名农民工清理排水井内的沉积物，由于农民工缺乏安全知识冒险蛮干，导致 1 人中毒死亡，1 人受伤。

（1）事故经过

2005 年 7 月 5 日 15 时，山西省某热电厂供水车间在生产中，安排农民工马某、任某等 4 人，清理排水井内沉积物。清理工作开始后，马某在井内清理，任某在井口用桶吊运，任某将吊上的第一桶沉积物倒在马路边，在返回井口时，发现马某倒在井内，任某立即召集另外 2 人，由任某下井救人，他们用绳子往上拉。任某在救人过程中，也晕了过去，井上 2 人将任某拉上来后立即报告车间领导，车间领导赶到现场，安排将任某送往医院抢救，同时用弯钩将马某拉上来送往医院，由于马某中毒严重，经抢救无效死亡。

（2）事故原因

造成事故的直接原因，是排水井内沉积的有机物质由于腐烂变质，产生甲烷、硫化氢、一氧化碳、二氧化碳等有毒有害气体，井内长期通风不良，氧气含量不足，聚集的有毒有害气体浓度过高。从事清理作业的 4 名农民工，缺乏基本安全知识，违章冒险蛮干，对井内可能存在有毒有害气体认识不足。

造成事故的间接原因：一是在安全管理方面，对职工的安全教育不够，作业前未对清理人员进行安全技术措施交底。二是作业之前未对井内气体成分进行检测，也没有为作业农民工发放个人防护用具（氧气呼吸器具或防毒器具）。

（3）防范措施

事故发生之后，热电厂供水车间，采取如下措施预防事故：

一是加强安全教育，提高职工安全意识和安全技术水平，增强自我防护能力。

二是完善井下及其他危险作业安全管理制度。特别是在井下作业之前，必须对井内有毒有害气体进行检测。

三是进行井下等各种危险作业时，要佩戴好个人防护用品，并加强监护。

事故教训与点评

这起事故的发生，与从事清理作业的 4 名农民工缺乏基本安全知识，违章冒险蛮干有直接的关系，同时也与作业之前未对井内气体成分进行检测，也没有为作业农民工发放个人防护用具有关。总的来讲，就是麻痹大意，因为以前没有发生过类似的情况，故此就不会予以重视，也就不会采取预防措施。

从安全心理学的角度讲，能力与知识、技能既有区别又有联系。知识是人类社会实践经验的总结，是信息在人脑中的储存，技能是人掌握的动作方式。能力与知识、技能的联系在于：一方面能力是在掌握知识、技能的过程中培养和发展起来的；另一方面要掌握知识、技能又是以一定的能力为前提的。能力制约着掌握知识、技能过程的难易、快慢、深浅和巩固程度。它们之间的区别在于：能力不表现在知识、技能本身上，而表现在获得知识、技能的动态过程中。从事清理作业的4名农民工，缺乏基本安全知识，不知道排水井内聚集有毒有害气体，而且浓度很高，如果他们知道，肯定不会麻痹大意，也肯定不会违章冒险蛮干。所以，加强对职工的安全知识的教育，加强对职工的技能培训，都是很有必要的。做得好，事故就有可能避免，做得不好，事故就会发生。

18. 未按规定佩戴防护用品导致的人员中毒事故

2004年3月15日，上海市宝山区某香料实业公司酯化车间在生产过程中，一名操作工作业时由于疏忽大意，未认真检查管道连接情况，也没有按照规定佩戴个体防护用品，导致发生急性丙烯醇中毒事故，造成1人重度中毒。

（1）事故经过

2004年3月15日8时30分，上海市宝山区某香料实业公司酯化车间在生产中，操作工梅某（男，33岁），开始将原料丙烯醇通过进料管加入反应釜，当他把进料管插入原料桶，打开管道上的进料旋塞时，进料管金属端与橡皮管连接处突然脱落，管道中的丙烯醇喷出，溅在梅某的面部及肩臂部，在慌乱中梅某还吸入一口丙烯醇液体。梅某马上用自来水冲洗面部及眼睛10分钟，但自觉眼痛、流泪症状无明显缓解，并出现咽部不适、胸闷、头昏、恶心症状，遂于10时被送至上海市化工职防院诊治，被诊断为“化学性眼部灼伤”。3月16日9时，梅某自述咽部疼痛，呼吸困难，肺部听诊有干、湿罗音，X射线胸片显示双肺水肿，经化工职防院医生会诊，被诊断为“重度丙烯醇中毒”。

（2）事故原因分析

造成事故的直接原因，是操作工梅某在进料前未认真检查管道连接情况就打开进料旋塞，在气压和液体压力下导致本已松动的管道连接处脱落，引起丙烯醇喷溅泄漏。

造成事故的间接原因，是操作工梅某进料操作时，没有按照规定佩戴个人防护用品，导致事故发生时毒物喷溅入眼睛和口部，增加了伤害的范围和程度。同时，企业对职工安全教育不够，安全管理存在漏洞，职工违章作业无人积极予以制止和纠正。

（3）防范措施

事故发生之后，该企业采取以下措施，预防类似事故的再次发生：

一是认真吸取事故教训，举一反三，查找工作的不足，克服麻痹思想，落实各级领导安全生产责任制，坚持安全第一，正确处理好安全与生产、安全与效益的关系。

二是强化现场安全管理，及时发现和处理事故隐患，落实各项管理制度，严格按章办事，加强现场动态安全检查。

三是加强职工培训，提高职工队伍技术素质和安全生产意识，培养发现和处理隐患的能力，严格遵守操作规程，培养遵章守纪的习惯，杜绝违章行为。

事故教训与点评

在这起事故发生之前，该公司生产运行十几年从未发生类似中毒事故，这是一件好事，但也导致职工麻痹大意。在这起事故中，操作工忽视安全生产和个人防护，未认真检查进料管道状态，也未佩戴个人防护用品，由此导致事故的发生。化工企业应引以为戒，平时要警钟长鸣，做好职工的安全培训和教育，并制定相应的安全管理制度，加强安全检查，督促岗位作业人员佩戴个人防护用品，谨防类似事故发生。

这起事故的发生，与个人的麻痹大意有关，也与个人的浮躁心理有关。因为心理浮躁，简单的事情也没有做好。在心理学上，浮躁心理是指做任何事情都没有恒心、见异思迁，喜欢投机取巧，讲究急功近利，难以安稳地工作。浮躁是一种负面心态，在情绪和行为上由于注意力狭窄，比较容易引起行为上的冲动，从而使得行动出现盲目性，作业时不够仔细认真。那么浮躁心理是怎么产生的呢？从主观因素来看，个人间的攀比是产生浮躁心理的直接原因。在同其他人进行比较的过程中，个体会出现对社会生存环境的满意度和对自己生存状态满意度的过低评价，因而使人们显得异常脆弱、敏感、冲动，稍有“诱惑”就会盲从。对于职工所存在的浮躁心理，要加强安全教育，使职工正确地认识到：每个人的成功，都付出了别人难以想象的努力和智慧。要保持一颗平常心，不要期待“天上掉馅饼”的事会在自己身上发生。还要正确地看待别人的缺点和错误，不要凭一时的情绪或偏见就对人和事下结论，要保持一颗平常心。要有务实精神，脚踏实地，踏踏实实干事情，认真钻研业务，对业务要熟练操作，只要努力付出，就会取得回报。

19. 遗忘罐内有人作业导致的人员烧伤事故

2004 年 9 月 21 日，河南某化工厂钛白粉酸解车间在清理烟囱尾气缓冲罐内积料时，由于是未停产作业，致使物料反应放热生成的蒸汽顺烟道进入缓冲罐，将正在罐内挖料的 3 名作业人员烧伤。

（1）事故经过

2004 年 9 月 21 日，河南某化工厂钛白粉酸解车间酸解工段安排清理 2# 烟囱尾气缓冲罐内积料，清挖积料临时负责人毋某与酸解岗位操作工徐某联系，告知罐内有人进行清罐作业，进行反应或加水操作时应及时通知罐内人员出来。11 时 30 分左右，站在三楼的操作工徐某准备往已熟化好的 2# 酸解锅内加浸出水，但是他由于忘记了罐内有人进行清罐作业这件事，在未通知清挖积料人员撤离缓冲罐的情况下，便通知二楼的另一操作工刘某将 2# 酸解锅锅底的加水阀门打开，致使管内的存水流入酸解锅内，与浸取物料反应放热生成部分蒸汽，顺烟道进入缓冲罐，将正在罐内挖料的毋某、王某、林某 3 人灼伤，3 人立即从烟囱人孔钻出，用大量清水冲洗，送往医院救治，毋某、王某 2 人伤势较重，烧伤面积达 80%。

（2）事故原因

事故发生后，公司领导和车间领导十分重视，立即赶到现场查看，调查事故原因；生产技术部又组织安全、设备、工艺管理人员及事故现场操作人员、车间主任召开了事故现场会，经调查分析，确认造成事故的原因。

造成事故的直接原因，是操作工徐某安全意识淡薄，在毋某告知他罐内有人清罐作业后，进行反应或加水操作时，理应通知清挖积料人员撤离，他非但未通知，反而通知另一操作工刘某按正常程序生产，结果导致事故发生。

造成事故的间接原因：一是清理积料负责人毋某进入缓冲罐内作业，未能严格按《厂区设备内作业安全规程》办理入罐作业安全证，并停产作业，悬挂“有人工作禁止开启阀门”警告牌，并设专人监护，属于严重违章操作。二是车间主任贺某和车间安全员王某，对未停产作业重视不够，工作安排不细，安全管理不严，职工有章不循，安全管理存在随意性，导致违章作业。

(3) 防范措施

事故发生后，企业和车间领导针对事故情况，制定以下措施，预防事故的再次发生：

一是组织全厂中层以上领导干部、安全管理人员召开事故现场会，举一反三吸取教训，开展全厂性查“三违”活动，一查自己有无违章行为，二查身边有无违章现象，从自我做起，从身边做起，彻底消除违章现象。

二是领导干部组织和指挥生产时，要做到安全生产“五同时”，即同时计划、同时布置、同时检查、同时总结、同时评比。

三是组织开展学安全操作规程、学安全规章制度、学安全知识活动，提高操作人员的操作技能和遵章守纪的自觉性。

四是结合工作实际，组织开展岗位事故预想活动，提高职工处理突发事件的应变能力和自我保护能力。

事故教训与点评

这起事故的发生，与操作工徐某的遗忘有很大的关系。

人的记忆与安全有很大的关系，而这起事故的发生就与记忆有关。记忆是指一个人所经历过的事物在头脑中反映并重现出来的心理过程。在生产过程中职工的记忆与安全是密切相关的。记忆过程也是职工学习安全知识、掌握安全操作技能必不可少的心理活动。在大多数情况下，一个操作者如果把操作程序完全遗忘了，他是不大可能正确操纵机器的。最糟的是，操作者由于记忆错误，按照错误程序进行操作，而他自己却没有觉察，这种情况通常被称为“心不在焉”。心理学家认为，心不在焉对于熟练的操作者较之不熟练的操作者更为危险。因为对熟练的操作者来说，熟悉或习惯了的工作干起来就像自动化一样，只需偶尔做些有意识的调整，因此，很少把意识集中在现在的常规动作上，大部分时间都去想别的事情。心不在焉最可能发生事故。

这起事故的发生，还与作业人员的违章操作有关，既没有悬挂“有人工作禁止开启阀门”的警告牌，也没有设专人监护，由此而导致事故发生。类似的事例很多，例如重煤集团金鸡岩运销部有一位叫罗富国的电工，在一次更换给煤机照明线路的时候，恰巧那天身上没带操作牌，如果回去拿得要 10 分钟的时间，为了图快，拉下闸刀后，就独自打着手电筒去检修给煤机照明线路，突然线路来电，接触到电线的手产生剧烈痉挛，整个身体失去平衡，从 3 米高的梯子上摔落下来，头皮擦着机架上的一根角铁尖角而过，如果角铁再向外偏移 10 毫米，后果就不堪设想。事后才知道，当天钳工要检修地坑皮带机，进坑后见照明灯闸刀未挂操作牌，就随手把闸刀合上。所以，罗富国告诫员工：要想做到安全生产就必须从小处做起，从细微处做起，事事处处讲安全，绝不可因其小而麻痹大意，一个小小的疏忽可能都是致命的。

20. 盲目焊接作业引起的火灾事故

2001 年 6 月 18 日下午，云南某电锌厂浸出车间在安装一台悬挂式电动葫芦过程中，焊接作业引燃正下方楼面堆放的 6 吨袋装高锰酸钾，造成 6 吨高锰酸钾及部分电力电缆和部分门窗设施烧毁，经济损失折合人民币 38 万元。

（1）事故经过

2001 年 6 月 18 日下午，云南某电锌厂浸出车间计划安装一台悬挂式电动葫芦，轨道走向为圆弧形，材质为 25# 工字钢，钢轨距离楼面高度 12 米。具体负责施工的单位是云南某安装公司。

18 时左右，施工人员需要对电动葫芦轨道进行焊接。在焊接部位正下方楼面堆放 6 吨袋装高锰酸钾。施工人员不清楚高锰酸钾的燃烧特性，便向当班班长李某询问该堆材料是否会燃烧，李某回答：“不会！可以放心焊接。”随后班长向分厂值班调度请示，值班调度回答也和班长李某一致。施工人员得到生产单位的许可后遂开始对钢轨进行焊接，他们为防止高锰酸钾燃烧，还在焊渣掉落的地方放置一块 45 厘米×45 厘米的铁板盛接焊渣。焊接还不到 10 分钟，生产岗位作业人员发现炙热的焊渣将高锰酸钾包装袋引燃并引起高锰酸钾燃烧。生产岗位作业人员迅速把安装公司施工人员从作业现场喊下来，并组织灭火，采用自来水灭火未能将火扑灭，火却越烧越旺。后采用石灰粉覆盖但也未能奏效，不到半小时 6 吨高锰酸钾全部烧毁。此次事故造成 6 吨高锰酸钾和部分电力电缆和部分门窗设施烧毁，经济损失折合人民币 38 万元。

（2）事故原因分析

事故发生之后经过调查了解，确认事故发生的原因。

造成事故的直接原因：一是高锰酸钾包装不合格。对易燃材料应当采用不燃材料做外包装，而该厂购买的高锰酸钾外包装则是采用可燃的人造革制成，而且包装袋上未标注内装材料为氧化剂。二是在施工过程中安装公司施工人员虽然采取一定的防护措施，但防护面过小，未考虑到焊渣飞溅，高温炙热的焊渣引燃高锰酸钾。

造成事故的间接原因：一是职工安全培训不到位。在事故中职工缺乏应有的安全知识培训，没有掌握高锰酸钾的燃烧特性以及在高锰酸钾起火后应如何有效扑灭。二是质量管理不到位。此次采购的高锰酸钾外包装不合格，首先包装袋采用了易燃材料——人造革制成，其次是该产品为易燃物品，但包装袋上未标注且未提供相关的使用说明书。

（3）防范措施

高锰酸钾是强氧化剂，本身不会燃烧，只是遇有机物、还原剂、易燃物可引起燃烧、爆炸。这起事故是高锰酸钾包装袋起火后，使高锰酸钾受热分解出氧，加速包装物燃烧及其他可燃物的燃烧，而非高锰酸钾本身燃烧。对高锰酸钾可用塑料袋或二层牛皮纸袋外全开口或中开口钢桶（每桶≤50

千克)，或用螺纹口（铁盖压口）玻璃瓶或金属桶（罐）包装。

高锰酸钾被加热会释放氧气助燃，在这起事故中未考虑到这一关键因素，而只是想到利用水灭火和石灰粉覆盖。用水灭火则是搅动高锰酸钾，增加了高锰酸钾受热面，释放大量氧气加速燃烧；而使用石灰粉覆盖时，虽然隔绝了可燃物与外部空气接触，但是高锰酸钾加热释放的氧气，继续维持燃烧，且燃烧速率加大。

事故之后采取的应对措施：

一是事故单位及时组织调查，并根据事故调查原因开展安全技术培训，主要内容包括如何预防燃烧事故，燃烧事故发生时如何根据燃烧材料的不同特性开展灭火工作。

二是针对事故单位存在强氧化剂高锰酸钾、遇水易燃物锌粉及其他可燃物情况，定期开展消防演练，增强职工的化学品火灾灭火技能。

三是严把原辅材料进口关，不合格材料一律不购买，即使购买回来生产单位一律不接收。

事故教训与点评

这起事故的发生有些意外。焊接作业前，施工人员不清楚高锰酸钾的燃烧特性，及时向当班班长李某询问该堆材料是否会燃烧，而且还向值班调度作了请示。施工人员为防止高锰酸钾燃烧，还在焊渣掉落的地方放置一块 45 厘米×45 厘米的铁板盛接焊渣。但是最后，还是发生了火灾事故，造成经济损失 38 万元。

这起事故的发生，有这样两个原因值得重视：一是职工安全培训不到位，没有掌握高锰酸钾的燃烧特性以及在高锰酸钾起火后应如何有效扑灭；二是施工人员采取的防护措施防护面积过小，未考虑到焊渣飞溅，高温炙热的焊渣引燃高锰酸钾。也就是说，以为高锰酸钾不会燃烧，由此麻痹大意，预防措施就不严格。在人的思维活动过程中，分析和综合是思维的基本过程。分析就是把事物的整体分解为部分，或从整体中区分出个别属性、个别方面。综合则是把事物的各个部分或不同属性、不同方面结合起来。分析和综合既是彼此相反，也是彼此紧密联系的过程。这是因为分析总是把整体的部分进行分解，从它们的相互联系上来进行分析；而综合是在对整体各个部分、各种特征的分析的基础上来实现的。分析为了综合，分析才有意义；综合有分析，综合才更完善。因此，它们是同一思维过程中相互依存不可分割的两个方面。就这起事故而言，焊接作业前，高锰酸钾虽然不具有燃烧的特性，但是具有助燃的作用，因此小心谨慎一些，找几条麻袋打湿后进行遮盖，完全是可行的，由此也就避免了事故的发生。

二、群体不良心理因素招来的事故

事故就像一个恶魔，能够吞噬一切。在我们的生活工作中，如果没有安全，生命就得不到保障，社会和家庭的财产就会受到威胁，那么美好幸福的生活就失去了存在的基础。“前车之鉴，后事之师”，曾经发生过的事故，悲惨的呼喊和痛苦的眼泪，告诫我们要时刻注意安全。对于安全，要记住：听不进安全第一的忠告，是耳朵的幼稚；不懂得防范为重，责任重于泰山，是心灵的幼稚；不深入一线排除各种安全隐患，是行为的幼稚。为了生命的绚烂多彩，为了家庭的美满幸福，为了那芳香的鲜花和翠绿的树叶，以及世上所有可爱的事物，让我们时时记住：一切的美丽，都源于安全。

在企业，班组是最基层的单位，是为了达成共同的目标结合在一起的群体。在班组这个群体中，班组成员之间需要团结互助，需要增强群体凝聚力，提高安全绩效，促进安全管理，创造一个安全的工作环境。使职工获得安全感，以满足职工的基本心理需要，对提高职工群体士气是极其重要的。如果安全管理松懈，人员不断违章作业，那么发生工伤事故的可能性就会很大，也就不可能有高昂的士气和安全工作绩效。

1. 群体概念与类型

(1) 群体概念与特征

对群体概念，一般认为，群体是两个以上的人为了达成共同的目标，以一定方式结合在一起，彼此间相互作用，心理上存在相互联系的人的集合体。但个人的简单集合并不等于管理心理学中所研究的群体，例如球赛的观众、候车的乘客、围观的人群等，都不认为是群体。这些偶然聚集在一起的人群，虽然在时间、空间及某些目标上有某些共同的特点，但这些人们在心理上缺乏内在的共同点，行动上也不存在直接的相互影响、相互依赖和相互作用的关系，因而只是个人的集合体，而不是群体。在一个企业中，班组、部门等都属于正式群体。

群体与一般集合体相比具有以下特征：第一，群体成员有着共同的目标或利益，这些目标被成员们清晰地意识到，并由共同的活动结合在一起；第二，群体各成员之间相互依赖，在心理上意识到自己是群体的一分子，具有“我们同属一个群体”的感受，即成员具有群体意识，具有归属感；第三，群体各成员在行为上相互交往、相互作用、相互影响，成员之间有信息、思想和感情上的交流；第四，群体成员具有一定的组织性，在群体中占有一定的地位，担当一定的角色，有一定的权利与义务；第五，群体中有一定的规范和规则，要求每个成员必须遵守。

(2) 群体类型

群体的类型很复杂，根据不同的标准可以进行不同的分类。常见的群体类型可分为以下几种：

1) 大型群体与小型群体。这是根据群体规模的大小和其内部联系形式的不同而进行的划分。大小群体划分的标准是：群体成员的数量及成员之间是否存在直接的、面对面的接触和联系。一般来说，2～20人组成的群体能够具有直接的接触和联系特征，因此构成小型群体。而大型群体的成员之间的接触和联系只是间接的，主要通过共同的目标、群体规范和机构间信息交流来同各组织机构相联系。因此，社团组织、企业公司、大型车间等，一般可视为大型群体；而企业中的生产班组、工段、职能科室等，可视为小型群体。安全管理规章制度一般由大型群体制定，而遵守执行规章制度却是在小型群体中实现的。

2）正式群体与非正式群体。这是根据构成群体的原则、方法和结构的不同而进行划分的。正式群体是指由一定社会组织认可的、有明文规定的群体。上至企业集团公司，下至企业的车间、班组、科室等，都属于正式群体。非正式群体是指人们在相互交往中，建立在某种共同利益的基础上自发形成的、没有正式明文规定的群体。如在一个企业工作的志趣相投的老乡、业余兴趣小组等。非正式群体中的成员往往以个人好恶作为联系的纽带，具有强烈的感情色彩。这种群体中也存在着一定的相互关系结构和不成文的群体规范，它影响着成员的行为，但是这种相互关系结构和群体规则，一般没有正式群体那样严密和正规。

3）假设群体与实际群体。这是根据群体是否实际存在而进行的划分。假设群体是指为便于研究和分析按某种特征而划分出来的群体，亦称统计群体。这种群体可以按年龄、性别、工龄、工种、职务等不同特征来划分。实际群体是指现实存在着的具有群体特征的群体。这类群体的成员之间有着直接的或间接的联系和沟通，由共同的目标和活动将其成员相互结合在一起。安全心理学所研究的群体心理和行为，主要指的是实际群体的心理和行为。

4）实属群体与参照群体。这是根据群体对成员行为的影响作用不同所进行的划分。实属群体又称“隶属群体”，是指个体属于其正式成员，行为应服从于其纪律约束的群体。如个体所在的班组、科室等。参照群体是指个体并未实际参加，而又自觉接受其规范、准则，并以此指导自己的行为的群体。这是个体在心理上“向往”的群体。研究参照群体在安全管理中具有重要的实践意义，企业所树立的安全生产先进车间、安全管理达标班组等参照群体，使职工学有榜样赶有目标，从而形成一种竞争激励机制。

5）永久性群体和临时性群体。这是根据群体存在的时间长短而进行的划分。永久性群体是指时间上存在较长久的一种群体，如工厂公司、机关单位、科研院所、学校社团等。永久性群体中的成员可能会有所变化，但是群体形态是相对恒定的。临时性群体指为了完成某一临时的任务而形成的群体，可能是正式群体也可能是非正式群体。如安全生产检查组、抢险救灾队、事故调查组等。这类群体存在的时间较短，一旦任务完成，群体即行解散。

关于群体的划分还有许多种，如按群体的不同目标可划分为职能群体、工作任务或工作项目群体、兴趣群体等类别，根据群体成员的组成结构还可将群体划分为同质结构群体和异质结构群体，按群体成员关系还可以划分为松散群体、联合群体等。

2. 群体的功能

在由个体、群体和组织构成的社会系统中，群体起着一个中介作用，它是组织与个体之间联系的桥梁，对组织行为和个人心理有着深刻的影响。具体来讲，群体的功能有以下几个方面：

(1) 完成组织赋予的任务。这是群体最基本的功能。每一个组织（企业）都有其总目标和总任务，要达到此目标，就必须通过分工与合作，把任务逐级下达给所属的群体去推进和完成。在安全管理中，企业组织所确定的安全总目标必须通过车间、科室、班组这些不同层次和不同职能的群体来共同完成。群体围绕着企业安全生产的总目标，层层分解，展开细化成各个群体的具体目标，并采取有效的组织手段和技术措施来加以落实，在各自的职责范围内加强安全管理，搞好安全生产，从而确保企业安全目标的实现。

(2) 进行有效的信息沟通。群体是人们了解别人、了解社会的一个窗口。在群体里，其成员可以利用各种正式渠道和非正式渠道，互通消息，交换情报，沟通与各方面的信息。如有关安全生产方面的法规、制度，国内外安全生产的科技情况，群体内的安全生产动态，成员各种情况的变化等，都可以在群体内迅速而又广泛地传播。正因为群体能疏通多方面的信息渠道，因而能够满足成员对信息的需要。

(3) 协调组织内的人际关系。人们长期在一个群体中工作、学习、生活，既可能形成亲密友好的关系，也可能会产生一些隔阂和冲突。群体的作用就是根据这些隔阂和冲突产生的不同原因，利用群体的力量，有针对性地做好思想教育工作；通过心理咨询活动、开展批评与自我批评等方式，协调好人际关系，促进人与人之间的感情交流和相互了解，消除各种隔阂和矛盾，增进群体成员的团结协作和增强群体的凝聚力。

(4) 促进成员间的相互激励。实行激励可以调动人的积极性，对于提高安全生产绩效具有重要作用。群体可以为成员提供自我认识、相互竞争的环境。一方面，通过群体成员之间的思想交流，可以巩固自己原来的不确定、不定型的看法和意见，增强个人的自信心，完善自我认识。另一方面，通过相互交往，看清别人的长处，发现自己的短处，从而激励群体成员奋发向上的精神，形成你追我赶、相互竞争、共同提高的良好风气。

(5) 满足群体成员的心理需求。群体成员的需求是多种多样的，有的可以通过工作得到满足，有的则要通过群体来满足。一般认为，群体可以满足其成员以下几种心理需求：一是个体在群体中可以免于孤独、恐惧，获得心理上的安全感。二是群体中的个体可以与其他成员建立联系，通过交往获得友情和支持，当个体生病、疲劳、遇到困难时，能得到群体成员的帮助和鼓励。三是个体在群体中的地位，如受人尊重、受人欢迎等都可以满足自尊的需要，同时也会产生自我确认感。四是在群体中经过共同讨论和交换意见，可以使个体对某些不明确的、无把握的看法获得支持，增加自信心。

企业安全管理必须依赖于企业群体的上述功能，以维持企业安全管理工作的有效性和正常运行。

3. 群体行为及其特征

群体是由个体构成的，因此群体行为也离不开个体行为。但是群体行为并不是个体行为的简单相加，这是因为，当某一群体把其成员凝聚在一起的时候，就不再以个体的意识、目的为转移，而是具有该群体的意识和目的，并且具有其特定的社会性，该群体的活动效果反映着整个行为主体的状况。群体在其组织内部的一切活动，其发挥作用的性质、大小、方式等，均属于群体行为。任何一个群体，自其建立形成之日起，就是作为群体来进行活动并且产生相应影响的。因此，群体行为主体在组织内进行的活动就是群体行为。

群体行为一般具有以下四个方面的特征：

1）群体行为是有规律的行为。在任何群体中，都存在着活动、相互作用和感情三个要素，群体是通过这三个要素而存在的。活动即人们所进行的工作，所从事的任务；活动的完成，取决于群体成员对活动的认识、态度和感情，以及相互间的协作与配合；群体成员的思想感情的融洽，对任务的完成和相互间的合作具有重要的意义。在上述三要素相辅相成的过程中，群体行为是有变化规律可循的。群体行为作为有意识、有目的的活动，既受到社会特别是所从属的群体规范制约，又受到群体内的成员的个体意识、需要、态度和动机等的影响。

2）群体行为是可以定性或定量测量的行为。群体行为的某些方面可以进行定性分析，例如一个班组对安全规章制度执行的是严格还是松懈，班组职工安全意识水平是高还是低等。就群体行为的某些具体指标来看，可以进行定量的测量，如一个车间的危险隐患整改的个数，违章行为发生的次数，全年安全教育的人数等，可以通过这些定量指标确定该车间的安全生产基本状况。通过对群体行为进行测定，有利于分析一个群体的现状，从而进行正确评价，找到促使其行为合理化和提高绩效的正确方法。

3）群体行为是可以划分为不同类型的行为。对群体行为予以定性和定量测量之后，可以根据测量结果把群体行为划分为若干类型。首先，从群体行为的作用来划分，可以划分为积极行为类型和消极行为类型。其次，从群体所承担的主要任务来划分，可以划分为主要行为类型与次要行为类型。再次，从一定时期内在群体中起主导作用的行为来划分，可以划分为主流行为类型和支流行为类型。最后，从行为持续时间及行为目的来划分，可以分为长期行为类型和短期行为类型。

4）群体行为是对其成员的个体行为有重大影响的行为。群体中的个体要受到群体规范和纪律的约束，同时成员个体在群体中具有归属感，因此群体的行为必然会对其中个体的行为产生重大影响。例如，一个生产班组在生产作业过程中以遵章守纪为主流行为，则其成员一般都会遵章守纪，如果某职工出现违反规章制度的行为，就会与班组的行为格格不入，这就制约了职工个人违章行为的发生。

4. 安全生产中的群体行为

群体对其成员的安全心理和行为都会产生一定程度的影响，而对个人心理的影响会促使个体的安全行为发生变化。群体对个体安全行为的影响体现在不同的方面。

（1）社会助长与抑制作用

个人在群体中的安全心理与行为和他单独一个人时的心理与行为往往不同。在一些情况下，个人在群体中工作或别人在场时，其工作效率和安全行为会表现较好，这种现象被称为社会助长或社会促进；在另一些情况下，个人由于处于群体中或他人在场，其工作成绩反而比独自工作时低，或者操作失误性增加，这种现象被称为社会抑制或社会促退。

群体对个人安全作业究竟起助长还是抑制作用，主要决定于以下几个因素的影响：

1）工作性质。根据心理学家的研究发现，群体其他成员在场所发生的作用取决于作业的性质，即作业的机械性与复杂性。当从事简单、熟练、机械性的工作时，一个人单独操作，不如与其他人一起工作效率高，甚至会在自认为不会发生事故的情况下，采取违章作业的行为。当从事复杂性工作时，例如在要求快速情况下操作复杂的设备，或事故隐患原因较复杂而需要及时判断解决时，有其他人在场将会起干扰作用，会促使工作者注意力不易集中，效率降低，失误增加。但也有人指出，如果群体中成员关系是相互依存，有共同的目标，而且有自由沟通的机会，则许多人在一起可以相互启发，开拓思路，也有助于新观念、新方法的产生。可见在什么情况下可发挥社会助长作用，是因人、因事、因时、因地而宜的。

2）竞争心理。人们通常都有一种成就动机，这种动机的强弱程度与它对个体活动所产生的推动作用的大小成正比。个人的成就动机在有他人在场时表现得特别强烈，希望自己的工作比其他人做得更好，这时强烈的成就动机会转变为竞争动机。即使只有两个人在一起工作，不是有意识的竞赛，个人的成绩也比在单独一人时好，因为双方都不肯示弱，在暗自使劲。而个人在单独工作时，缺乏较量的对手，劲头自然不足。这种现象被称为“结伴效应”。

3）被他人评价的意识。个人在群体中作业时，不可避免地会产生被他人评价的意识。个人在和其他成员一起工作时，总认为他人有评价自己的可能性。这种意识一旦产生，就会对个人的行为起推动作用。

竞争心理和被他人评价的意识是结伴效应的心理基础，而结伴效应对安全行为是促进还是促退，不可一概而论，要看群体的环境而定。

(2) 社会标准化倾向

社会标准化倾向是指人们在群体共同活动中对事物的知觉、判断以及工作的速度、生产的数量趋于同一标准的倾向。在企业的各类各级正式群体中对安全生产进行管理就是一种安全社会标准化倾向。

为了避免发生人身伤害事故和其他事故，群体中的成员会受到安全行为的相互模仿、危险提示、冒险心理克服等心理因素的制约。经过一段时间，就会产生一种类化过程，即彼此接近和趋同，表现为群体成员的安全行为和安全态度的一致性，逐步形成群体内的安全行为规范，即群体的安全行为标准和行为准则。这个过程，就叫安全社会标准化倾向。其结果，是形成了群体的各种安全规范。

群体安全规范是群体成员意识中的一种安全生产行为标准，具有强迫成员接受的规定形式。它规定了成员安全行为的范围，有约束成员行为的效力。群体安全规范有的是明文正式规定的，即各种安全规章制度和操作规程；有的则是非正式的、由成员自动形成的行为标准。这种默契标准就成为成员自律的一种潜在的标准。

在生产活动中，不论是正式群体还是非正式群体都有自己的行为规范，在共同的生产活动中，如果谁偏离或破坏了行为标准，就会受到群体的压力，如讽刺、冷淡、轻视、批评、打击，甚至惩罚，以此来纠正其偏离行为，使之回到群体规范的行为准则上来。明文规定的安全行为规范，未必是工作群体真正的行为规范，因此安全管理的重要任务之一，就是如何使明文规定的安全行为规范与群体的实际安全行为规范相一致。

群体安全规范一旦形成，其产生的功能主要有以下几个方面：

1）群体事故预防的功能。群体规范可使成员间彼此认同，行为趋向一致。一个群体在安全规范上越是标准化、特征化，则每个成员在生产作业中都越关注安全，行为越符合安全要求，整个群体就越能预防伤害事故的发生。反之，安全规范化、标准化程度越低，群体就越散漫，以致违章或不安全行为出现可能性越大，则事故越可能发生。

2）安全评价标准的功能。群体安全规范一旦被其成员认同，就会成为群体成员行为的参照标准，并以此衡量安全与否、风险程度，从而引导生产作业过程中人们对安全事务的认知、判断、态度和行为。

3）安全行为导向和矫正功能。群体安全规范为其成员的活动划定了范围，规定了成员应该做什么和不应该做什么，对成员的安全行为有导向作用。如各项生产作业的安全操作规程，就是一种典型的集体行为规范。当成员的行为背离了规范，通过群体压力，促使成员纠正偏离的行为，回到规范的标准上来。

4）安全动力的功能。群体安全规范一旦被成员所认同，就能成为一种巨大的力量，这种力量表现在群体舆论中。群体舆论是大多数成员对某一种行为的共同评论意见。当某些成员的行为、举动与群体安全规范相矛盾时，人们便对这些行为做出内容一致的判断或结论。这种带有情绪色彩的舆论对个人不安全行为具有制约作用。

研究表明，一个未形成良好群体安全规范的群体，会有许多不安全的行为出现，因此，在企业安全管理过程中，创立和维持群体安全规范对于促使职工的行为更好地符合安全生产的要求，具有很大的作用。

(3) 群体压力和从众行为

个体在群体中会感受到群体的压力，并且表现出从众行为，这种群体压力和从众行为，不同的人会有不同的感受，与个体的个性特性有密切的关联，还与其他因素相关。

1）群体压力及其特点。在群体内部，当个人的意见与多数成员的意见不一致时，会感到心理紧张，产生一种无形的心理压力，这种压力就是群体压力。群体压力有两个特点：一是这种压力来自并存在于群体内部，是群体所特有的，不同的群体会形成不同性质和强弱不同的群体压力。二是这种压力与群体规范有关。群体规范形成一种无形的压力，约束着人们的行为。群体压力不同于权威命令，它不是由上而下明文规定的，也不具有强制性，而是一种群体舆论、群体气氛，是多数人的一致意向，它对个体心理上的影响和压力有时比权威命令还大，个体在心理上往往难以违抗，感到必须采取相符行为才有安全感。

2）从众行为及其影响因素。在群体压力下，个人放弃自己的意见而采取与大多数人相一致的意见或行为，这种现象被称为从众行为，俗称随大流行为。影响从众行为的因素很多，一般来说，当自己的行为与群体的行为完全一致时，心理上就感到安稳，当与多数人意见不一致时，心理上就会感到孤立，这是人们在日常生活中经常遇到的随大流思想的一个渊源。但是也有一些人坚持自己的独立性，不愿随便从众。

3）从众行为的表现形式。从众行为又可分为几种不同的表现形式。一个人的从众行为往往会发生表里不一的情况，从表面和内心两种层面来分析，表面的行为可分为从众或不从众，而内心的反应可分为接纳与拒绝。这样，对同一个人来说，可以有下列四种现象：其一，表面从众，内心也接纳，即所谓口服心服。其二，表面从众，内心却拒绝，即口服心不服。其三，表面不从众，内心也拒绝。其四，表面不从众，内心却接纳。

4）群体压力和从众行为对安全管理的作用。群体压力和从众行为的作用对安全管理具有双重作用：利用得当，可以产生积极作用；放任不管，可能产生消极作用。其积极作用在于：它有助于群体成员产生一致的安全行为，有助于实现群体的安全目标；它能促进群体内部安全价值观、安全态度和安全行为准则的形成，增强事故预防能力，维持群体良好的安全绩效；它有利于改变个体的安全与己无关观点与不安全行为；它还有益于群体成员的互相学习和帮助，增强成员的安全成就感。其消极作用在于：它容易引发违章风气，不易形成职工勇于提出安全整改意见的习惯；容易压制正确意见，在行为一致的情况下，产生忽视安全、单纯追求表面生产效益的小团体意识，做出错误的安全决策。

在企业安全管理工作中，应充分利用和发挥群体压力和从众行为的积极作用，克服其消极作用，使个体行为朝着符合安全要求的方向发展。

21. 违章打眼与装药平行作业招来的伤亡事故

李某是松藻煤电公司的一名新员工。由于他们班员工图快抢工作进度，在掘进施工过程中，打眼装药平行作业，风锤钎子打到雷管引起炸药爆炸，造成工友 1 死 5 伤。

2005 年 4 月的一个中班，他们班 7 名工友进入运煤斜井下碛头，进行敲帮问顶等安全检查后，按照分工开始作业，他和另两名工友负责处理轨道接头及做炮眼封泥，张某等 3 名工友则负责打炮眼，另一名工友则做管药、处理放炮母线。不一会儿，张某和罗某已打好了自己所负责的炮眼，而赵某因中途处理风锤水针而未打完，张某便主动协助赵某继续打右侧炮眼。罗某到下磨盘通知我们把炸药、封泥运到碛头后，便开始用风管吹炮眼。张某见炮眼已吹完，就让赵某自己打炮眼，他去装药，并说："我打的眼，我知道该怎么装。"当装第 29 个眼的炸药时，赵某也在施工最后一个炮眼，但因角度偏移将左侧对应的已装药的 3# 眼打穿，钎头冲击 3# 眼内引爆药卷，引发雷管炸药爆炸，正对该眼的张某下腹及大腿被严重炸伤，当即死亡，他与另外 4 名工友也不同程度受伤。矿调度室接到报告后，紧急通知救护队及医护人员赶赴现场施救，将他们抬进了医院。

张某永远地离开了他们，抛下了需要他照顾的父母妻儿。工友们，安全工作千万不要抢工图快，一定要规范自己的操作行为，严禁打眼与装药平行作业，切莫拿生命当儿戏！

事故教训与点评

这起事故的发生，表面的原因是作业时图快抢工作进度，潜在的原因是安全意识过于淡薄。我们来看事故的经过。当装第 29 个眼的炸药时，赵某也在施工最后一个炮眼，但因角度偏移将左侧对应的已装药的 3# 眼打穿，钎头冲击 3# 眼内引爆药卷，引发雷管炸药爆炸，造成了 1 死 5 伤的事故。一个炮眼能够有多大的直径，两个炮眼相邻如此之近，还不注意可能引发的危险，只能说明安全意识淡薄，面对危险而不知危险。所以在工作中千万不要抢工图快，一定要规范自己的操作行为，严禁打眼与装药平行作业，切莫拿生命当儿戏！

煤矿生产，安全为天。在班组生产作业过程中，班组长承担着重要的责任，安全责任重于泰山，抓好安全才是对班组成员的最大负责。因此，在班组管理中要始终把安全工作放在首位，作为天字号的大事来抓。要遵循安全生产重奖重罚的原则，对表现好的职工实行重奖，使其再接再厉，在工作中发挥模范作用；对违章者，绝不姑息迁就，不讲情面不手软，违章必究。企业的一切生产任务都要在班组完成，各项规章制度都要靠班组落实，把班组安全工作的重点放在现场，搞好现场安全管理，必须把影响安全生产的主要因素（即人、机、料、法、环）有机地结合起来，通过高标准、严要求、勤检查等手段，搞好班组的现场安全管理工作。

22. 群体违章作业招来的头部受伤事故

沈某曾经是山东省某矿业集团公司某煤矿机电工区的一名维修工，3 年前因为一次群体违章事故被绞车滑头击中头部，至今每逢阴雨天就感觉头疼欲裂。一想起那次出事时的情景，他就后悔不已："唉，群体违章差一点把命丢了，这真是个沉痛的教训。"

那是 2005 年 4 月的一天，工区领导安排沈某、李某还有其他单位的两名人员，一起把一车大件运到工作地点。由于当时快下班了，4 个人一商量就没有按规程施工，私自使用绞车滑头作牵引，并且滑头与装运大件的平板车也没有用正规销子连接，而是直接找来一根钢钎代替，现场也没有使用信号联系。当时巷道左侧有一台喷浆机，右侧有一垛水泥，装运大件的平板车周围没有过多的间隙，沈某和其他 3 名工友为了赶时间早上井，没有进行清理就直接启动了绞车，在离绞车 3.6 米处，由于安全间隙不够，致使钢钎碰到了巷道左侧的喷浆机，导致滑头脱落弹回后击中了正在开绞车的沈某的头部，等他从医院醒来时，已经是 3 天以后的事情了……

如今的沈某什么工作都干不成了。他后悔地说："如果当时不图省事，找一根正规销子连接；如果当时不怕麻烦，把周围的物料清理干净再行车；如果有灵敏可靠的信号及时打点停车；如果不群体违章，就不会发生这样的事了，我好后悔……"

事故教训与点评

这起事故的发生，主要在于快下班了，4 个人一商量就没有按规程施工。接下来，全是不安全的违章行为：私自使用绞车滑头作牵引，滑头与装运大件的平板车也没有用正规销子连接，现场也没有使用信号联系。于是，事故的发生就具有了必然性。

一般来讲，临近下班人心浮动，这时候再有什么任务、做什么事情，比较容易马虎大意，违章行为也最为集中，事故的发生也最容易出现。对此，班组在安全教育的时候，需要特别提醒职工，并且要特别注意这个时段的安全。

23. 违章翻越阳台护栏招来的高处坠落伤亡事故

在大多数的安全事故中，人既是事故的受害者，往往又是肇事者。这一极为普遍的现象，既令人痛心却又发人深省，在某住宅小区的工地上，肇事者汪某为了贪图方便，在跨越 11 层阳台时从高处坠落，当即死亡。

2002 年 8 月 17 日下午，某住宅小区工地上的施工人员汪某、夏某两人，对即将要验收的工程作一次验收前的检查。下午 2 时 40 分左右，汪某和夏某在对 4 号门的 11 层楼室内检查家庭防盗警报系统的接线盒后，要到 5 号门的 11 层楼室内检查。按照安全的行走路线，汪某、夏某二人本应该从 4 号门 11 层下楼出 4 号门，再从 5 号门底楼上到 11 层楼继续检查，但他们二人没有这样做，而是贪图方便，先是夏某翻越 4 号门 11 层楼阳台护栏，通过 4 号门与 5 号门 11

层阳台中间的女儿墙（高度 3.3 米）跨越到 5 号门 11 层阳台上（阳台相距 1.2 米）。此时对面阳台上的汪某将工具传递给了夏某，当传递完工具后，汪某即爬上护栏，在跨越阳台时从高处跌落，当即死亡。

汪某是一位只有初中文化、年仅 23 岁的小伙子，做线缆工才 5 个月的时间，进公司的时候也曾参加三级安全教育培训。可是在工作时为了图方便，完全把自己的生命安全抛在了脑后，想当然地认为这样做不会出事，正是这种侥幸心理的驱使，才导致了悲剧的发生。

事故教训与点评

这起事故的发生，其原因就是为了贪图方便，省时省力。试想一下：如果遵章守纪，需要从 11 层下到底楼，再从底楼上到 11 层楼，上上下下要走 22 层楼。如果违章呢？只需要翻越阳台护栏，通过阳台中间的女儿墙（高度 3.3 米）跨越到临近的阳台上（阳台相距 1.2 米）。于是这两位职工就面临着一个选择：遵章守纪，费时费力；违章违纪，省事省力。二人最后选择了违章，同时也选择了危险，造成了令人痛心的事故。

一个年轻的生命在瞬间的消逝，再一次让我们认识到提高安全生产意识是多么的重要。我们说安全意识是安全生产在人们头脑中的反映，所以，要控制人的不安全行为，关键是要规范人的行为，明确规定操作程序，规定现场作业人员作业前、作业中、作业后的每个环节。如果每个员工都有很强的自我保护意识、安全意识，那么，事故的发生一定会在很大程度上得到有效的控制。

班组职工在作业中，需要相互提醒、相互帮助，这是毫无疑问的。在作业中如果出现人员违章怎么办？这时就需要提醒遵章守纪，不要冒险，不要违章。比较好的方法，还是激励职工自觉地遵章守纪。有的班组在安全管理上，采取亲人叮嘱的方式，这对于规范作业行为，遵章守纪有很大的帮助。大庆油田钻探钻井二公司1205钻井队就采取这种方式，取得了很好的效果。1205钻井队有45名职工，平均年龄仅有27.5岁，由于工作性质，他们长年累月在野外作业，许多时候还是两三位职工独立作业、夜间作业，这与建筑施工人员作业有许多相似之处。如何激发职工遵章守纪的自觉性，是杜绝违章作业、预防事故的重要环节。对此，该钻井队把每一位职工家庭的全家福照片都悬挂在驻地，每一张全家福照片下面写着亲人的嘱托，用这种方式提醒每一名上岗的职工。职工们对此深有感触地说：“每当上班，看到全家福照片，就像上了一堂安全课，仿佛听到了亲人的叮嘱……”该钻井队还积极营造亲情和谐的家文化，把每一名钻工都当兄弟来对待，给予亲情般的关怀，处处让大家感受到家的氛围、家的温馨，并且建立了家庭互助网，发给每一名职工一张亲情服务信息卡，推行了“五个一”亲情工程，即有困难帮一帮、有问题访一访、有矛盾管一管、有顾虑劝一劝、有难题解一解，从而促进全队职工想安全、保安全，做到自觉遵章守纪，杜绝违章作业行为。

24. 违章趿拉凉鞋操作切线机致使压架上翻招来的事故

2004 年 7 月 13 日，雷阵雨，最高温度 35℃，最低温度 28℃。这是一个普通的早晨，空气中弥漫着湿气，不时传来的滚滚雷声似乎预告着一场大雨将至。和往常一样，梁某吃过早饭，和 3 名工友准备去车间上班。他感觉有些闷热，于是伸手抖开衣领扇了扇风，余光扫过放在床边的一双胶底鞋，犹豫了一下，还是趿拉着拖鞋匆匆出了门。

梁某是黑龙江人，19 岁，是某纸包装有限公司平压压痕切线机操作工，有两年多的工龄。平压压痕切线机是一种压制裁切各种普通纸板、瓦楞纸板、塑片、皮革制品的专用设备，适用于印刷、包装装潢、塑料等行业的生产。到达公司时刚过 8 时，梁某等 4 人分成两组，准时开工。与梁某一组的是四川人余某，梁某操作机器，余某负责将压制好的包装纸去除边角废料。

在隆隆的机械运转声中，切线机的压架和压板犹如一张硕大的“虎口”开开合合，不断吐出压制好的包装纸。梁某一边熟练地操作着机器，一边抬起手擦擦汗，嘴里还不时嘟囔几句：“这鬼天气、真热！”谁知开工没多久，梁某发现有纸掉到“虎口”里去了，他急忙踩住机器脚闸，探着身子把头和手一起伸入机器里进行调整。

惨祸的发生往往在一瞬间。梁某如果能预见到这场事故，他一定会在出门前换上床边的那双胶底鞋，而不是趿拉一双容易打滑的凉鞋就上工，他也一定会在莽莽撞撞地探入身子前按下机器操作手柄上的红色“关”按钮。梁某脚上的凉鞋打了滑，放开了原本踩着的制动脚闸，致使压架上翻，头部和右手同时被切线机压住，最终命丧“虎口”。

在梁某身旁作业的余某回忆说，事故发生时大约是8时20分，当时他突然听到凳子倒地声，一回头，就看到了如噩梦般的一幕：梁某的头和右手都被夹在“老虎口”里了，“老虎机”也被卡住不转了。余某赶紧去关了电源，然后呼叫大家救人。工友们想把机器推开救人，结果发现推不开，于是余某就去办公室报告，其他几个工友找工具卸机器。机器拆卸了一部分，救护车来了。但是太晚了，梁某脑浆都被机器压出来了，人已经不行了。

就是穿了双拖鞋，就是忘了按“停止”按钮，就送了一条命。几个工友说起这件事，都觉得梁某死得实在不值。如果企业在此之前能够加强安全教育，如果班组能够提醒大家注意安全，不要穿拖鞋作业，那么这起事故就不会发生，但是现在一切都晚了。在此之前，对于穿拖鞋作业的行为，企业并没有专门的安全管理制度明文禁止。

事故教训与点评

这起事故的发生，源自于操作者的疏忽大意和违章行为。梁某发现有纸掉到“虎口”里去了，便急忙踩住机器脚闸，探着身子把头和手一起伸入机器里进行调整。结果脚上的凉鞋打了滑，放开了原本踩着的制动脚闸，致使压架上翻，头部和右手同时被切线机压住，最终命丧“虎口”。就是因为穿了双凉鞋，就是因为忘了按停止按钮，就送了命。

人的感觉基本上可分为两类：一是来自外部感官的，如视觉、听觉、嗅觉、味觉和皮肤觉，称为外部感觉；二是来自身体内部感官的，如运动觉、平衡觉、痛觉、疲劳觉、饥饿觉、渴觉等，称为内部感觉。那么，人的感觉是如何产生的呢？首先，外界的刺激物（如光、声）作用于人的感觉器官，当这个刺激物的作用达到一定强度时，就会引起人的感觉器官（如眼、耳）的工作，并传递到大脑，大脑由此进行辨别分析。感觉是人认识客观世界的开始，只有通过感觉才能获得关于客观世界的一切知识。没有感觉便不会有比较高级和复杂的知觉、想象和思维，而且在后来的心理活动中仍然需要感觉给予充实和修正。在人的感觉中，存在着判别失误的情况。判别是大脑将当前的感觉表象的信息和记忆中的信息加以比较，以形成完整感知觉的过程。若信息显示方式不够鲜明，缺乏特色，则操作者对其印象不深，当此信息再次呈现时，则有可能出现判别失误。在这起事故中，梁某的感觉出现了一系列判别失误：不选择胶底鞋而选择拖鞋，是一种失误；不选择按下机器操作手柄上的红色“停止”按钮，而是选择踩住机器脚闸，是一种判别失误；没有关停机器就探着身子把头和手一起伸入机器里进行调整，也是一种判别失误。这些失误的出现，来自于他过去的印象与现在信息的对比，即遵章守纪与习惯性违章之间的对比，他选择的是习惯性违章。

人是生产过程中最活跃的要素，是安全生产的实践者，安全管理工作的根本目的是人的安全。因此，企业和班组要坚定不移地树立“以人为本，安全第一”的思想，发挥好理念先导作用。心态安全是安全文化建设的基础和前提，最能体现人本思想。无论是管理者还是普通员工，只有心态安全，才会行为安全；只有行为安全，才能保证安全制度落到实处。

25.省时违章扒矿车招来的伤腿事故

多少个夜里，一片漆黑的巷道突然传出凄厉的惨叫，把雷某从梦中惊醒。这不是梦，是他的一个工友违章作业酿恶果的警钟。

那年他刚参加工作，在工作繁重的开拓队上班。那一天，他和另外两个工友在距迎头 40 多米的 15 回风上山右巷帮打水沟，其他人搞喷浆工作。底车场（距迎头 700 米）的料拌好，迎头的准备工作做好，一车料就开始往上拉。车接近他的时候，听见喊他的声音他抬头一看，是和他关系很好的卸料工牛某；牛某两只脚站在矿车和钢丝绳连接的部位，后背靠着车前脸，两只手反抓住车沿，样子甚是得意，意思是说："看我多有能耐，扒矿车技术很高超，省了多少体力。"雷某礼貌地问候了一句，对这种司空见惯的扒车行为也没当回事。

雷某拿起风镐，继续向那坚硬的岩石"突突"撞击。也就是几秒的功夫，突然"啊"的一声大叫从上面传下来，那声音凄惨无比，像一道闪电划破漆黑的巷道，压过震耳的风镐声。这分明是牛某的声音。"停车，快停车……"雷某扔下风镐，几个箭步跨上去。这时候，掘进头的工友也听到了喊声，打了停车铃。矿车停了下来，只见牛某半个身子在矿车以外，身子躺在巷道底板上，左大腿轧在矿车轱辘下，一根近 3 米长、寸半粗的铁质水管横在巷道中间，水管的一头把巷帮划出了一道长长的白色痕迹。原来，不知是谁把这根水管横放在巷道中，一头在左帮巷底，另一头担在右帮腰线位置。得意忘形的牛某根本就没有发现这根钢管，生生让管子把他挤下了矿车。他掉下后收腿不及，就被车轱辘轧住。“我的腿，我的腿……”牛某不停地哀号着。大家七手八脚连忙把牛某抬出矿井，送到医院。

看着牛某被轧伤的腿，看着他的痛苦，雷某很内疚，因为牛某和他打招呼的时候，他完全可以制止牛某扒车，可是他却没有做。半年后，牛某出院了，牛某的左腿骨折处已经长牢了，但却离开了矿井。临走时雷某去送他，牛某流着眼泪嘱咐他：“在井下干活千万要小心，别违章。”从那以后，雷某不但自己不违章，还把这个案例讲给每一名新工人，让他们互保、联保、自保。

事故教训与点评

这起事故的发生，在于牛某的违章扒车。

在艰苦的劳动环境中，由于体力消耗大，为了省时省力会出现违章行为，一旦违章成功尝到甜头，就容易形成习惯性违章。从安全心理学的角度讲，习惯性违章是一种长期的习以为常的受心理定式支配的行为方式，受“麻痹大意、侥幸心理、自以为是、求快图省事”等因素的影响支配，具有顽固性和多发性的特点。其具体表现有违章作业和违章指挥等，它往往直接导致事故的发生，对安全生产危害极大。对此，班组安全管理工作建设必须要有清醒的认识，要杜绝习惯性违章需要从教育入手，从源头抓起。因此，作为班组长，一方面要长期地、坚持不懈地对员工进行反习惯性违章的教育，从思想上提高对习惯性违章危害性的认识，自觉抵制习惯性违章，变“要我杜绝习惯性违章”为“我要杜绝习惯性违章”。另一方面，对具体的习惯性违章案例要进行深入细致的调查研究，尤其是对自己身边发生的事故苗头等，要找出具体的原因和规律性的东西，从中吸取教训，从根本上消除产生习惯性违章行为的原因。习惯性违章行为绝大部分发生在班组，所以反习惯性违章的工作重点应该在班组。也就是说班组是反习惯性违章的前沿阵地，因此，要大力加强班组的习惯性违章的安全管理，定期开展“安全日活动”，加强班组的安全监督检查，落实岗位安全生产责任制，落实步步确认、时时监护制度等，以此来制约违章行为的发生。

26. 违规解开安全带招来的伤亡事故

2004 年 1 月 12 日 8 时许，某化工厂碳化车间组织检修 1 号碳化塔水箱。按照工作安排，张某、李某和赵某 3 人戴好安全帽，系好安全带，开始拆卸 1 号碳化塔西侧水箱盖子。

他们 3 人拆完第 11 组水箱盖子，将竹跳板升至上一层跳架，未进行任何检查，系好安全带便开始拆卸第 12 组水箱盖子。就在拆完水箱盖子螺栓后，赵某将锤子和扳手递给张某，解开安全带的挂绳搭在肩上，开始用钢钎撬水箱盖子。此时，跳架横木突然断裂，平台垮塌。未系安全带的赵某从 11 米高处坠落地面，头部大量出血。赵某当即被送往医院急救，终因伤势过重，抢救无效死亡。系了安全带的李某被挂在空中，自救回到地面；同样系了安全带的张某被他人解救，安全回到地面。

事故发生之后，经过勘查现场，对事故原因作了分析。

发生断裂的跳架横木为直径 90 毫米的圆柱形杉木，一端用铁丝捆在铁架上，另一端用铁丝捆在 1 号碳化塔第 11 组水箱出口水管上，两个固定点间的跨度约为 1.6 米。经调查发现，断裂的横木经长期雨水浸泡，木质已腐朽，无法承受 3 人的重量。而在此之前，车间安全检查不到位，未及时发现工作平台存在的隐患，仍然继续使用。而张某、李某、赵某 3 人安全意识淡薄，在升跳板时没有按要求检查作业环境是否存在隐患，这是引发事故的重要原因。赵某在作业中麻痹大意，安全意识差，竟在高处作业中解开安全带的挂绳，这是导致事故严重后果的主要原因。

对于职工高处作业时解开安全带这一违章行为，之前在该厂曾经出现过，违章人员因此受到处罚。在这次检修前召开的安全生产会议上，再次强调了有关特殊作业的规定，但是，在作业过程中仍出现了这一重复性违章行为，并导致 1 人死亡。

事故教训与点评

这起事故发生的过程极为简单，3 名职工高处作业，跳架横木突然断裂，平台垮塌，未系安全带的 1 名职工从 11 米高处坠落地面，头部大量出血，因伤势过重，抢救无效死亡。系了安全带的 2 位职工，安全回到地面。

人们经常说，事故的发生往往就在一瞬间，这起事故就是如此。应对此类事故，班组一是需要加强动态安全管理，二是需要推行作业标准化。

班组安全管理工作，实际上是个动态过程。所谓动态安全管理，是指在整个生产过程中，对生产的工艺流程和生产作业过程进行安全跟踪、预测控制，使安全生产在每时、每班、每个环节和角落都得到保证。对于班组来说，动态安全管理要做好5个控制：制度控制、作业控制、重点控制、跟踪控制、群防控制。班组动态安全管理工作是一种群体行为，只靠班组长和班组安全员远远不够，必须发挥班组职工的积极性。班组安全管理工作的保障，就是作业标准化。所谓作业标准化，就是在对作业系统调查分析的基础上，将现行作业方法的每一操作程序和每一动作进行分解，以科学技术、规章制度和实践经验为依据，以安全、质量、效益为目标，对作业过程进行改善，从而形成一种优化作业程序，逐步达到安全、准确、高效、省力的作业效果。班组作业标准化是预防事故、确保安全的基础，它能够有效地控制人的不安全行为，尤其能够控制违章行为的产生。从数理统计看出，企业中所发生的事故有90%发生在班组，班组中有90%的事故是由违章行为引起的。班组作业标准化把各项安全要求优化为“管理标准、技术标准、工作标准”，把人的行为限制在动作标准之中，从根本上控制违章作业，特别是习惯性违章作业，保证班组人员上标准岗、干标准活、交标准班，从而消除侥幸心理、冒险蛮干等不良现象。

27. 违章带压进行检修招来的物料喷射受伤事故

2003年9月16日21时许，泰安某有限公司制氢车间加料岗位正在运行的磁力泵出现异常情况，操作工刘某立即更换备用泵进料生产。接到报告后，孔某是当班工段长，和检修工周某赶到现场查看，经盘车检查判定为泵内静环损坏，需要拆泵修理。按照检修规程，必须先停车泄压后才能开始检修。于是，孔某赶快去生产调度室询问氢气使用情况，调度员告诉此时正是成品车间触媒还原的关键时刻，一旦氢气中断供应后果严重。不能停车泄压如何维修损坏的磁力泵，倘若另一台泵此时再出问题那可怎么办？在回来的路上，孔某一直想这个难题。

当孔某回到加料岗位时，只见周某正拿工具在卸磁力泵的螺钉，孔某急忙提醒他："泵内有压，不能拆卸！""没事，我带压拆过，将进出口阀门关闭后，先松开两个螺钉让料液淌一会就行了。"看周某说得很有把握，又解决了难题，于是就没有再阻拦他，只问需要采取哪些防护措施，"你去准备点硼酸洗手就行了"。看着周某卸了两个螺钉也没见料液喷出来，于是孔某就放心地找硼酸去了。

等孔某拿着硼酸往回走时，离很远就听见操作工刘某的喊叫声："料液喷到周师傅脸上了！"孔某马上向车间跑去，只见刘某正用水管给周某冲洗，孔某也赶忙将硼酸粉大把大把地撒向他的头上和身上。借着灯光一看，周某的面部红肿，不知是因为寒冷还是疼痛，他浑身发抖，"赶快送周师傅去医院！"人们一边高喊一边背起他就往外跑。

到了医院，医生立即给周某进行了紧急处理治疗，这时孔某才有空问怎么回事。刘某说："谁也没想到，在卸最后一个螺钉时料液突然喷出来，周师傅躲闪不及正好喷在脸上。"此时孔某才意识到自己犯了一个多么严重的错误：带压设备不泄压不准检修，这一点他比谁都清楚，但却默认了周某凭经验带压检修的做法；接触化学品检修作业必须戴护目镜、手套等防护用品，这次忙于抢修作业也忘了要求；检修作业必须制定应急防范措施，设立监护人，而他却离开现场去找硼酸……一连串的错误行为导致了这次事故的发生。

望着周某那红肿的脸，孔某心里一阵阵地内疚。如果料液溅入眼睛里，那后果可就更严重了，如何向他的家人交代，又如何向公司领导交代，万幸的是料液没有进入眼睛内，经过治疗周某很快就康复了，但孔某却始终不能原谅自己的过错。

今天，孔某之所以将这件事讲出来，就是衷心希望大家能从中吸取教训，引以为戒，那种全凭“经验”行事的做法是万万靠不住的。为了你和他人的幸福，请自觉遵守安全规定。

事故教训与点评

这起事故的发生，有点被迫无奈的感觉：要进行检修，按照检修规程必须先停车泄压后才能开始；但是，此时正是成品车间触媒还原的关键时刻，不能停车泄压，于是只能带压检修了。在检修过程中，由于料液突然喷出来，检修人员躲闪不及正好喷在脸上，由此而导致伤害事故。此时，身为当班工段长的孔某才意识到自己犯了一个多么严重的错误带压设备不泄压不准检修，这一点他比谁都清楚，但却默认了周师傅凭经验带压检修的做法；接触化学品检修作业必须戴护目镜、手套等防护用品，这次忙于抢修作业他也忘了要求；检修作业必须制定应急防范措施，设立监护人，而他却离开现场去找硼酸……一连串的错误行为导致了这次事故的发生。

在班组一线职工中，经常出现的违章有这样几种倾向：一是“不重视”，尽管再三强调，但在实际工作中还是忽视安全；二是“与己无关”，认为安全与我无关，看到别人违章不纠正、不检举、不汇报；三是“自我表现”，认为自己有经验，以老办法、老习惯去对待工作，盲目违章操作；四是“侥幸麻痹”，图方便省事，违章蛮干；五是“愚昧冒险”，部分职工在工作中不讲科学，特别是在抢修工作中感情用事，忽视安全措施的落实。对于这些不同情况、不同原因的违章作业行为，就要求班组长在日常的生产组织中把安全教育放在首位，工作前带领职工切实落实安全措施，在工作中不断规范职工的操作使其符合安全要求。班组在预防与纠正违章行为的工作中，还需要深入开展事故案例分析，使安全生产警钟长鸣。班组长要组织员工认真开展事故案例分析，通过分析事故发生的原因，来提高员工的安全意识。违章是发生事故的根源，事故往往是违章的结果，其性质十分严重，后果不堪设想。要让职工认识到：“违章就是事故，违章就是杀人，违章就是自杀。”这是血的教训。

28. 违章按动启动电钮招来的工友痛失前臂事故

2008年4月17日8时，新疆某焦化厂炼焦分厂粒焦班的早班职工，按时启动粒焦破碎设备，开始了一天的工作。8时10分，职工汪某、周某因往皮带机上装焦炭过多，造成对辊机卡死，被迫停机。班长张某见状，让组长巴某安排职工清理机器尽快恢复生产，自己离开现场去了水泵房。此时，汪某主动去掏对辊机内的焦炭，周某等人则去打扫皮带机。几分钟后，巴某询问周某等人打扫完了没有，得到的回答是打扫完了，而没有询问汪某对辊机清理完没有。巴某在没有弄清职工是否全部撤离机器的情况下，走到电路控制器前，按下了启动按钮。随着机器的转动声，人们听到“啊”的一声惨叫，只见汪某从对辊机上滚落下来，他的右前臂已被机器无情地绞掉了。

事故调查分析证实，巴某粗心大意违章操作，违反厂安全操作规程和设备维护使用规程的规定，是这起事故的直接责任者；该班班长张某在设备发生故障后，脱离现场，没能有效防止巴某轻率的不安全行为，应对此次事故负重要责任。

对事故负有责任的人员虽然都受到了处罚，但是却不能换回汪某被机器无情绞掉的右前臂。

事故教训与点评

这起事故的发生，在于粗心大意。从心理学上讲，粗心大意属于人的个性心理特征。在我们的生活工作中，经常会遇到具有不同个性心理特征的人，有的人粗心大意、马马虎虎；有的人脾气暴躁，易动感情；有的人性情温和，不动声色；有的人活泼好动，反应迅速；有的人老成持重，行动迟缓。这些都是个体表现出来的不同的特点。对于安全工作来讲，需要的是认真细致，千万不能粗心大意，粗心大意不仅会有害于别人，也会有害于自己。

29. 维修后忘记拆除盲板招来的爆炸事故

2006年6月16—17日，某公司分厂机修班正在中间体车间丙烯腈计量槽旁进行动火作业，改装车间的自来水和蒸汽管道。在进行动火作业前，机修班已采取安全防范措施，对已清洗的计量槽加满水（工段负责加水），并由机修工夏某对放空管和溢流管分别插装盲板。17日中午10时50分左右，改装作业结束。下午，机修班长派机修工夏某、陈某对改装作业剩余扫尾工作进行复查，由于疏忽大意，夏某没有将插装在放空管和溢流管上的盲板抽掉。

6月18日下午，工段长王某通知当班班长阮某把计量槽内的水放掉，在放水过程中，出水口流水量出现时快时慢的异常现象（由于放空管和溢流管被堵造成）。但负责放水的操作工却没有把该异常情况向班长和工段长等汇报，也没有主动查找原因。下午16时40分左右，操作工沈某（主操工）、侯某从分厂丙烯腈储槽往中间体车间丙烯腈计量槽打丙烯腈进行计量。由于插装在计量槽放空管和溢流管上的盲板没有拆除，导致槽内压力不断升高。16时55分左右，一声巨响，计量槽顶盖被槽内高压顶裂成两片，一片掉落地面，另一片掉落在旁边的苯胺计量槽顶盖上，所幸未造成人员伤害。

事故发生后，正在丙烯腈储槽送料的操作工沈某迅速关闭了送料泵电源，停止了丙烯腈物料的送料作业。工段长王某也紧急关闭了丙烯腈输送管道的阀门，分厂启动了事故应急预案。公司生产副总立即赶赴事发现场组织事故救援和处理，事故很快被控制住。

这起生产安全事故的发生虽然没有造成人身伤害，直接的经济损失也较少，但给该厂的安全管理提出了一个现实的问题：生产安全，细节决定成败。从事故经过可以看出，在动火作业过程中，检修人员非常细致，对改造的管道旁边的危险装置也采取了正确的安全防范措施，但是，他们却忘记了把插上的盲板及时抽掉。这一看似细小的环节，却导致事故的发生。如果事故处置不及时，引爆槽内剧毒品丙烯腈，如果旁边的苯胺槽再被破坏，后果将会是巨大的、灾难性的。所以，安全必须从一点一滴做起，从小事抓起。

事故教训与点评

这是一起由于人员遗忘导致的事故。改装车间的自来水和蒸汽管道，在进行动火作业前，机修工夏某对放空管和溢流管分别插装盲板。改装作业结束后，机修工夏某在对改装作业剩余扫尾工作进行复查时，由于疏忽大意，夏某却没有将插装在放空管和溢流管上的盲板抽掉。之后负责放水的操作工没有把异常情况向班长和工段长等汇报，也没有主动查找原因。结果导致计量槽顶盖被槽内高压顶裂成两片，所幸未造成人员伤亡。

人有记忆，就会有遗忘。在日常生活中，我们经常会发生遗忘的事情，出现遗忘的现象有：没有想起来，暂时记忆消失，过程中断的遗忘等。在工作中、作业时，由于突然的外界干扰（如接听电话、别人召唤、外界吸引等）使作业中断，等到继续作业时忘记了应注意的安全问题或安全操作的规程要求等。应对人员遗忘的情况，有的班组采取安全确认制的方法，效果不错。安全生产确认制包括：一是对人的确认，就是分析掌握操作者的思想情绪、精神状态、身体素质、技术素质等，根据多种因素突出不安全人，采取联防联保、互帮互保等监护措施，保证不发生人为事故。二是对工具设备的确认，即操作者在作业前对所使用的工具设备的重要危险部位、易损部位和安全装置进行认真的检查，发现隐患超前采取措施解决，避免发生设备事故。三是对环境场所的确认，即熟悉工作环境，检查工作场所是否有不安全因素，防患于未然。四是对操作过程的确认，即检查操作过程是否遵循工艺要求，是否符合安全操作规定，如果发现问题，及时处置或者报告。

30. 违章进行蓄水池清洗作业招来的伤亡事故

这起事故发生在 1998 年 5 月，某制水站根据年计划，将对一长 20 米、宽 10 米、深 5.5 米的蓄水池进行清洗作业。该池在结构上的特点是半封闭状态，只在池的两对角各设置了一个供人员进出的人孔，在池的中部区域分散安有 4 根直径 100 毫米的钢管，使池内与大气相通。清洗蓄水池是每年的“例行公事”。每年清洗，太平无事，谁也没有把它当作一件有危险的事情来对待，令人想不到的是这次居然酿成了 3 人死亡的重大事故。

1 000 多立方米的水池，虽然不是敞口，也不论水质如何，一年下来底部总会有些沉积物。水池中沉积下来的物质可能是水里原来就有，也可能是大气中的细微颗粒沉降于水中；这些沉淀积于池底的物质，有无机物也有有机物，沉淀在水池底部以后，会腐败分解并产生多种化学物质，其中之一就是被称为窒息性气体的硫化氢。

硫化氢微溶于水，有着臭鸡蛋气味，浓度稍高（20毫克每立方米）时刺激人的眼睛，会引起化学性角膜炎，也有的会产生干咳及胸部不适等现象；当浓度更高（100毫克每立方米）时，人就会产生中毒现象。空气中硫化氢浓度在900毫克每立方米以上时，可直接抑制人的呼吸中枢，最严重的可发生“电击型”死亡。

在清洗这一天，由制水站班长带领着手下的8名工人，在上午7时30分开始清洗作业。在班前会上班长只交代了入池以后小心滑倒，有事就大声叫喊，除此就再也没有任何安全措施。为清扫池底必须先将未放光的水抽走，于是用了2台潜水泵抽积水。在部分积水抽出后，有位老工人用抽出的水去冲洗地面，似乎嗅到了硫化氢的气味，赶快报告班长说：“池里有硫化氢。”班长却说：“我又不是第一次清理蓄水池，水里哪会有硫化氢，即使有也在污泥里。”老工人又说：“潜水泵抽出了污泥，所以池里会有大量硫化氢。”班长不耐烦了：“别人没闻着就你闻着，你的鼻子怎么那样灵！何必大惊小怪，有点气味也是常有的事。”

麻痹的班长根本没把硫化氢的毒性当作一回事，更忘了安全培训时学过的阈浓度和实际浓度之间的关系，即空气中已经能闻着，那池里的浓度一定高于外部大气中的浓度，可能数十倍甚至百倍地高于阈浓度，即使没人报告嗅到气味，依照安全规程也应停止作业进行检查，有条件的还要作硫化氢浓度检测，或带上防毒面具再进入池内工作。这位班长对老工人的提醒置之不理，不采取任何预防措施，固执己见冒险蛮干。

老工人出于安全考虑，再次提醒班长：外单位已经发生过清理水池硫化氢中毒死亡事故，我们不能大意。班长仍然是听不进去。这位老工人看到事已至此，再坚持下去太不给班长面子了，所以他为了给班长面子，也就不再说什么。班长也做了让步，他很不情愿地对老工人说："安全要重视，你就当今天操作过程的监护员，负责观察，有事赶快报告。"班长讲完以后没有再采取别的措施，就自顾自地忙起其他事了，一心只想早点把水池清扫完，今天清理不好影响蓄水，耽误用水是要扣奖金的。

对这次清池，班长也确有苦衷。在安排计划时，他曾提出要停产一天半，用半天时间抽剩水，用一天的时间来清扫，调度员坚持只能停产一天，否则影响供水。若要装通风机排气送风，一天是不可能干完的，因此班长把完成任务摆在了第一位，安全只好让步，再加上他过分自信，听不进别人的话，决定蛮干到底。

抽了将近 2 小时的水，池底的积水基本抽光，剩下的淤泥显露出来。按照分工，4 名操作工由人孔进入池内扫泥。刚开始清扫（只有两三分钟的时间）即被淤泥中冒出的硫化氢气体熏倒，出现了"电击型"死亡的现象。担任现场监护的老工人在 4 名操作工下池后，蹲下来通过人孔向池里张望，发现人已倒地，急忙呼喊救人。这时班长却以为是被电击伤，立即切断了电源，等明白过来是硫化氢中毒时因无防毒面具，束手无策，急忙用电话向救护中心报警，与此同时只得采用湿毛巾捂住口鼻，尽量屏住气将 4 人拉出水池。人的屏气是不能长久的，下池抢救人员因无防毒面具也发生了中毒。先入池的 4 人被拉出水池后，虽然立即施以人工呼吸和给氧、注射强心剂等，终因治疗无效 3 人死亡。下去救人的人中，有 3 人出现了头痛、头晕、全身乏力等中度中毒症状，其余的也出现了畏光、流泪和轻度头痛等轻度中毒的症状。此次事故连班长在内 9 个人里 3 人死亡，3 人重度中毒，2 人轻度中毒，唯一幸免的是那位忙于组织和呼救的老工人。

事故教训与点评

对于制水站来讲，清洗蓄水池是每年的“例行公事”，却没有想到居然会酿成 3 人死亡的重大事故。在事故发生前，那位老工人用抽出的水去冲洗地面，似乎嗅到了硫化氢的气味，赶快报告班长，但是班长麻痹大意，对老工人的提醒置之不理，不采取任何预防措施，连最简单的找台风机往池内送风也不进行，固执己见冒险蛮干。结果最后发生 3 人死亡、3 人重度中毒、2 人轻度中毒事故。

这起事故发生的主要原因，应该是作业班长缺乏相关安全知识，同时又麻痹大意，不听劝告。班组作为企业的前沿阵地，是执行和落实规章制度的主体，也是安全生产的主体，只有班组安全生产搞好了，才能保障企业安全稳定，才能提高企业经济效益。因此，企业安全管理水平的高低，从某种意义上来说，关键在于班组的安全管理，而班组的安全，则主要在班组长，班组长是班组安全的决定因素。企业要加强对班组长的安全培训，这是十分必要的。就这起事故而言，如果这位作业班长具有相关安全知识，就不会如此马虎，不会不听劝告，事故就有可能避免。

31. 因站位不当导致的被喷出沥青烫伤面部事故

2011 年 7 月 14 日夜班，某焦化厂焦油加工车间在生产中，一名改质沥青操作工，在处理管道不通故障时，由于忽视站位提醒和防护不当，被突然喷出的沥青烫伤面部、颈部。

（1）事故经过

2011 年 7 月 14 日夜班 4 时左右，某焦化厂焦油加工车间改质沥青操作工李某在巡检中发现，2# 沥青反应釜到沥青中间槽的管道不通，于是便告知值班长王某，王某叫上沥青工贾某和李某，3 人一起处理故障。先是用过热蒸汽吹扫，没有吹通；再用喷灯烘烤管道，仍未疏通。于是，关闭 2# 沥青反应釜底部阀门，拆开通向沥青中间槽的 DN50 阀门后，发现此阀门以后的管道是通的。三人分析后判断是沥青反应釜与沥青中间槽之间连接管道上的三通阀堵塞了。6 时左右，拆解三通阀，清理出淤积沥青，接下来烘烤三通阀至 2# 沥青反应釜底部阀门之间的 DN80 短管。其间王某数次提醒李某“注意站位，不要正对着开口处，防止沥青喷出伤人”。6 时 30 分，在李某低头观察出口情况时，沥青突然喷出，将李某面部、颈部烫伤，大家急忙将李某送往医院，经诊断为面颈部 3％Ⅱ°烧伤。

（2）事故原因分析

造成事故的直接原因，是高温沥青突然喷溅到未作专业防护的操作工身上，并直接与皮肤接触，导致皮肤被烫伤。

造成事故的间接原因：一是李某未按照操作规程要求，在疏通管道时佩戴面罩式安全帽，不听从值班长“注意站位，不要对着开口处，防止沥青喷出伤人”的多次提醒，其行为属于违章作业。二是在事故发生前，值班长王某没有指出李某“未带有防护面罩的安全帽”的行为，在处理沥青管道堵塞故障时，只口头提醒李某的站位却没有制止，属于监管不到位。三是该车间管理人员对高温沥青作业活动的危险有害因素辨识工作重视不够，没有制定针对性的措施。对如何降低危险作业活动的专业知识欠缺，缺乏系统安全和工艺安全的理念，对事故的预判和隐患辨识的能力不足。

（3）防范措施

事故之后，焦化厂焦油加工车间吸取事故教训，制定如下措施：

一是完善操作规程，规定凡接触酸、碱及其他危化品的作业，有可能发生喷溅时，必须佩戴面罩式安全帽。值班长应在日常生产（含故障处理）过程中，督促作业人员正确佩戴劳动防护用品，严格遵照岗位操作规程进行作业，规范岗位操作行为。

二是对车间各岗位所有作业活动的危险有害因素进行辨识。采用自下而上和自上而下相结合的方法，开展全员性的危险有害因素辨识大讨论，逐条评价风险等级，并拟定预防控制措施。

三是将辨识出的危险有害因素及对策措施表发放到班组和每一名职工手中，开展全面的培训、检查、考评及测试，确保所有人员熟悉掌握本区域内危险源点，并积极进行个体防范技能培训。

四是车间要认真开展互保意识教育，约束职工履行好互保人、监护人职责，及时相互提醒和纠正不安全行为。

五是改进和优化设备系统，对于沥青烫伤事故，应考虑在沥青反应釜与沥青中间槽的连接管道上加装保温及加热套管。

事故教训与点评

这起事故的发生有些意外，3 名职工在处理管道不通故障时，先是用过热蒸汽吹扫，没有吹通；再用喷灯烘烤管道，仍未疏通。最后拆解三通阀，清理出淤积沥青，接下来烘烤短管，不料沥青突然喷出，将一名职工的面部、颈部烫伤。归结原因，是操作人员未佩戴面罩式安全帽，不听从值班长的多次提醒，其行为属于违章作业。

这起事故是由于故障处理不当造成的。夜班作业，4 时左右发生故障，直到 6 时左右才发现故障点，接下来拆解三通阀，清理出淤积沥青，烘烤短管直至发生烫伤事故。在两个多小时的时间中，3 名职工多次处置不当，这时人员特别容易急躁，加之 7 月天气炎热，佩戴面罩式安全帽几乎不可能，所以发生事故有其必然性。从潜在的原因来看，应该还有技术水平和事故处理能力都不高的问题。

中国石化集团安庆石化化工部丙烯腈四班，依靠一套自我总结的班组管理办法成为公司的先进班组，所总结出来的班组先进管理经验被企业管理部门在全公司推广，成为安庆石化班组建设的标杆。丙烯腈四班在班组组建之初，就严格按照“全员、全天候、全过程、全方位”的原则，主动开展“安全大家谈”“四比三争”“争当每月之星”等活动，取得了突出效果。在此基础上，为全面提高班组职工的安全技能，班长龚荣庭积极做好传帮带工作。作为班组的技术尖子，龚荣庭不但有过硬的操作技术，而且事故应急处理的能力也很强。凭借对生产装置的熟悉和精湛的操作技术，他每次应对装置生产中的突发事件都能做出正确的判断和及时的处理。这几年，龚荣庭在每次处理突发事故后，都要对事故产生的原因及正确处理事故的方法进行认真总结，特别是对处理过程中的不足和缺憾等进行详细分析，提出今后处理同类安全隐患的有效对策，并分类汇编成册提供给班组其他成员，让大家熟练掌握应急事故处理的每个环节，以此提高班组的事故处理能力。在龚荣庭的影响和带领下，班组人员的安全技能大幅提高，先后及时发现和处理了氨压控阀失灵、氢氰酸、丙烯腈漏点等数起重大安全生产隐患，多次受到通令嘉奖。该班组还设置了《事故预案记录本》。《事故预案记录本》将日常生产中易发生或可能发生的事故汇编成册，结合安全教育主题，精心设计方案，利用班中和班后时间组织员工进行现场模拟演练和课桌演练，演练完毕后，由班长进行讲评，指出存在的问题，大家分享交流心得。正因为班组始终开展班组安全管理经验交流，提高了技术水平，才在紧要关头避免了多起事故的发生。

32. 自违章进入聚合釜作业发生的中毒死亡事故

2010 年 12 月 12 日，辽宁省沈阳市某化工集团公司聚氯乙烯车间在生产过程中，1 名班长擅自进入聚合釜违章作业，不幸发生氯乙烯中毒事故，从高处坠落，造成颅脑严重挫伤死亡。

(1) 事故经过

2010 年 12 月 12 日 9 时，辽宁省沈阳市某化工集团公司聚氯乙烯车间在生产过程中，聚合工段长向清釜班长布置检查 3# 聚合釜的工作任务。该班长带领 2 名班员拆卸安全阀后，发现安全阀与釜连接的短管被塑化物堵塞，该班长叫班员用铁锤锤打塑化物，叫另 1 名班员下楼制作垫片。约 11 时 5 分，班员告诉班长塑化物已打松动。班长叫班员暂停锤打，拿来入釜短梯和过滤式防毒面具，在未办理作业证的情况下，擅自进入釜内，用手托接塑化物，并在釜内叫班员再锤打塑化物，班员继续锤打塑化物。约 12 时，班员打掉塑化物，并听到塑化物掉到釜底的声音，班员马上到人孔处察看，发现班长正抱住搅拌轴（距釜底 4.4 米），右手试图扶短梯出来，这时突然看见班长坠落釜底。班员立即呼救，聚合岗位的当班工人闻讯立即赶到现场抢救，于 12 时 20 分将班长救出釜外，但是因中毒后摔伤伤势过重，经抢救无效死亡。

(2) 事故原因分析

事故之后，经过调查分析，确认了事故原因。

造成事故的直接原因是该班长违反安全操作规程和安全生产禁令，在没有办理任何手续、没有请示任何人和采取的防护措施错误的情况下，擅自进入釜内，导致中毒摔伤伤势过重死亡。

造成事故的间接原因：一是该班长使用的过滤式防毒面具不当，无法防止人员吸入有毒气体。二是工段长在布置任务时没有强调安全措施，班长违章时班员没有及时制止，并参与违章。三是用铁锤锤打塑化物也是违章的，工厂里给聚氯乙烯车间专门配备了一套防爆工具，但是没有使用，所幸没有导致爆炸事故的发生。

(3) 防范措施

一是加强对职工遵章守纪的监督检查，强化职工的安全意识。要求职工严格执行安全操作规程，严格执行安全生产禁令及各项安全规章制度，尤其要抓好“进入容器、设备的8个必须”制度的落实。

二是加强对施工、检修现场的管理监护。做到指定现场负责人、落实安全措施后方准施工、检修。同时，加强对违章行为的监督检查，作业过程中要及时制止违章行为。

三是加强对班组长的安全教育和技术培训，不断提高班组长的技术水平和技能。

事故教训与点评

在这起事故中，清釜班长发现安全阀与釜连接的短管被塑化物堵塞，于是叫班员用铁锤锤打塑化物，叫另1名班员下楼制作垫片。接下来，在未办理作业证的情况下，这位班长擅自进入釜内，用手托接塑化物，并在釜内叫班员再锤打塑化物，直至打掉塑化物。就在这位班长准备从釜内出来时，由于中毒，不幸坠落釜底，因伤势过重，经抢救无效死亡。造成事故的直接原因是该班长违反安全操作规程和安全生产禁令，在没有办理任何手续、没有请示任何人和采取的防护措施错误的情况下，擅自进入釜内。

人对危险的感知过程可分为三个阶段：第一阶段是出现危险的警告信息；第二阶段是感觉到危险警告信息；第三阶段是对警告含义的知觉。操作者在感觉到警告信息之后，要通过知觉理解警告信息所包含的意义，即操作者将警告信息与自己头脑中已有的知识进行对比，从而真正识别出危险的存在。在作业环境中，往往由于某些因素的影响，可使人的感知觉机能下降。例如，不良照明条件可使人产生视觉疲劳，从而影响视觉功能；高强噪声环境可使人的听觉减退，从而易出现误识别并导致误判断。同时，人的麻痹思想、主观意识等都有可能导致错误的判断，这些应引起足够的重视。

通常班组长都是由工作时间较长、经验比较丰富、技术水平和管理能力较高的职工担任，这位发生事故的班长应该也不例外。这位班长在事故发生前，认为使用过滤式防毒面具短时间进入釜内是能够避免吸入有毒气体的，也是安全的，不用很麻烦地办理作业证。他对此做出的判断事后被证明是错误的。错误就在于高估了自己的能力，低估了作业的危险。

33. 穿戴劳动防护用品不当导致的灼伤事故

2003 年 5 月 19 日，黑龙江省某焦化厂焦油加工车间，由于作业人员穿戴劳动防护用品不当与工艺不合理，导致发生一起浓硫酸致人灼伤事故，造成 1 名操作人员脚部轻度伤害。

（1）事故经过

2003 年 5 月 19 日 9 时，黑龙江省某焦化厂焦油加工车间酸碱工李某和张某接到车间主任王某的指令，要求向酸化釜加酸，同时特别强调要注意安全。李某和张某随即分工合作，李某在酸化釜顶平台接应，张某在酸化釜下通过定滑轮向釜顶平台搬运40千克塑料桶装浓硫酸，当酸桶接近平台时，桶的提梁突然断裂，98%的浓硫酸从桶中喷溅而出，少量浓硫酸从李某的防酸靴口灌入，造成李某脚部轻度灼伤。

（2）事故原因分析

事故发生后，该厂领导高度重视，立即组织调查组对这起事故进行了认真的调查处理。调查组得出结论如下：

造成事故的直接原因是操作人员李某安全意识不足，没有按要求正确穿戴劳动防护用品。李某在从事作业的过程中，防酸服、防酸靴、防酸手套、大面罩、防酸围裙穿戴齐全，但为了方便起见，将裤脚放在了靴口中，致使硫酸沿裤脚流下进入靴内，造成脚部灼伤。

造成这起事故的主要原因是生产工艺不合理，该厂因工艺需要在酸化釜中直接对油品进行酸化处理，采用定滑轮向釜顶平台搬运40千克塑料桶装浓硫酸的方式危险性大，给事故的发生留下隐患。

（3）防范措施

针对以上事故原因，该厂采取了以下防范措施：

一是立即召开安全专题会议，通报事故经过，落实防范措施，在全厂范围内形成“要我安全”到“我要安全”意识上的根本转变。

二是积极开展安全教育，全面提高员工的自我安全意识。加强安全管理和检查力度，对不合理着装现象，及时发现及时处理。

三是立即组织人员对工艺设计上的缺陷进行改造，采用惰性气体压力输送法向系统中计量加酸，从而实现了本质安全。

事故教训与点评

这是一起小事故，只造成 1 名职工的脚部轻度灼伤，但是这个小事故却蕴藏着大危险，那就是：如果浓硫酸从桶中喷溅而出，喷溅到职工的脸上、身上，那么就会是人员伤亡事故了。所幸事故发生后，该厂立即组织人员对工艺设计上的缺陷进行改造，采用惰性气体压力输送法向系统中计量加酸，从而实现了本质安全。

班组是预防事故的第一道防线，因此，班组在生产作业活动中要实行动态管理，及时排除各种不安全因素。在这起事故中，作业人员为了方便起见，将裤脚放在靴口中，这是不符合安全规定的，对此班组长应该看见了，其他职工也应该看见了，但是没有人及时纠正，结果造成这名职工脚部灼伤。

班组作为预防事故的第一道防线，还应该积极主动消除作业中的不安全因素。通过定滑轮向釜顶平台搬运浓硫酸本身就存在着很大的危险性，对此班组却长时间没有改进，这也是导致事故的一个原因。我们来看莱钢轧钢厂电焊机细节管理的一个办法，很具有启发性。以前，在莱钢轧钢厂中小型车间生产现场的 12 台电焊机没有一个固定的地点，哪里需要焊接，就把电焊机拉到哪里，给电焊机的安全使用和现场管理带来了安全隐患。为加强设备管理确保安全，于是对各个区域的电焊机进行了划片包干，对电焊机实行固定管理，为每台电焊机制作一个不锈钢标示牌，落实了责任单位的责任人，在每一台电焊机的标示牌上写明了使用注意事项。与此同时，还在电焊机的固定点附近安装了固定专用电源插座和漏电保护器，对在用电焊机实行了挂牌管理，有效地杜绝了职工在使用电焊机时乱接乱拉一次线和二次线的不良现象，保证了职工的人身安全和电焊机的使用安全。此举不仅使职工使用起来方便，安全系数也大大提高，受到了职工们的一致好评。

34. 违章进入水封房导致的人员中毒事故

2001 年 1 月 9 日，宁夏某氮肥厂造气车间在生产中，因气柜入口水封房内有一氧化碳等有毒气体，造成取样的 2 名监护人员中毒死亡。

（1）事故经过

2001 年 1 月 9 日 4 时，宁夏某氮肥厂造气车间检修后进入制贫气阶段，5 时 50 分左右，车间主任安排 3 名职工到气柜顶关放空阀门并采气体样，同时，又安排 2 名人员在地面监护。7 时 40 分，到气柜关放空阀门的 3 人下来，但是未看见监护的2 人。7 时 50 分，车间主任发现监护的 2 人还没有回来，马上到气柜周围去检查，发现气柜水封房门开着，进去发现 2 名监护人倒在地下（地下部分距地平面 1.8 米），车间主任立即找人进行救援，将 2 人送至医院进行抢救，但因中毒时间过长，经抢救无效死亡。

造气车间气柜进口水封房为半地下式结构，由于天气寒冷，车间怕冻坏设施，水封房的封闭较严，房内通风差，又没有通风设施，水封箱及小水封等设施装在地平面 1.8 米以下，泄漏和释放出的有毒气体聚集在水封房内不易扩散。

（2）事故原因分析

为查清事故原因，吸取教训，防止同类事故再次发生，该厂组织调查组对事故进行了详细的调查取证。通过对事故现场的勘查、分析，并对当班职工和车间领导的查问取证，经分析认为，造成事故的原因，是水封房检修项目完成以后，要定期向水封箱内加水和放水，防止冻坏管线和阀门。水封箱直通排污阀，装在底部水平位置上，因而在该阀门阀体内形成积水而结冰有杂物，该阀门并未完全关闭，在送气过程中，35℃左右的气体通过水封箱进入气柜的过程中，该阀门体内结冰逐渐融化，杂物被吹掉，造成有毒有害气体泄漏。监护人张某、杨某安全防范意识较差，没有遵守公司《安全工作手册》中“进入水封房作业，必须有人监护”的警示，属违章作业。

（3）防范措施

为防止事故再次发生，该厂调查组会同公司安全技术人员提出以下措施：

一是查隐患、堵漏洞。针对冬季安全生产的特点和装置正在开工的情况，在全厂范围内开展冬季安全大检查。凡安全防护设施不齐全者，安全部门下发隐患整改通知单，限期整改。

二是对水封房进行技术改造。待装置大检修时完成，彻底消除事故隐患。在技术改造完成以前，为保证安全，在水封房加装轴流风机，强制通风，恢复南、北两个窗户，设置警示牌，重申进入水封房的劳动保护和监护规定。

三是对全厂职工进行安全教育，利用班前会或安全例会，在全厂进行一次安全教育和安全技术培训，学习安全规章制度、安全规程和安全常识，结合各自岗位深刻反思，并写出心得体会。

事故教训与点评

这起事故的发生有点莫名其妙，3 名职工到气柜顶关放空阀门并采气体样，安全回来，而 2 名在地面负责监护的职工，却中毒死在气柜水封房里。由于人员已经死亡，不知道这两名负责地面监护的职工为什么要进入气柜水封房，只能进行推测。无论如何，没有遵守公司《安全工作手册》中“进入水封房作业，必须有人监护”的警示，属于违章作业。

无数起事故的发生告诉我们：事故是属于在一定条件下可能发生也可能不发生的随机事件。事故的发生有偶然性因素，这种偶然性是客观存在的。因此，杜绝违章作业，培养安全的习惯，是减少事故发生概率的重要途径。各项安全规章制度，特别是安全操作规程，一方面是通过科学的分析形成的，另一方面是用鲜血甚至是用生命的教训换来的。当安全意识、安全操作、安全行为进入人的潜意识，变成习惯性动作时，安全的根基就变得牢固了。如果每名职工时时处处养成遵章操作的习惯，事故发生的概率就会大幅降低。

对于班组来讲，在事故预防上，可以借鉴大庆油田公司采油二厂第一作业区南八联合站的做法。该站是一座集油、水、电综合处理的大型联合站，危险源点多，生产流程复杂，安全管理难度大，为解决这些关系安全生产的重大问题，该站编制实施了《油气集输过程危险源辨识与控制》和《目视管理法》，加强了对重点部位的监控，把安全责任延伸到每个生产岗位。该站编制的《危险源辨识与控制》，既规范了员工的行为，使岗位员工清楚地知道全站各生产岗位的危险等级、危险源点，掌握各危险区的监控标准、监控方法，以及应急措施，将员工的注意力由面（全站）集中到线（各危险源），再集中到点（各危险点），细化了安全管理内容，突出了重点防范部位，同时，把一、二、三级危险源分别用红色、橘黄色、蓝色标示在图板上，更加便于员工识别和执行。该站还通过健全安全规章制度、安全操作规程、岗位责任制，细化各类安全操作文本、台账，用安全质量标准化规范生产行为，把不安全因素消灭在萌芽状态，实现了安全生产。截至目前，这个站已经实现连续安全生产 7 131 天，并多次荣获油田先进集体、功勋集体、管理先进站等荣誉称号。

35. 进行电工维修作业导致的触电烧伤事故

2007 年 9 月 28 日，青海省格尔木市盐湖察尔汗地区某盐湖化工公司供应部仓库 634 高压线路一木制电杆因年久失修被大风吹断，造成生产线路中断，急需进行维修作业。一名作业人员在维修中未验电的情况下便擅自攀上电杆，导致左手臂触电被严重烧伤。

（1）事故经过

2007 年 9 月 28 日，青海省格尔木市盐湖察尔汗地区某盐湖化工公司供应部仓库 634 高压线路一木制电杆因年久失修被大风吹断，造成生产线路中断，急需进行维修作业。格尔木市某电力公司在接到检修任务后，立即安排电工段执行。电工段段长刘某派电工王某、李某和赵某3人进入现场进行接线作业，并安排李某到变电所办理工作票，赵某负责监护。王某见李某迟迟不回，在未验电的情况下，便擅自攀上电杆，转身搭接线时，左手不慎触到10千伏的高压线，被电击休克。事故发生后，赵某立刻报告单位领导和调度室，紧急组织人员、设备进行抢救。20分钟后，王某被救下送至格尔木市医院抢救。经过治疗，王某的生命被挽救回来，但左手臂烧伤严重，不得不作截肢处置。

(2) 事故原因分析

事故发生后，公司及时组织相关人员进行事故调查。经研究分析，导致这起事故的原因主要有以下几个方面：

造成事故的直接原因，一是634高压线已被临时改接在635高压线路上，但未张贴警示标志，从而埋下事故隐患。工作票签发人安全意识不强，责任心差，未在工作票中写明线路变更情况，导致拉闸限电时断电错误。二是王某违反《电力安全操作规程》，维修前未进行验电和打接地线等准备工作，由此导致事故。

造成事故的间接原因，是赵某作为现场监护人员，未及时阻止王某的违章行为。

(3) 防范措施

针对事故暴露出的各种问题，事故调查组会同现场工作人员进行了认真的分析，并根据公司事故管理规定，给予安全责任人相应处罚。同时，公司安全管理部门针对此次事故专门制定出相应的整改、防范措施。

一是提高安全意识，进一步加强对职工的安全思想教育，不断提高职工自保、互保的安全意识及识别危险的能力，为今后的安全工作奠定良好基础。

二是加强专业学习，组织全体职工学习《电力安全操作规程》，对安全责任人、工作票签发人、工作监护人及工作许可人进行考核，加强各施工现场的安全协调。进一步加强对电力特种作业人员的安全规程培训，坚持培训、考核合格后持证上岗。

三是加大管理力度，严格执行工作票制度，继续加强工作票的“两票三制”管理。强化全方位的安全管理和技术管理，加强供电、电气线路的安全管理，定期组织电力作业人员学习操作技能，不断提高业务水平，从源头上杜绝隐患。

四是确保责任落实，加大对基层的安全考核力度，确保责任落实到人。让职工从心理上实现从“要我这么做”到“我要这么做”的本质转变，使安全管理上一个新台阶。

事故教训与点评

这起事故的发生有三个因素：一是工作票签发人安全意识不强，责任心差，未在工作票中写明线路变更情况，导致拉闸限电时断电错误。二是作业人员违反操作，维修前未进行验电和打接地线等准备工作。三是现场监护人员，未及时阻止作业人员的违章行为。三个因素叠加在一起导致事故发生。那位左手臂被严重烧伤、不得不作截肢处置的职工，在以后的岁月中，会不断后悔自己的麻痹大意，后悔自己的违章行为。安全，还是自己保护自己最为可靠。

类似的事故很多，我们来看一个类似的事例，但是结局却不相同。

吴某是江西省某采矿场的一名电气维修工，两年前的一次违章，让他至今难忘，违章逼出了他的座右铭——养成按操作规程办事的习惯。2005 年 11 月的一个早班，接到“南山排土场有一盏镝灯不亮，需要派电工去维修”的指令后，吴某迅速穿戴好劳动防护用品，跟随老电工曾某前往南山排土场。赶到现场——一座安装了镝灯约 6 米高的铁塔，在靠近铁塔之际，曾某四下仔细看了一阵，便关掉铁塔上控制镝灯的空气开关。就在吴某准备往铁塔上爬的时候，“危险!”说时迟那时快，曾某出手一把拉住了他。“干什么呀!”吴某当时差点摔一跤，有点恼火。“铁塔可能有电，得按操作规程办事!”曾某说。“空气开关被你关掉，电缆线看上去完好无损，怎么会有电?”吴某不服气地回敬道。“有没有电，测量一下才能知道!”曾某边说边用万能表对铁塔进行测试，发现指针猛地摆动，显示存在带电现象。“怎么会这样？要不然……”吴某惊出一身冷汗，“曾师傅，今天多亏有你，否则我就麻烦了！可我还想请教一下，你是怎么看出有电的?”“我主要是有按操作规程办事的习惯。先前看出铁塔有移动位置的迹象，估计电缆线与铁塔接触面因磨损会发生漏电的可能。但我想告诉你，养成按操作规程办事的习惯很重要。”曾某断掉线路电源后，郑重地对吴某说。如今，不管做什么工作，吴某一直将曾某的那句“养成按操作规程办事的习惯”作为自己的座右铭。

36. 电缆下滑导致的人员摔倒致头部受伤事故

2005 年 6 月 12 日，某煤矿安排电工在充填井斜道吊挂电缆，此段电缆有曲弯，在剪断铁丝后，电缆下滑，将站在下部的 1 名职工碰倒，这名职工摔倒时头部碰到铁轨上，导致头部右侧受伤。

（1）事故经过

2005 年 6 月 12 日，某煤矿在机电工段班前会上安排电工龚某在充填井斜道吊挂电缆，指定由电工组长负责施工现场安全，并特别交代外包施工队人员注意安全，强调一定要站位正确、防止滑倒、挂牢电缆。到达作业地点后，大家分头行动。在上部作业的电工龚某将悬挂电缆的铁丝剪断，准备重新吊挂。外包施工队人员孙某等两人站在距离悬挂电缆下部不远的位置。因为此段电缆有曲弯，在剪断铁丝后，电缆下滑，将站在下部的孙某碰倒，孙某摔倒时头部碰到铁轨上，导致头部右侧受伤。

（2）事故原因分析

造成事故的直接原因，是龚某在遇有曲缆的情况下，未对曲缆进行处理即剪断铁丝，造成电缆快速下滑，导致事故。

造成事故的间接原因：一是孙某等人站立位置不当，且在距离曲缆位置较近的地点站立时未采取任何防护措施。二是孙某等人安全意识淡薄，自我保护能力差，这是造成这起事故的重要原因。

（3）防范措施

一是在斜道进行电缆敷设作业，遇有曲缆时，必须将曲缆慢慢顺好，方可剪断铁丝。

二是严格执行专项安全措施。作业前，企业应组织人员认真学习，使作业人员熟知作业规程，并在作业时加强对作业人员的检查和指导。

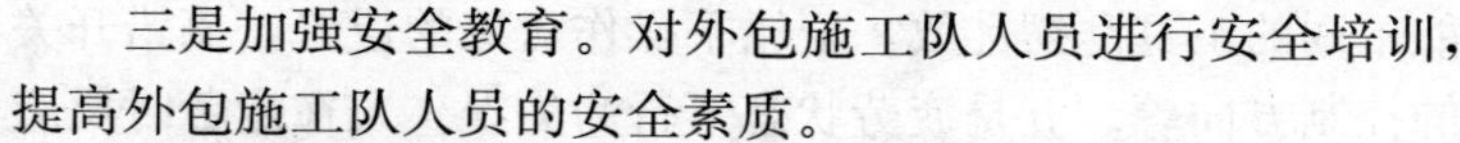

三是加强安全教育。对外包施工队人员进行安全培训，提高外包施工队人员的安全素质。

事故教训与点评

这起事故的发生比较意外，让人意想不到，就在电工将悬挂电缆的铁丝剪断的时候，由于此段电缆有曲弯，在剪断铁丝后电缆下滑，将站在下部的一名职工碰倒，这名职工摔倒时头部碰到铁轨上，导致头部右侧受伤。故此，导致事故的原因，一方面是剪断铁丝，造成电缆快速下滑，二是受伤职工站立位置不当。

从安全心理学的角度讲，常见的行为过程失误的原因主要有：一是习惯动作与作业方法要求不符。习惯动作是长期在生产劳动过程中形成的一种动力定型，本质上是一种具有高度稳定性和自动化的行为模式。从心理学的观点看，无论基于什么原因，要想改变这种行为模式，都必然有意识地和下意识地受到反抗，尤其是在紧急情况下，操作者往往用习惯动作代替规定的作业方法。减少这类失误的措施是机器设备的操作方法必须与人的习惯动作相符。二是由于反射行为而忘记了危险。因为反射（特别是无条件反射）是仅仅通过知觉，无须经过判断的瞬间行为，即使事先对这一不安全因素有所认识，但在反射发出的瞬间，脑中却忘记了这件事，以致置身于危险之中。三是操作方向和调整失误。操作方向失误主要是因为有些机器设备没有操作方向显示（如风机旋转方向），或设计与人体的习惯方向相反。操作调整失误主要是由于技术不熟练或操作困难，特别是当意识水平低下或疲劳时这种失误更易发生。四是工具或作业对象选择错误。常见的原因有：工具的形状与配置有缺陷，如形状相同但性能不同的工具乱摆乱放，记错了操作对象的位置，搞错开关的控制方向等。五是疲劳状态下行为失误。人在疲劳时反应减慢，对于信息的接收也容易出现混乱，行为缺乏准确性。六是异常状态下行为失误。人在异常状态下特别是发生意外事故生命攸关之际，由于过度紧张，会造成惊慌失措，结果导致错误行为。

这起事故应该属于第二种，即由于反射行为而忘记了危险。受伤职工在事故发生前，并没有意识到所站立的位置存在危险，只是按照通常的位置站立，但是在特殊的情况下，原来安全的位置就存在着危险，由于疏忽而受到伤害。

37. 违章操作导致磷泥反应槽内热量积聚发生爆炸事故

2002 年 7 月 10 日，湖北某化工厂黄磷车间磷泥回收装置发生一起爆炸事故，爆炸溅出的溶液将 2 名当班操作工严重烫伤，另外 4 名作业人员轻微烫伤。

(1) 事故经过

2002 年 7 月 10 日，湖北某化工厂黄磷车间磷泥回收岗位由周某、万某两人当班。19 时 25 分左右，周某、万某两人开始向磷泥反应槽加硝酸，操作中没有按照工艺操作规程和安全操作规程进行，没有对硝酸进行测验，并使用 $\phi 38$ 的软管进行加酸（没有使用专用加酸装置 $\phi 15$ 的管道）。由于所加硝酸浓度过高，速度过快，导致磷泥反应槽内热量积聚发生爆炸。爆炸所溅出的溶液当场将两人严重烫伤，另有

4 名作业人员被轻微烫伤。事故发生后，当班调度迅速组织人员进行施救，将受伤人员送往医院接受治疗。

（2）事故原因分析

事故发生后，该厂所在县安全生产监督管理局和该厂成立了事故调查小组。通过现场勘测，取样分析，对目击人、当事人、管理人员现场调查，以及对各项管理记录、工艺安全规程等有关资料进行查阅，认定该事故实属一起由严重违章操作导致的责任事故。

造成事故的直接原因，是周某、万某 2 人向磷泥反应槽加硝酸操作中，没有按照工艺操作规程和安全操作规程进行，并使用 $\phi 38$ 的软管进行加酸，由于所加硝酸浓度过高，速度过快，导致磷泥反应槽内热量积聚发生爆炸。

造成事故的间接原因：一是当班班长和调度巡回检查不到位，未能尽到监督管理责任，放松了对岗位操作人员的管理。二是车间管理人员平时工作不细、不实，没有及时发现使用 $\phi 38$ 的软管进行加酸这一事故隐患，给事故的发生创造了机会。三是安全教育培训不够，岗位操作人员缺乏安全意识，业务技术素质不高，对可能发生的事故心中无数，没有预见性。

（3）防范措施

一是加强对职工的安全教育和培训，提高职工的安全意识和业务技术素质，以及分析、判断和处置事故隐患和处理突发事故的能力。认真开展安全检查，及时发现和整改事故隐患，把事故消灭在萌芽状态。

二是不断完善现场设备的监控技术措施，增加重点部位、重点工艺参数的时时在线监测数据和超温、超压报警装置，不断完善连锁控制系统，提高其本质安全度和自动控制水平，为安全生产创造良好的环境。

三是不断完善安全生产规章制度和安全技术操作规程，加强对各级管理人员和岗位操作人员的管理，杜绝“三违”现象发生。对岗位人员实行竞争上岗、末位淘汰制度，对管理人员实行安全风险抵押金制度，落实安全生产目标责任制，强化考核措施。

四是进行警示教育，防止类似事故再次发生。将发生事故的情况制作成幻灯片，对所有人员进行播放，并组织他们参观事故现场，用生动的事例教育职工，举一反三，吸取血的教训。

事故教训与点评

这是一起十分典型的违章操作事故。周某、万某 2 人向磷泥反应槽加硝酸操作中，没有按照工艺操作规程和安全操作规程进行，没有对硝酸进行测验，并使用 $\phi 38$ 的软管进行加酸（没有使用专用加酸装置 $\phi 15$ 的管道），由于所加硝酸浓度过高，速度过快，导致磷泥反应槽内热量积聚发生爆炸。事故的结果也十分典型，爆炸所溅出的溶液当场将操作者严重烫伤，另有 4 名作业人员被轻微烫伤。班组职工通常都在生产作业第一线，距离事故最近，受到事故的伤害也最大，一旦发生事故，事故的肇事者一般也就是受害者。因此，保证生产作业安全，也是保证自身的安全。

这起事故涉及人的可靠性问题。在系统安全工程中，将人作为系统的元素来处理，人是系统的一个重要组成部分，因此引入了人的可靠性。人的可靠性将直接影响全系统的工作可靠性。国内外由于人的操作不可靠所造成的重大事故屡见不鲜。据统计，在现有的机器或系统故障中，有高达60％～80％的故障是由于人的失误（也即人的不可靠）所引起。而且近年来，这个比例还有上升的趋势。导致这个比例上升的原因主要有两个：一是机器或系统的日趋庞大而复杂，致使人的工作能力下降，导致人的失误增加；二是虽然人的能力没有下降，但是随着科学技术的不断进步，机器或系统的可靠性不断提高，而人的能力又不可能随之而提高，致使人的失误所产生的问题相对突出。因此，如何提高人的可靠性已成为当前安全行为管理研究的热点、重点和难点，也是保证系统安全和避免事故的一项重要措施。

在这起事故中，操作者不按照工艺操作规程和安全操作规程进行操作，原因就是嫌麻烦图省事，使用 ϕ38 的软管加酸，比使用专用装置 ϕ15 的管道加酸速度要快一倍。这种嫌麻烦图省事的操作，有可能在此之前就存在，只是没有被发现，属于习惯性违章，是十分危险的违章行为。长期的习惯性违章必然会导致事故，这起事故就是一个证明。

38. 违章维修厂房棚顶导致的高处坠落事故

2002 年 7 月 24 日，湖北省某化工集团股份有限公司化工厂黄磷车间原矿工段发生一起高处坠落事故。1 名作业人员在维修厂房棚顶石棉瓦时，不慎从 5.5 米高的棚顶坠落到地面，造成腰脊骨第一节粉碎性骨折。

（1）事故经过

2002 年 7 月 20 日，湖北省某化工集团股份有限公司化工厂黄磷车间原矿破碎厂房，因暴雨将棚顶的石棉瓦损坏了 30 多块，对室内配电柜运行和作业人员的安全构成了威胁。23 日，该厂在安全检查中发现了这一隐患，便督促黄磷车间尽快修复。黄磷车间安全员与公司动力设备处联系，要求其尽快动工。公司动力设备处安排建安公司宋某负责施工，宋某便于当晚 18 时左右将购置的 20 块石棉瓦运至化工厂原矿工段厂房，其间遇见黄磷车间原矿工段职工乔某，因他在原矿工段上班，对环境和厂房构造熟悉，就请他帮忙。乔某刚好第二天休班，就约谭某、王某 2 人一起弄。24 日 6 时，乔、谭 2 人按约定时间到达，6 时 10 分到原矿工段开始整修。乔某先上棚顶，谭某送了几块瓦后也上了棚顶。6 时 30 分王某也到达原矿工段，负责在地面指挥和送瓦。7 时 20 分左右，谭某在棚顶一脚踩在石棉瓦上，石棉瓦破裂，谭某失去重心从棚顶坠落，造成腰脊骨第一节粉碎性骨折，神经受到挤压，不能行走。

（2）事故原因分析

事故之后，经过调查，最后分析认定造成这起事故的主要原因，是从事土建维护修理的施工队在接到工程任务后，将其转包给没有资格、没有任何土建检修经验的职工乔某等 3 人，并在防护措施不到位的情况下作业。

造成这起事故的重要原因，是乔某、谭某、王某 3 人私自从宋某那里承接维修工程，对其危险性认识不足，没有采取任何安全措施。

造成这起事故的另一原因，是当事人王某身为班长，不仅没有制止这种行为，反而参与其中；当班工人和夜班职工知道乔某等 3 人的行为，没有及时制止并向调度室、车间反映情况，使厂、车间对乔某3人在厂区内的行为失去监控。

事故教训与点评

这类事故在管理不够严格规范的企业比较多见，而在管理严格规范的企业则不可能发生。所以，这样的事故对于不同的企业，分别具有必然性与偶然性。

这起事故涉及安全态度问题。不同的人具有不同的安全态度，态度形成之后将比较持久地保持，但也不是一成不变的，它会随着外界条件的变化而变化，从而形成新的态度。企业员工态度改变有两种情况：一种是在程度上的改变，如对一事物的态度从犹豫到坚决支持，由勉强同意到完全同意等，这通常仅需通过强化便可做到；另一种是在方向上的改变，比如对某一事物原来是消极的，后来变得积极了，这是根本上的改变，是质的飞跃，比较难以实现。当然，方向与程度有关，从一个极端转变到另一极端，既是方向的转变，又是程度的变化。态度变化过程有三个阶段：一是服从阶段。这是从表面上转变自己观点和态度的时期，是态度转变的第一阶段。一般来说，这时人们会表现出一些顺从的行为，但这仅仅是被动的。二是同化阶段。这一阶段表现为不是被迫而是自愿接受他人的观点、信念、态度与行为，并使自己的态度与他人的态度相接近。显然，这一阶段已不同于服从阶段，它不是在外界压力下转变态度，而是自愿进行的。三是内化阶段。即真正从内心深处相信并接受他人的观点，从而彻底地转变自己的态度。在这一阶段中，一个人真正相信了新观点和新思想，并将其融进了自己的价值观，成为自己态度体系中的一个有机组成部分，从而成为一个自觉接受企业的价值观，遵章守纪的人，这时就真正达到了内化阶段。企业以及班组，为了实现长久的安全，需要从这三个阶段入手，特别是从职工的思想转变上着手，积极促进职工的内化阶段，使职工成为自觉接受企业价值观并遵章守纪的人。

39. 化工车间违章动火作业引燃设备填料导致的火灾事故

2004 年 3 月 23 日，某化工厂合成车间在加固设备管架时，因为安全措施落实不到位，动火作业引燃了设备填料泄漏点，由于没有准备应急的消防器材，任凭大火肆虐，差一点就酿成重大火灾事故。

(1) 事故经过

2004 年 3 月 23 日下午，某化工厂合成车间脱硫岗位 7# 萝茨机管道振动大，车间责成维修班对此处管架进行加固。维修班长受领任务后，指派维修工方某、许某、彭某和电气焊工王某去执行加固管架任务，并根据该岗位的危险性特点和动火级别区域划分，办理了特级动火作业票证。检修作业人员根据票证上制定的措施和物质落实要求，准备了 2 具干粉灭火器和 1 根直径 25 毫米、长 15 米的橡胶管做蒸汽管。另外，还找来几块破旧玻璃钢瓦，对萝茨机的两端填料处进行覆盖遮挡。18 时 20 分，动火作业点由北侧转移到萝茨机的上方，焊工刚点焊了两下，萝茨机南端填料开始起火，现场作业的方某、许某和彭某，立即操起灭火器灭火。由于不停机带压灭火，灭火器未能奏效，火不但没有灭掉，反而窜入北端，导致北端填料也着起火，继而萝茨机一圈都着起了火。这时方某、许某、彭某和电气焊工王某慌了手脚，去拉蒸汽管，才想起未接蒸汽。去接蒸汽，又找不到接蒸汽的位置，现场接上水管，水管阀门由于长期锈蚀又打不开。其他作业人员发现后，一边向生产调度室和公司领导报告，一边赶来协助灭火，可是火已经越来越大，把 7# 萝茨机完全包围，随时都有发生设备和管道爆炸的可能。幸亏厂部领导接到报警及时赶到，采取停机减压果断措施，并调集来值班维修工睡觉的棉被，并打湿层层蒙盖在着火设备上，隔绝空气与火源接触，大火才得以熄灭，火警危险得以排除，保住了生产设备。

（2）事故原因分析

造成事故的直接原因，是 7# 萝茨机填料漏气，检修作业人员未重视，没有采取得力措施进行堵塞隔绝，只是用几块破旧玻璃钢瓦简单地遮挡一下。当高空动火作业焊花大面积四处飞溅落下时，填料漏出的可燃煤气与火源接触，瞬间点燃，引发大火。

造成事故的间接原因，是安全措施落实不到位。虽然按规定办理了动火作业许可证，但在落实安全措施上却采取敷衍塞责态度，虽然准备了一根蒸汽管放在现场，但根本没有接上蒸汽，现场也根本没有蒸汽可接，错失了救火良机，这也是导致事故发生的主要原因。

（3）防范措施

事故之后，该厂吸取教训，制定了安全教育和预防措施：

一是对这起事故发出通报，让全厂职工开展为期 1 个月的反思大讨论，使其认清事故的本质和性质，了解事故的真相；了解如果事故进一步扩大，可能造成的后果和危害，让全厂职工从中受到警示和教育。

二是责成安保部重新划清各部门和各级人员在检修作业中的职责。重申办理各类安全作业票证的程序和所应落实的各项安全措施，严防办理票证走过场，流于形式，摆花架子。使票证在检修作业中真正起到安全技术指导、责任控制和措施落实把关的作用。

三是对生产中的跑、冒、滴、漏进行全方位的检查，加大隐患的查处和整改力度，从源头上消除检修作业中的不安全因素，从环境上为检修作业创造一个安全的氛围和条件。

事故教训与点评

事故之后，该厂组织职工就事故进行反思，并吸取教训。经过为期一个月的事故反思大讨论，全厂上下统一了思想，统一了认识。一致认为，这起事故的性质就是参与办理票证和检修作业人员的责任心严重丧失，安全意识淡薄，责任感松懈，性质是严重的，管理是极端不负责任的。如果这次大火再晚几分钟被扑灭，萝茨机和进出口管道在燃烧中炸裂，压力约 40 千帕的煤气大量泄漏，很可能造成现场抢险人员大量中毒；发生一连串的爆炸，会把机房和不到 10 米远的 5 000 平方米的大煤气柜以及容积高大的洗气塔、脱硫塔、净碱塔、1# 静电除焦塔、2# 静电除焦塔炸毁，方圆百余米内的居民楼房会被夷为平地，成千上万居民的生命将会受到严重摧残和威胁，后果不堪设想。

责任追究，追究的是责任，世界上恐怕没有比丧失了责任心而造成重特大事故更可怕了。许多事故都是可以避免的，就是因为有些人责任心不强，视责任为儿戏，玩忽职守，麻痹大意，侥幸蛮干，冒险而造成重特大事故，使社会和财产蒙受巨大损失。

40. 因不进行安全检查而导致了平台垮塌人员高处坠落事故

2003 年 12 月 12 日 10 时 20 分左右，湖北省恩施市某化肥厂进行年度设备大修，碳化车间在检修 1# 碳化塔水箱时，发生一起因跳架横木断裂，平台垮塌，检修人员坠落地面不治而亡的事故。

(1) 事故经过

2003 年 12 月 12 日，湖北省恩施市某化肥厂进行年度设备大修，8 时许，碳化车间检修 1# 碳化塔水箱。王某、彭某、梅某 3 人戴好安全帽，系好安全带后，拆 1# 碳化塔西侧水箱盖子。3 人将第 11 组水箱盖子拆完后，将竹跳板升至上一层（第 12 组水箱处）的跳架上，未进行任何安全检查，只是系好安全带后，开始拆第 12 组水箱盖子。拆完水箱盖子螺栓后，梅某将锤子和扳手递给王某，取下安全带的挂绳搭在肩上，开始用钢钎撬开水箱盖子，此时，横木突然断裂，平台垮塌。未系安全带的梅某随同跳板从 11 米高处坠落地面。梅某的安全帽滚落在一旁，右脸血肉模糊，头部大量出血。而系了安全带的彭某被挂在空中并自救安全回到地面；同样系了安全带的王某被悬挂在空中，被他人解救安全回到地面。梅某被紧急送往医院救治，终因伤势过重，抢救无效死亡。

（2）事故原因分析

事故之后，在对跳架断裂横木检查时发现，该跳架断裂横木为 ϕ90 毫米×2 600 毫米圆形杉木。跳架是 2003 年 5 月份搭设的，断裂横木一端用铁丝捆在铁架上，另一端用铁丝捆在 1# 碳化塔第 11 组水箱出口水管上，2 个固定点跨度约为 1.6 米，断裂横木在开裂处下方约 20 毫米厚的木质受损，断裂面木质腐朽。此横木断裂原因是中间部位木质受损，长期经雨水浸泡木质腐朽，无法承受 3 人重量。

造成事故的直接原因：一是王某、彭某、梅某 3 人作业组在升跳板时，没有按要求检查跳板是否存在缺陷，安全意识淡薄，无视跳架存在的安全隐患，并导致跳架断裂。二是梅某在作业时安全意识不强，在作业中佩戴的安全带没有按规定拴挂。

造成事故的间接原因：一是安全监督检查不到位，没有及时发现工作平台潜在危险，没有及时制止工人在存在安全隐患的平台上作业。二是各项安全规章制度落实不严格、不到位。虽然在大修前召开了专门的安全生产工作会议，也专门强调了特殊作业的有关规定、制度，并且对相关违章人员进行过处罚，但是，在作业过程中仍然重复有违章现象发生。三是安全措施落实不到位。作业前车间、班组没有重点强调安全；没有详细周密地制定安全措施并检查落实到位。

（3）防范措施

事故之后，对事故责任人员进行了处罚：一是死者梅某在高空作业时佩戴在身上的安全带没有按规定拴挂，没有认真执行高空检修安全作业规程，这是导致这起伤亡事故的直接原因，在这次事故中应负主要责任。鉴于当事人已死亡，决定免于处罚。二是碳化车间主任谭某在作业前没有具体强调安全制度、安全规程和安全注意事项，更没有布置检查作业跳架和布置安全防护措施，在这起事故中负有直接领导责任，决定给予降职降薪处理。三是对其他相关责任人员分别给予不同的处罚。

这起伤亡事故发生后，全厂立即停止一切检修工作，进行全面的安全检查、整改；召开全体员工会议进行安全学习，从根本上提高全体员工的安全意识和自我防护能力，发动全体员工全方位、全过程查整隐患，确保安全检修。

事故教训与点评

这起事故的发生有两个原因：一是王某、彭某、梅某3人作业组在升跳板时，没有按要求检查跳板是否存在缺陷，安全意识淡薄，无视跳架存在的安全隐患，并导致跳架断裂。二是梅某在作业时安全意识不强，在作业中佩戴的安全带没有按规定拴挂。这是导致事故的直接原因。为什么作业前没有按要求检查跳板是否存在缺陷呢？为什么梅某在作业中佩戴的安全带没有按规定拴挂呢？对这两个问题，我们需要进行潜在的心理因素分析。

企业安全生产活动一般可分为两部分：一是重复性的安全生产活动，这部分活动的行为规范可以形成统一的标准，即国家标准、行业标准和企业标准（含规章制度）；二是随机性的生产活动，这部分活动的行为规范无法形成统一的标准，需要通过制定针对性措施达到规范行为的目的。因此，“标准”与“措施”实际上就是企业安全生产行为规范的代名词，也就是说，在企业安全生产活动中，作业人员不是在执行某种“标准”，就是在执行某项“措施”。如果拒不执行这些事先订立的“标准”或“措施”，那就是“违章”；如果在执行的过程中由于执行者的水平问题而出现差错，或这些“标准”“措施”本身也存在某些不够完善甚至错误的地方，那就是“失误”。由此看来，“违章”与“失误”的共性是它们都偏离了事物发展所应遵循的正确轨道即客观规律。而两者的个性则在于，“违章”的偏离有明确的对象（事先订立的“标准”或“措施”），因而带有明显的故意性和习惯性，是一个思想认识和工作态度问题；而“失误”的偏离则是一种不自觉的行为，即当事人的所作所为并没有明确的依据，而是凭直觉办事，带有较大的盲目性和随机性，是一个知识水平和工作能力问题。明确了“违章”与“失误”的这些基本特征，有助于我们科学地、有针对性地制定反事故措施，提高反事故措施的可行性和实效性。

我们再回到这起事故。为什么作业前没有按要求检查跳板是否存在缺陷呢？这是因为作业人员凭直觉办事，带有较大的盲目性和随机性，因此属于失误。为什么梅某在作业中佩戴的安全带没有按规定拴挂呢？按照规定应该拴挂，但是为了作业便利暂时没有拴挂，因而带有明显的故意性和习惯性，属于违章行为。从潜在的心理因素来看，这样的碳化塔水箱检修作业，可能进行过多次，都是安全无事故，因而大意，放松了警惕性。安全实际上最怕的就是警惕性松懈，警惕性一旦松懈，事故就会尾随而至。

三、作业中不良情绪因素招来的事故

没有人喜欢事故，每当事故发生之后，总是有人后悔，设想着“如果”“如果当初……”“如果生命可以重来……”“如果那样就好了”“如果当时不那样，就不会发生这起事故”，这些都是人们常说的话。然而，世界上的许多事情总是像火灾一样无情，像流水一样无奈，难以挽回。生命中的“如果”既是一种追悔，也是一种无奈，世上没有后悔药，当你追悔莫及的时候，美好的愿景已经逝去，不该发生的事情已经成为残酷的现实。因此，面对生产作业中事故的威胁，我们最需要把“如果”放在事故发生之前，克服麻痹疏忽心理，控制盲目乐观情绪，多一分如果的担忧，就会少一分风险的威胁；多一分安全的警惕，就会少一分生命的伤害。特别是在情绪出现波动的时候，情感出现起伏的时候，还有在疲劳的时候、临近节假日的时候，多想一想如果，多想一想安全，从而让生命少一些追悔、少一些无奈，多一些平安、多一些幸福。

人是有感情的，情绪与情感是人对事物的态度和体验，是人需要得到满足与否的反映。人在认识和改造世界的过程中，必然接触到自然界或社会中的各种各样的对象或现象，在遇到得失、顺逆、荣辱、美丑等各种情境，会产生高兴与喜悦、气愤和憎恶、悲伤和忧虑、爱慕和钦佩等种种内心体验，这些以特殊方式表现出来的主观体验就是情绪或情感。

1. 情绪状态的变化与类型

情绪状态是指在某种事件或情境的影响下，在一定时间内所产生的激动不安状态。其中最典型的情绪状态有心境、激情、应激三种。

(1) 心境与安全

心境俗称心情。心境不是对于某一件事的特定体验，而是弥散性的一般情绪状态，往往在一个较长时间内影响一个人的所有活动，蔓延范围较大。在日常生活中常常见到这种情况：一个人心情好时，看什么都好、都顺眼，心情舒畅；心情不好时，看什么都不好、不顺眼，心烦易怒。

心境有积极和消极之分。积极的心境是一种增力性情绪。它可以使人心情愉快、思维敏捷，充满克服困难的信心，因而有利于劳动效率的提高，对保证安全是一种有利因素。消极的心境是一种减力性情绪。它容易使人产生懒散，精神萎靡不振，感受能力下降，思维迟钝，对活动提不起兴趣，思想和注意力不集中。对引起自己心情不好的某些事件或因素总是萦绕脑际，挥之不去，出现“白日梦”，经常愣神儿或发呆。显然，这对安全是一种威胁，也是造成事故的隐患。

引起心境变化的原因很多。在客观因素上，如生活中的重大事件、家庭纠纷、事业的成败、工作的顺利与否、人际关系的干扰等；在生理因素上，如健康状态、疲劳感受、慢性疾病等；在气候因素上，如阴天易使人心情郁闷，晴好天气则使人心情开朗；在环境因素上，如工作场所脏乱差，粉尘烟雾弥漫，易使人产生厌烦、忧虑等负面情绪。

在生产作业中，使职工保持良好的心境，避免情绪的大起大落是非常重要的。心境与生产效率、安全生产有很大关系。心理学家曾在一家工厂中观察到，在良好的心境下，工人的工作效率提高了0.4%～4.2%；而在不良的心境下，工作效率降低了2.5%～18%，而且事故率明显增加。这是因为工人在心境不佳时进行作业，认识过程和意志行动水平低下，因而反应迟钝，神情恍惚，注意力不集中，除了工作效率下降外，还极易出现操作错误和事故。因此，创造一个良好的工作环境，努力培养和激发积极的心境，经常保持良好的心境，对安全工作至关重要。

(2) 激情与安全

激情是一种猛烈暴发性的、短暂的情绪状态。如大喜、大悲、暴怒、绝望、恐怖等。猛烈性（张度）、暴发性（时间）、短暂性（延续）是激情的三个明显特点。激情不同于心境，它往往是对某件事的特定体验，情境性较强。激情来得快，但消失或减弱得也快（与心境相比而言）。伴随激情的发生，其外部表现较为明显，如怒发冲冠、暴跳如雷、声嘶力竭、手舞足蹈、涕泪皆流，严重时会产生昏厥。

激情也有积极和消极之分。积极的激情能鼓舞人们积极进取，为既定目标而奋斗，为维护个人或集体荣誉而不懈努力，因而对安全是一种有利因素。但在消极的激情下，认识范围缩小，控制力减弱，理智的分析判断能力下降，不能约束自己，不能正确评价自己行为及后果。或趾高气扬，不可一世；或破罐破摔，铤而走险，丧失理智，忘乎所以，冒险蛮干。负面激情不仅会严重影响人的身心健康，而且也是安全生产的大敌，是导致事故的温床。因此，无论是在生产过程还是在日常生活中都应竭力避免，否则会带来严重后果。

(3) 应激与安全

应激是指当遇到出乎意料的紧张情况时所产生的情绪状态。应激是一种复杂的心理状态，在生产作业中，能引起应激现象的因素很多，可分成四个方面，即环境因素、工作因素、组织因素和个性因素。

1) 环境因素。恶劣的工作环境，工作环境中的人际关系，工作负荷量过大常成为应激的来源。例如，在危险地段行车或运载危险物品的驾驶工作，长期从事需要高度注意力的工作（如仪表监视），长期担负重体力劳动的工作，会由于工作负荷量过大而感受应激。超时工作（加班）也是一个重要的应激源，据称每周超过50小时以上的工作能引起心理失调以及冠心病。

2) 工作因素。如工作调动、晋升、降级、解雇、待业、缺乏晋升机会等。

3) 组织因素。有两个组织因素对增加工作的应激有特殊的意义。一个是组织的性质、习俗、气氛和在组织中职工参与管理和决策的方式；另一个是以监督方式来自领导者的支持和鼓励个人发展前途等形式反映出来的组织支持。如果职工缺乏责任感，其结果就会出现一种逆反心理。

4) 个性因素。与个性有关的五种应激源是：与健康有关的因素，如有病的工人可能有产生更大的工作应激的危险性；完成工作的任务与能力之间的匹配程度，失配越严重，工人感受到的应激越大，造成失误的可能性也增大；当与工作环境有关时，喜欢还是讨厌的程度，如外向程度或神经敏感性程度对不同的工作环境也会产生应激；个人的性格、人的心理特性的差异也会影响对应激源的反应程度。

在应激状态下，人会产生一系列的生理反应变化，大致如下：当紧张刺激作用于人脑时，下丘脑发生兴奋，肾上腺髓质释放肾上腺素和去甲肾上腺素，从而增加通向大脑、心脏、骨骼肌等的血流量，提高机体对紧张刺激警戒能力和感受能力，增强能量，做出适应性反应。在这种状态下，人可能有两种反应：一种是目瞪口呆，手足失措，陷入一片混乱，判断力、决策力丧失；另一种是急中生智，头脑冷静清醒，动作精确，行动有力，能及时摆脱困境。前者是一种减力性应激状态，后者是一种增力性应激状态。人在增力性应激状态下，可以最大限度地发挥自己的潜能，做出在通常情况下难以做出的事情。

在应激情绪状态下，究竟是产生增力效应，还是减力效应，具有较大的个体差异性，而且也视具体情境而定。总的来说，它与一个人原先的心理准备状态、平时的训练和经验等因素有密切关系。如果平素提高警惕，注意增强意志锻炼，到时就会做到遇事不慌，处变不惊，当机立断，化险为夷。

在应激状态下，操作者的身心会发生一系列的变化。这种变化是应激引起的效应，称为“紧张”。职业性紧张是指人们在工作岗位上受到各种职业性心理社会因素的影响而导致的紧张状态。它不仅与职业、个人、家庭有关，而且更取决于所处的工作环境和社会环境。其导致的后果不仅涉及人的行为和身心健康，而且与安全生产密切相关。因此，如何做好紧张心理调节是至关重要的。

要避免过度紧张，可以通过创造良好的工作环境，提高职工应对紧张的素质，开展职业心理咨询以缓解和消除职业性紧张对职工的不利影响，如职工参与管理，正确地应用激励机制，为职工创造一个有利于发挥自身潜力的企业心理环境。企业也可以通过开展不同类型的竞赛活动，开展有益的文娱活动和体育活动，陶冶职工的情操，培养职工积极进取的情绪。这些均有利于缓冲紧张的情绪。

当然，要避免过度的紧张，比较主动的办法是从个体自身做起，平时提高操作技能，注意积累经验，增强适应能力；注意培养自己的稳定情绪，坚定意志和自制力；进行预演性训练；学习一些控制情绪的方法，如自我说服、自我激励、自我放松等。通过这些方法的训练，可以提高自己的心理承受能力，减缓或消除心理的过度紧张。

（4）不安全情绪的产生与危害

在生产作业中，必然会遇到各种各样的障碍与困难，对所遇到的障碍与困难，不同的人会有不同的情绪反应，表现出不同的情绪。在实际工作中，经常表现出来的不安全情绪主要有：

1）急躁情绪。工作时风风火火，求成心切但不慎重，工作起来不仔细，经常有章不循，这种情绪易随环境的变化而产生，例如节日前后，探亲前夕，遇到重大事情等。

2）烦躁情绪。表现沉闷，不愉快，精神不集中，严重时自身器官往往不能很好协调，更谈不上与外界条件协调一致。

3）紧张情绪。主要表现在工作能力素质低，缺乏工作经验，应变能力差，遇事束手无策，不知道从何下手。

4）反常情绪。受到生理、家庭、社会等方面因素刺激影响，带有不良情绪上班时多数人的心情急躁或闷闷不乐，在岗位上精力不够集中，分心走神，显得比较浮躁激动，工作中往往会发生偏激行为。

5）冷漠情绪。缺乏应有的责任意识，对自己所分管的工作表现为不负责任，与自己无关的事情则不闻不问，冷漠看待，常抱有事不关己高高挂起的心态，致使别人不愿意接近。

当人体情绪激动水平处于过高或过低状态时，人体操作行为的准确度都只有50%以下，这是由于情绪过于兴奋或抑制都会引起人体神经和肾上腺系统的功能紊乱，从而导致人体注意力无法集中，甚至无法控制自己。因此，人们从事不同程度的劳动，需要有不同程度的劳动情绪与之相适应。在生产劳动中，如果从事快速、紧张的劳动，如兴修水利等，较高的情绪激动水平有利于发挥劳动效率，可播放欢快的乐曲鼓动生产情绪。但是，如果在进行复杂精细的作业中，则不应播放音乐和口号，以免造成干扰，影响安全生产。

需要注意的是，当人们在情绪水平失调时，言行上往往会表现出忧虑不安、恐慌、失眠、行为粗野、眼睛呆滞、心不在焉、言行过分活跃等现象，或出现与本人平时性格不一致的情绪状态等。这时如果能从管理上加以注意，进行积极引导，用理智控制不良情绪，则可以大大减少因情绪水平失调而诱发的不安全行为。

2. 情感过程与安全

情感是人对客观事物是否满足自己的需要而产生的态度

体验，是人类所特有的心理现象之一。与安全生产关联性较大的情感，主要有责任感、挫折感、理智感、美感等情感。

(1) 责任感与安全

责任感是一个人所体验的自己对社会或他人所负的道德责任的情感。责任感的产生及其强弱，取决于对责任的认识。包括两方面的内容：一是对责任本身的认识与认同，例如，责任范围、责任内容是否明确，制约着责任感的产生。责任不明，职责不清，不知道哪些事该管，哪些事不该管，不可能产生强烈的责任感。但是，即使是已经明确了责任，如果没有被自己所认同，也不能产生责任感。例如，虽然领导委派自己去从事某项工作，但自己心里不愿接受，或者心存疑虑，总想把任务推出去，在这种情况下，不可能产生较强的责任感。二是对责任意义的认识或预期。责任本身的意义越重大，对责任意义的认识越深刻，对责任的情感体验也就越强烈。

责任感对安全的影响极大，很多事故的发生与责任心不强有关。在生产过程中有的职工脱岗、值班时睡觉，领导者对下属疏于管理、监督，对工作拖沓、推延，作业时冒险蛮干、不遵守操作规程等，都是责任心不强的表现，极易导致事故发生。

(2) 挫折感与安全

人在生产、生活、工作和学习中，并非总是一帆风顺，有时会遇到障碍，出现失败，产生挫折。所谓挫折感，在心理学上是指个体在从事有目的的活动过程中，遇到障碍和干扰，致使个人动机不能实现、个人需要不能满足时的情绪反应。

人在做事时，有时成功，有时失败，但并非所有的失败都能导致挫折感。挫折感的产生有一定的条件，它与个体从事目的性的强度、造成挫折的障碍、个人对挫折的容忍力有关。挫折感一旦产生，便会对人的情绪、行为等产生重要影响。人在遭受挫折后，其情绪、行为会表现出情绪异常、攻击、倒退、固执、妥协、替代等。总的说来，尽管不同个体对遭受挫折后的反应不同，但基本上可归纳为两大类：积极、建设性的；消极、破坏性的。

为了防止或减少挫折感的产生，最基本的措施有两条：从客观上来说，应该尽可能改变产生挫折的情境。在从事有目的的活动之前，要做好物质上、思想上、管理措施上等各方面的准备工作，增大活动成功的把握，减少失败的概率。在活动中遇到困难时，作为执行者要主动寻求别人或领导的支持和帮助；作为领导、管理者，要主动关心自己的下属，及时给予鼓励，并切实解决实际问题。一旦活动失败，应实事求是地分析导致失败的主客观原因，对由客观因素所造成的失败要给予正视和认可，不要一味地强调活动者的责任。对活动者应负的责任，要本着总结经验、吸取教训，以利再干的态度，恰当地指出，使之做到心服口服，这样有利于将挫折而造成的负性情绪转向正性情绪，促进其升华。从主观上来说，一旦活动失败，要理智地控制自己的情绪，必要时可采取心理调适的办法（如精神发泄），尽快从失败的痛苦中解脱出来，把失败看作成功的代价，变失败的痛苦为进一步奋斗的压力和动力。

（3）理智感与安全

理智感是一个人在智力活动中由认识和追求真理的需要

是否得到满足而引起的情感体验。人在认识过程中，当有新的发现时会产生愉快或喜悦的情感，在突然遇到与某种规律相矛盾的事实时会产生疑惑或惊讶的情感，在不能做出判断、犹豫不决时会产生疑虑的情感，在下了判断而又感到论据不足时会产生不安的情感。所有这些情感都属于理智感。

一个人理智感较强，体现为求知欲旺盛、热爱真理、服从科学。这对安全生产是一种积极的有利情感。在现代工厂企业，甚至各行各业，由于科学技术的飞速发展，出现了许多新的机器、设备、仪器和工艺手段。要熟悉、掌握和驾驭它们，单靠传统的经验、技能已无济于事，必须善于学习，不断更新自己的知识储备，加强现代科学理论的修养。而要做到这一点，强烈的求知欲望是必不可少的。凡事不讲科学，仅仅满足于一知半解，固守从老师傅那里得到的陈旧经验，甚至以“大老粗”为荣，遇事冒险蛮干，不懂装懂，认为只要胆大就行，都是一种缺乏理智感的表现。抱着这样的情感从事生产活动，是不能适应时代要求的，同时也容易在操作中出错，对安全生产造成威胁。

（4）美感与安全

美感是人对能激起或满足自己美的需要的一种情感体验。美感是根据一定的审美标准评价事物时所产生的情感体验。美感的体验有两个特点：一是具有愉悦的体验，二是带有倾向性的体验。因此，对美的事物往往百看不厌，百听不烦。对美的强烈追求，往往也成为人的生活中的一种动力。

不同的人对美的理解是不同的。有的人以对工作负责、技术精熟，因而受到同事敬佩、领导表扬、社会尊重为美，当他们自己做到这些后，心里会感到美滋滋的；有的人则以外表漂亮、打扮入时，会吃会玩为美。前者是一种高尚的、内在的美；后者是一种表面的、庸俗的美。前者对生产中的安全是一种有利因素，因为它可以激励人们树立起较强的工作责任感和对技术精益求精的奋发向上的精神；后者则有可能使人沉溺于琐屑细小的日常生活，消磨人的意志，增强人的虚荣心。例如，一些工厂的青年工人不恰当地追求服饰美，认为穿劳动服是丑化自己，不是扔到一边，就是加以改造，使之失去了劳动防护的作用。一些女工为了不失去外表美，甚至带着戒指、首饰等上岗操作机器，给安全带来隐患；一些男青年喜欢留长发，工作时不愿戴安全帽，如此等等。除了其他原因之外，主要是虚荣的爱美之心在作怪。因此，树立正确的审美观，克服美感对安全带来的消极影响，是进行安全意识教育的一项重要内容。

3. 疲劳因素与安全生产

劳动者在连续工作一段时间以后，会有劳累和机能衰退现象，这就是疲劳。疲劳是一种正常的生理、心理现象。从生理学的观点来看，疲劳和休息是能量消耗与恢复相互交替的机体活动。疲劳与休息的合理调节，可以使人体的感觉器官、运动器官与中枢神经系统的机能得到锻炼、提高。在适度的范围内，疲劳对人体并没有什么害处。相反，人体如果长期缺乏应有的疲劳，则会引起机体内部活动的失调，如睡眠不良、食欲不佳、精神不振等。但是，如果由于工作负荷过重及连续工作时间过长，造成过度疲劳，就会严重影响人的心理活动的正常进行，造成人体生理、心理机能的衰退和紊乱，从而使劳动效率下降、作业差错增加、工伤事故增多、缺勤率增高等。

（1）生理疲劳和心理疲劳

疲劳按其产生的性质，可分为生理疲劳（或称体力疲劳）和心理疲劳（或称精神疲劳）两种。生理疲劳是由于人体连续不断地活动（或短时间的剧烈活动），使人体组织中的资源耗竭或肌肉内产生的乳酸不能及时分解和排泄引起的。心理疲劳有时是由于长时间集中于重复性的单调工作引起的，因为这种工作不能引起劳动者的动机和浓厚的直接兴趣，加之没有适当的休息与调换工作的性质，就会使人厌倦和焦躁不安，甚至失去控制情绪的能力。在有些情况下，心理疲劳可能因为有的工种需要用脑判断精细而复杂的劳动对象，脑力消耗太大而引起。在另一些情况下，可能由于人际关系矛盾或家庭纠纷等令人很伤脑筋的事情，造成精神疲劳。

生理疲劳和心理疲劳在劳动中并不一定是同时产生的。有时身体上并不感到疲劳，而心理上却感到十分厌倦。也有时虽然工作负担很重，身体上感到疲劳，但由于工作富有意义或做出了成就而感到精神轻松，仍能很有兴趣地工作。生理疲劳和心理疲劳既有一定的区别，又有一定的联系，并且相互制约。在生理上疲劳时，由于某种动机的驱动和意志上的努力，可以继续工作一段时间，但不能维持过长，超过某种限度，勉强工作就会引起过度的疲劳。这不仅有碍于劳动者的身心健康，而且容易发生意外事故。因此，在实际工作中，要尊重人体的生理规律，对延长劳动时间和加班必须予以严格限制。

（2）人在疲劳时的生理、心理状态

根据俄罗斯心理学家列维托夫对疲劳的研究，人在疲劳时的生理、心理状态包括以下几个方面：

1）无力感。当劳动生产率还没有下降的时候，作业人员已经感到劳动能力有所下降，这就是疲劳反应。劳动能力下降表现为一种特殊的难受感觉和缺乏信心，从而感到无法按照规定的要求继续工作下去。

2）注意的失调。注意是最易疲劳的心理机能之一。在疲劳状态下，注意力容易分散，并表现为怠慢、少动，或者相反，产生杂乱的好动，游移不定。

3）感觉方面的失调。在疲劳的情况下，参与活动的感觉器官功能会发生紊乱。如果一个人不间歇地长时间读书，那么他会说眼前的字行“开始变得模糊不清”。听音乐时间过长，高度紧张，会丧失对曲调的感知能力。手工作业时间过长，会导致触觉和运动觉敏感性减弱。

4）记忆和思维故障。在过度疲劳的情况下，作业人员可能忘记操作规程，把自己的工作岗位弄得杂乱无章。与此同时，对与工作无关的东西，反而熟记不忘。脑力劳动造成的疲劳尤其有损于思维过程，然而在体力劳动造成疲劳的情况下，也会导致人的理解能力降低和头脑不够清醒。

5）意志减退。疲劳状态下人的决心、耐性和自我控制能力减退，缺乏坚持不懈的精神。

6）睡意。疲劳能够引起睡意。这种情况下，睡意是保护性抑制反应。当作业人员工作得疲惫不堪时，睡眠的要求会变得十分强烈，以致任何姿势下都能入睡。在实践中有时会看到，在连续工作时间太长而疲劳至极时，人会毫无警觉地突然入睡。这种情况对正在从事作业的人员来说十分危险，如矿井下从事采掘工作的矿工、各种车辆司机等。

(3) 疲劳产生的原因分析

劳动中能够引起疲劳的原因有很多，主要有：睡眠不足，连续作业时间过长，作业强度过大，工作单调、简单重复、缺乏变化，作业环境不利（高温、照明不足、振动、噪声等），作业条件不利（如作业位置过高、过低、空间狭窄等），由于疾病体力下降等。

心理疲劳产生的主要原因有：生产热情低下、兴趣丧失；职业工种与个性特征不适应；工作不安定（如不安心本职工作、担心失去工作等）；家庭不和或惦记家务事（家里人生病、经济紧张等）；生产责任过大；对工资、福利、晋升、不平等待遇不满，以及对整个企业不满等。

产生疲劳的原因是复杂多样的，既有劳动强度过大、作业时间过长、作业环境较差及身体条件不适应等一般性原因，又有诸如缺乏对本职工作的兴趣和积极性、工作中存在消极的心理因素等众多的心理原因。

(4) 疲劳与作业安全

国际公认，作业疲劳是导致事故发生的主要原因之一。这是因为作业疲劳可以使作业者产生一系列精神症状和身体症状，这样就必然影响到作业人员的作业可靠性，并常常引发伤亡事故。

以煤矿生产为例，由于工作条件艰苦、劳动强度大，而从事井下生产作业的矿工，又多兼顾农业生产，因此“疲劳”在煤矿事故发生的原因中占有突出地位。来自生产一线的调查表明，过度疲劳时的最大危险主要源于反应迟钝和动作不准确，在矿工遇到危险信息时往往不能及时发现，或发现了不能快速做出反应。而在实际的危险发生时，躲避危险的时间常常在几秒钟之内。因此，疲劳与安全生产是密切相关的，防止过度疲劳也是安全生产的重要环节。

企业应针对造成劳动者疲劳的各种因素，采取有效的措施，努力改善劳动条件，减轻繁重的体力劳动，以及严格控制延长劳动时间，从而防止职工的过度疲劳，减少事故发生。另外，还可以实行多次短暂的工间休息的办法，调节工作与休息的节奏，不使疲劳过度积累。为了保证生产作业安全，应尽量为职工创造工余休息的条件，如热水浴、各种临时休息室以及旅馆化的职工公寓等，以保证职工能很快地消除疲劳，精力充沛地工作。

41. 图一时之快操作不当招来的脸部受伤事故

每当李某照镜子看到脸上那条长长的疤痕时，心中就会涌起无限的懊悔，4 年前那惊险的一幕就会浮现在眼前。

李某是 2000 年来煤矿工作的，经过培训考试后被分配到公司的采煤队攉煤。经过几年的锻炼，李某在攉煤的工作岗位上已经干得十分出色，多次受到矿、队表彰。因此心里充满了自信，认为无论是技术还是经验自己都比别人强几倍，干起活来也不像以前那么用心了。正是因为这种心态，让他付出了惨重的代价。

那是 2005 年中秋节，由于是节日，大家的心情都有些浮躁。李某来到工作面先检查了岗位上的安全，接着攉煤、打临时护身支柱，移溜支护了前排支柱，前期工序进行得非常顺利。可由于当天是中秋佳节，是与家人团圆的日子，为了争取早点回家与家人共度佳节，李某也就没那么较真了。当他和工友小张开始回柱时，他负责回撤支柱、绞梁，小张负责观察安全、支护支柱，并恢复松动的绞梁。就在回撤最后一根绞梁时，由于绞梁与顶板未接顶，小张建议李某先用一根支柱支护好这根绞梁，再卸另一根支柱，李某却认为以自己的技术和经验没什么问题，于是在没有支柱的情况下，就开始卸那根支柱。可世事难料，就在李某想着马上可以回家团聚的时候，“砰”的一声，受力的绞梁滑脱支柱急速反弹过来，打在他的脸上。

当李某再次睁开眼，看见焦急的领导、工友，还有含泪的妻子和咿呀学语的小儿子时，这才意识到自己已经受伤住院了，脑海中模糊地呈现出那惊险的一幕。医生告诉李某假如受伤的位置再偏一点，恐怕他就再也醒不过来了。

中秋佳节，本应是与亲人团聚的日子，而李某图一时之快，操作不当，只能躺在医院，让妻儿和许多工友、领导为他操心。望着一张张充满关爱的憔悴的面容，李某的眼睛模糊了，心里充满了愧疚。在此李某用自己受伤的经历告诫大家：只有遵守煤矿安全生产规程，才能确保自己和工友的安全，让亲人不再担心。

事故教训与点评

这起事故的发生，有几个原因：一是骄傲自满，干起活来不像以前那么用心了。二是当天是中秋佳节，为了争取时间早点回家与家人共度佳节，就没那么较真，疏忽大意了。

人们常说：每逢佳节倍思亲。到了节日，如果继续工作，总感觉不舒服，而且也容易疏忽大意。人的情绪是不断发生变化的，情绪的动力性有增力和减力两极。一般来讲，需要得到满足时产生的情绪是积极的、增力的，可以提高人的活动能力。需要得不到满足时产生的情绪是消极的、减力的，会降低人的活动能力。情绪还有激动与平静两极。激动的情绪是一种强烈的、短暂的、外显的情绪状态，如激怒、狂喜、极度恐惧等，它是由一些重要的事件或由意料之外、超出意志力控制的事件引起的。与激动情绪相对立的是平静情绪。平静的情绪是指一种平稳安静的情绪状态，它是人们正常生活、学习和工作时的基本情绪状态，也是基本的工作条件。

42. 作业环境气温高通风差瞌睡连连招来的事故险情

高某在煤矿工作已经有 30 多年了，长期在煤矿工作的经验让他养成了事事小心的工作态度。不过在刚上班的时候，他可不是一个谨慎的人，但是一场事故彻底改变了他马虎的工作态度。

1978 年夏季的那个夜班高某永远不会忘记。那天，班前会上班长安排高某去 31102 下平巷开里部绞车。到达工作地点，在走了几钩车以后，由于绞车是安装在采空区以里 30 多米处，通风不好，气温特别高，再加上夏季天热，高某前几天也没有休息好，眼皮直打架，瞌睡连连。松车的时候还好，由于车速快，钢丝绳的摆动幅度大，还勉强能控制住自己。但到提车的时候，由于车速慢、距离远（400 米左右）、时间长（5 分钟左右）就难免有控制不住的时候。为了不影响工作，高某就耍起了小聪明——将离合控制手把上的定位螺钉由 130 度调整为 180 度，这样不用手操作就能自行提车。然而，没有想到，正是这一错误举动，几乎要了他的命。

记得是在提到第 5 钩的时候，高某手扶着离合器在不知不觉中睡着了。在矿车到达装料地点以后，信号工的铃声也没有惊醒他，班长发现后大声地呼喊，可他根本没有听见。矿车继续前行，就在生死攸关的时候，班长在矿车与巷道之间狭窄的空隙里，冲到了他的跟前，挥手拉起离合，让矿车停止了运行。高某被惊醒后发现，矿车离他已经不到 3 米远了，当时就冒了一身冷汗。多亏了班长的迅速反应，才化险为夷，是班长给了他第二次生命，遏制了一场车毁人亡事故的发生。

事情虽然已经过去了 30 年，老班长也已经退了休，高某还是清楚地记得老班长退休前叮嘱他一定要按章操作。每每想起，高某都会提醒自己一定要处处谨慎，千万不能搞小聪明，以免误了大事。

事故教训与点评

这起事故的发生，与人的精神状态有关，也与环境有关。高某在到达工作地点，走了几钩车以后，由于绞车是安装在采空区以里 30 多米处，通风不好，气温特别高，再加上夏季天热，他前几天也没有休息好，瞌睡连连。接着他手扶着离合器，在不知不觉中睡着了。信号工的铃声没有惊醒他，班长的叫喊也没有惊醒他，直至班长冲到了他的跟前，挥手拉起离合，让矿车停止了运行，这时矿车离他已经不到 3 米远了。

睡眠不足是指相对个人睡眠习惯，睡眠时间较少的情况。睡眠不足对生产安全有着严重的不利影响。它导致作业人员的生理和心理功能明显下降或紊乱，从而导致工作失误和事故的发生。根据对许多由于睡眠不足导致的事故的分析得出结论，在睡眠不足的状态下，易于发生下列变化：一是注意力集中困难，以致不能全面了解操作系统的情况，忘掉作业程序中的某些环节或出现多余动作。二是感觉、知觉迟钝，甚至发生错觉，思想混乱，动作准确性降低，即使努力加以控制也难以做到，有力不从心之感。三是意识清醒程度（觉醒水平）下降，疲乏无力以致出现打瞌睡的情况。睡眠不足特别是由此造成的瞌睡状态，是很多事故的直接原因。引起睡眠不足的原因是多种多样的，多是由于各种原因耽误了睡眠时间所致。如夏季高温，天气炎热难以入睡，特别是上早班的工人，下午直到晚上，天气较热难以入睡，到下半夜凉爽一些时又要起床上班了。还有很多情况是由于忙于其他工作、家务、社交或业余娱乐活动而耽误了睡眠时间，造成睡眠不足。所以，班组长在安全管理上遇到有的职工疲乏无力以致出现打瞌睡的情况，千万要注意。

43.婚前违章作业招来的事故

邓某是某煤矿的一名掘进工，一向喜欢照镜子自我欣赏，自从2005年的那次事故，他就不再照镜子了。因为他的脸被自己的违章操作给毁了，但他随时都将镜子揣在身上，以警醒自己按章操作。

2005 年 5 月邓某结婚的前一周，说好下班与未婚妻一起选婚纱。可能是被喜悦冲昏了头脑，当天早班排班时，值班队干部反复重申入井安全事项，邓某却一个字都没有听进去，一直在想选婚纱的事。他和工友一到碛头，就摆开架式准备施工，见工友正准备敲帮问顶，便劝说工友："兄弟，不用敲，不会出问题的，我们早做完，早收工，我好早点下班陪老婆选婚纱……"工友在他再三请求和劝说下，放弃了敲帮问顶，但仍不放心，不时抬头观望顶板。正当邓某干了一阵想休息时，只听工友大叫"小心顶板"。邓某边退边抬头，一块矸石落了下来，他眼前一黑，昏了过去，再醒来，已在医院。医生说幸好躲让及时，矸石未直击头部，只是一块小矸子和细渣打断了鼻梁，脸上有些小伤。

从此，妻子要求邓某带上镜子，每每思想上麻痹大意的时候，或者偷懒想违章操作的时候，就拿出镜子，照照自己，警醒自己。如今，他原本白净的脸上，到处是未清除的小黑点，工友们都戏称他"邓麻子"。

事故教训与点评

这起事故的发生，与当事人被喜悦冲昏了头脑，不想安全有关。工友在他的再三请求和劝说下，放弃了敲帮问顶，没有想到一块矸石落了下来，打断了邓某的鼻梁。

人的行为要受到人的内在心理、生理与环境因素的影响，人的心理和行为是相互依存、相互影响的，心理活动是内隐的，行为是外显的，外显的行为受内隐的心理活动所支配，内隐的心理活动又是在行为中产生并通过行为得到发展与表现的。一方面我们可以通过对行为的观察和分析，来进一步探讨人的内在心理活动；另一方面要了解、预测、调节和控制人的行为，也需要探讨人的复杂心理活动规律。人的行为其实是一个非常复杂的问题，相同的行为（如违反操作规程，缺乏劳动热情以及工作散漫等）可来自不同的刺激（如劳动用工制度、工资报酬和奖金、生产管理、个人因素等）；另外，相同的刺激在不同人身上，也可能产生不同的行为。推而论之，相同的管理措施，也会使职工产生不同的行为。因此，在安全管理上必须因人而异，上下沟通，进一步精细化，根据具体情况帮助职工解决情绪上和适应上的问题。

有的班组在安全管理方面以亲情化、人性化作为安全管理的主线，班组长、班组安全员平时主动和职工沟通交流，及时掌握职工心理状况，对有情绪的职工及时走访帮助，消除班组职工带情绪上班的隐患。在职工敏感的工资及工分分配方面，则坚持公平、公正、公开的原则，对分配方案及时上墙公布，让职工心里有份明白账，保证了出勤率，增强了班组凝聚力和战斗力。这样的做法值得学习借鉴。

44. 心里想着约会、违章爬机车招来的断腿事故

赵某退休前是重庆市某矿的1名运输工。20年前，因为一次违章，变成了终身残疾，连初恋情人也因此离他而去。每每想起，都有一种刻骨铭心的痛。

那是1987年4月10日，赵某所在的准备队回收班负责在井下搬运钢轨上花车（专门运材料的矿车）。那天，赵某的心情特别好，因为才谈了一个漂亮的女朋友，约好晚上一

起去看电影。工作很顺利，下午五点他们班就顺利完成任务准备下班。想到自己的约会，赵某三脚两步就跑到全班的最前面，走到北二号下磨盘处，听见运矸石的机车由远而近开了过来。赵某回头对跟在后面的工友大声喊：走，爬机车。接着就匆匆忙忙向开过来的机车跑过去。后面的工友叫道：要不得，不要去爬机车，危险！赵某心想：他们喜欢走路，就让他们走吧。于是一只脚很快吊着了疾驰的矸石车，全然不理会跟车员叫他下去的声音。当第二只脚跨上去的时候，一脚踏空，整个人一个侧翻，只感觉天旋地转，右腿就被车轮压住。剧烈的疼痛使他大叫起来，这时候，机车停了下来，后面赶来的工友和机车司机连忙把压在他腿上的矿车移开，疼痛使他昏了过去。

当赵某醒过来时，他已经躺在医院的床上，眼前是父母亲、队领导和医生的影子。赵某一伸腿，感觉右边空空的，有一种异样的感觉。他马上掀开被子，发现右腿的下半肢已经没有了……母亲哭着告诉他，女朋友在他昏迷的时候来过，留下几包营养品和一封信就走了。赵某迫不及待地用颤抖的手打开信，原来是一封绝情信。身体之痛和心灵之痛使他伤痛欲绝。伤愈不久，赵某由于伤残原因提前退休。赵某通过自己的经历告诉矿工们：你在违章时，危险的大门已经向你敞开。

事故教训与点评

这起事故的发生，主要在于赵某情绪的波动。因其心情特别好，下班时急于与女友约会见面，因而违章爬机车。但是没有想到，一脚踏空，右腿被车轮压断。

人在生产中的操作行为，实质上是设备、操作环境、操作者的反应之间的关系。因此，对违章行为的分析，就必须考虑设备、操作环境、操作者的反应，由此而把生产中的行为统称为操作行为。人的操作行为是为完成某一工作任务并围绕设备要求所形成的一系列行为。操作行为是规范的行为，绝大多数操作行为都必须经过专门的培训来形成并固定下来，规范操作行为的目的，就是为了提高效率和避免事故的发生。操作行为由于本身的单调、重复、模式化，不可避免地使人们产生许多心理和行为的异常状态，而这些异常状态恰恰是产生事故的重要根源。一般来讲，心理的异常往往会导致行为的异常。就这起事故而言，如果不是当事人处于谈恋爱的心理异常状态，也就有可能不会导致行为的异常。

45．想着下班打牌赢钱严重违章招来的事故

聂某受伤前是某煤矿运输队井口的1名磨盘工，业余时间他迷上了打麻将。聂某学会了当时矿区流行的打法——“血战到底”，并且屡屡赢钱，所以常常引来赌友钦慕的目光。

1999年1月14日夜班，聂某到队上排了班，班长说大概要晚上十一点才有矸子车出井，他便悄悄溜到麻将馆，又玩起了刺激的“血战到底”。到十一点赶到井口上班时，他赢了八百多元，高兴得不得了。

凌晨4时刚过，井下打电话说只有最后一趟矸子了，他想下了班还有时间再去打几把，赢点钱，就招呼工友搞快点，自己带头跑到轨道边等着。看到三台矸石车刚一出井，

离停车位还有五六十米远，他就跑上去摘跑扣（属于严重违章行为）。由于矸石车速度很快，刚摘下一根销子，他就连人带销子被撞倒在轨道旁，两台矸石车从聂某左腿上碾过，他当时就昏迷了。

当工友把聂某送到医院时，他的左腿只有一点皮连着了，骨头全被碾得粉碎，医生只得做了截肢手术。这件事虽然已经过去 8 年了，但自己因为违章而失去左腿的那一幕，却一直深深地印在他的脑海里，因为那一年他才 20 岁！

事故教训与点评

这起事故的发生，一方面是由于作业人员严重违章，看到三台矸石车刚一出井，离停车位还有五六十米远，就跑上去摘跑扣（属于严重违章行为）；另一方面则是想下班再去打几把麻将，赢点钱，心里着急。相对比这两个方面，心理上的因素更为重要。

从心理学上讲，相同的行为可来自不同的原因，相同的刺激或情境可以产生不同的行为，这主要取决于行为的个体差异。造成行为个体差异的原因，有遗传因素、环境因素、心理因素、生理因素，在这四个因素中，主要还是环境因素和心理因素更为重要，起到了更多的作用。环境因素主要体现在这样几个方面：一是家庭。家庭是社会组成的基础，是人的主要生活环境之一，对人的行为有明显深刻的影响。不好的家庭环境往往是导致子女工作中的不安全行为和引发事故的重要原因。二是学校教育。学校的风气、教师的态度和作风、青少年时代的同学和朋友对人的性格、态度的发展和形成都有重要影响。此外，所受的教育不同，知识水平的高低，对危险的预知和觉察能力也有不同。三是工作环境和社会经历。工作环境对人的习惯行为有很大的影响，社会经历（包括工作经验）不同，常给人的行为带来差异。如与本工种直接有关的经验不同，常使人在处理异常事件时做出不同反应。四是文化背景。不同的文化背景在一定程度上影响了人的观念和价值取向。心理因素主要指心理过程和个性心理。心理过程虽是人类共有的心理现象，但具体到个体而言，却往往表现出种种不同特征，因而造成个体行为的不同。再者，由于每个人的能力、性格、气质不同，需要、动机、兴趣、理想、信念、世界观不同，便构成了个体不同的特征。因而决定了每个人都有自己的行为模式，从而给行为带来千差万别的个体差异。由于每个人的上述因素各异，因此，人的行为（包括安全行为）也必然有所不同，从而表现出个体差异的特点。

在这起事故中，当事人的情绪具有冲动性，难以控制，深深地影响着自己的行为，这种过度的情绪波动，最容易引起行为的异常，也最容易引发事故。对此，班组长和班组安全员在生产作业中，遇到有这种情绪和心态的职工，需要格外地留意，注意观察，注意纠正他们的不安全行为，从而避免事故发生。

46. 作业时想着炒股麻痹大意招来的断臂事故

贾某是某煤电公司的一名抽放工，由于对股票太痴迷，在一次作业中麻痹大意，右手臂被缠绕在压风皮管和旋转的钻机钻杆上，导致身体受到伤害。如今，每当听到那些不懂事的孩子叫他“独臂侠”时，就心如刀割。

那是几年前的一个夜班，贾某与另两名工友到S1627回风巷进行钻孔作业，一路上他们都在谈论有关炒股票的事，工友说他老婆炒股半年就挣了两万多，说得大家心里直痒痒。凌晨2时50分，到达工作面后，大家分工协作，工友张某负责操作钻机，贾某则负责施钻。对炒股早有兴趣的他，知道工友们也在炒股时，更加心动，一边工作，一边继续谈论着股票，并决定早点下班自己也去买些股票试一试。为了加快作业进度，争取早点下班，贾某违反操作规程，一次性接了4根钻杆。由于用于钻孔钻进过程中排粉的压风皮管较长，就将压风皮管先挂在碛头支架上，再绕回到钻机后面的钻杆尾端，开动钻机进行钻孔作业。看到压风皮管被缠绕在旋转的钻杆上，满脑子做着炒票发财梦的贾某，根本没考虑人的力量远不如机器，就用右手去拉皮管，想把压风皮管拉下来。没想到，皮管没拉下来，他的右手臂却被猛地缠在了旋转的钻杆上，一阵钻心的疼痛使他晕了过去。当他醒来时，他已经躺在了医院的病床上，只见右臂已被截肢，当时真是后悔死了。

事故教训与点评

在这起事故中，当事人由于对股票太痴迷，在作业中还一心想着炒股的事，麻痹大意，右手臂被缠绕在压风皮管和旋转的钻机钻杆上，导致身体伤害。违章操作本身就是一种不可原谅的行为，加之工作时思想不集中，更容易发生事故，是对自己生命、对自己家庭不负责任的表现。

不安全行为是指可能造成伤害事故的行为。人的不安全行为是导致许多事故的直接原因，在安全生产中研究不安全行为发生原因与预防措施具有重要意义。失误是指行为的结果偏离了规定的目标，或超出了可接受的界限，并产生了不良的影响。按照失误原因，可以将失误分为三类：一是随机失误。这是指由于人的行为、动作的随机性引起的失误。例如，用手操作时用力的大小、精确度的变化、操作的时间差、简单的错误或一时的遗忘等。随机失误往往是不可预测、不能重复的。二是系统失误。这是指由于系统设计方面的问题或人的不正常状态引起的失误。系统失误主要与工作条件有关，在类似的条件下失误可能发生或重复发生，必须通过改善工作条件及加强职业训练才能有效克服。三是偶发失误。这是指一些偶然的过失行为，它往往是事先难以预料的意外行为。许多违反操作规程、违反劳动纪律等不安全行为都属于偶发失误。这起事故的发生以及对人造成的伤害，就属于偶发失误。偶发失误虽然往往事先难以预料，但也不是没有原因的，其中的一个主要原因就是情绪上的波动和心态上的剧烈变化。由于受情绪和心态变化的影响，行为也发生很大的变化，原来能够遵守的规章制度、能够避免的危险，结果都发生变化，最后导致事故不可避免地发生。

47．因与爱人拌嘴生闷气招来的事故

有些事故根本无法预料。那天，班长安排苗某在14464运料石门口吊挂风筒。苗某到了地点，就一心一意地干起活来。他在开口里边吊挂风筒，近在咫尺的大巷运输机车响着喇叭一会一趟地从这里经过，往延深工程供车出渣。他认

为，这机车即使开得再离谱，也不会开到里边来，所以就没在意往返的运输机车。

但是，机车是由人来驾驶的，如果人的思想出现问题，那么所驾驶的机车也就有可能出现问题。这天，运输区跟车工周某上班前和爱人拌了几句嘴，有火没处发，就一个劲儿地生闷气，精力不集中。班长要他向－420水平送车，他嘴里应着，手却把本来通往－420水平坡头的道岔错扳到了运料石门，机车司机也没有确认，就往前顶。这一顶，跑在前头的矿车便进了运料石门，与在此处吊挂风筒的苗某发生了碰撞。苗某“哎哟”地叫了一声，一头栽在地上，腿软得再也站不起来了，工友们急忙将苗某送往医院。

苗某没招谁惹谁，是矿车招了他，确切地说是运输区的周某误操作招惹了他。幸好，苗某经住院观察治疗，左腿没有骨折，但肌肉却被矿车撞得与骨头分了家，让他的这条腿好长时间使不上劲。

事故教训与点评

这起事故的发生，是运输区跟车工周某在作业中扳错了道岔，机车司机也没有确认，就往前顶，结果跑在前头的矿车与在此处吊挂风筒的苗某发生了碰撞，造成苗某左腿受伤。而导致事故的原因，则是周某上班前和爱人拌了几句嘴，上班时精神不集中，由此发生误操作。

无论是谁，家庭不和睦都会影响人的情绪和心态。家庭中夫妻关系最为重要，夫妻吵架发生纠纷，可使双方（尤其是女方）产生头痛、失眠、食欲不振、体重下降、疲乏、心烦、情绪低落等，严重时可能出现自杀企图或行为。一般来说，家庭矛盾主要由这样一些原因引起：性格不合，缺乏共同的人生观，为人处世方面的差异；自私、埋怨、缺乏理解；子女教育及就业问题；家务分工、经济开支问题；令对方厌恶的习惯、嗜好等。对每个家庭来说，家庭矛盾几乎是不可避免的，家庭关系是否能够维持良好的状态，关键在于能否较好地处理和解决矛盾。一般来说，家庭矛盾的解决可遵循以下方法或原则：一是要遵循互谅互让的原则，各自主动指出自己的缺点、不足或错误之处。即使自己有理，也要让人三分，所谓“让一步天高地阔”，这样做，问题的解决就会比较容易了。二是互相体谅对方的难处，多做一些有益于对方的事，注意发现对方的长处、优点或正确之处，以求得理解和尊重，共同促成矛盾的缓和解决。三是凡事不要算旧账，要就事论事，不要攻击对方的弱点和易受伤害处，更不要互相辱骂。四是如果发生很深的矛盾，确实经过长期努力和外部帮助，均不能协调解决的，采取好聚好散的方式解决问题，勉强维持会造成双方长期身心折磨和无穷烦恼，对工作也极为不利。这起事故的发生就是如此。为了自身的安全、他人的安全，夫妻之间发生矛盾的时候，一定要控制自己的情绪，控制自己的行为，千万不要伤害自己和他人。

48. 想着早下班去见女友违章蛮干招来的事故

白某是一名设备检修工，在他 26 岁生日那天发生的那一幕，叫他永生难忘。那天，他因为违章指挥和操作，险些让生日变成祭日，至今想起来仍心有余悸。

1999 年 5 月 26 日，为了和心爱的女友单独庆祝生日，白某提前就订好了饭店。那天他刚换好工作服，还没来得及看交接班记录，车间调度就打来电话说化学品车间分馏塔的一个矩形管弯头发生泄漏，必须马上更换，否则不仅影响产品质量，还会危及安全生产。

接到任务后，身为副班长的白某立刻带领 2 名检修骨干前往处理。到现场后，发现分馏塔已经停产了，但是还不能够马上进行更换作业，因为分馏塔内和矩形管弯头里还存有大量残余煤气，必须先进行吹扫。于是立刻打开气源，配合操作工用蒸汽吹扫。因为心里一直想着早下班和女朋友去饭店庆祝生日，白某觉得时间过得格外慢，这样大的分馏塔这样吹扫下去，等到下班时弯头也换不了。想到女朋友在饭店焦急等待的情景，白某站在一旁心急如焚。

越寻思越不耐烦，于是白某建议停止吹扫，开始更换，当时有一名工友对他说："班长，用不用确认一下还有没有煤气?"白某说："不用了，吹扫的时间不短了，凭我的经验没问题的。"可能是看在他是副班长的份上，那名工友没有坚持反对。于是，3 个人开始切割矩形管弯头上的螺栓，当切割到第三个螺栓时，突然，一个巨大的火球腾空而起，熊熊烈火瞬时把 3 人包围，他们不约而同地发出了"啊，啊"的惨叫。

白某本能地向外奔跑，唯一的感觉就是全身被巨大的疼痛包围着，渐渐地，剧痛让他失去了知觉。当他再次醒来时，发现自己已经躺在医院里了。他心里明白，造成事故的原因很简单，就是分馏塔没有吹扫干净，矩形管弯头里依然残留着煤气，一经割把切割，煤气迅速被点燃而起火。万幸的是白某在慌乱中关闭了割把阀门，不然火势会更大，造成的损失更严重。3 个人受到了不同程度的烧伤，后来虽经多次植皮治疗，可伤愈后身上、脸上还是留下了醒目的烧伤疤痕，女朋友因此和他分了手。而另 2 位同事则选择离开工作岗位回家吃劳保。由于白某的违章蛮干，不仅害了同事，也差点使自己的生日变成了祭日。

事故教训与点评

这起事故的发生，在于违章作业，分馏塔内和矩形管弯头里还存有大量残余煤气，吹扫还不干净，没有达到作业条件，就匆匆忙忙动火作业。在违章作业的背后，则是想着早下班和女朋友去饭店庆祝生日，急于作业。由于违章蛮干，不仅害了同事，也差点害了自己。

职工在生产作业的失误往往会导致事故的发生，而失误的发生是由于职工对外界刺激（信息）的反应失误造成的。为研究事故的发生过程，将事故的因果关系按照事物本身发展规律进行逻辑抽象，用简单明了的方式表达出来，作为事故分析和预测的基础，这种形式就是事故模式。事故的模式有很多种，研究事故发生过程中以人的行为失误为主因的事故模式，称为“基于人失误的事故模式”，以区别于其他事故模式。有的心理学家认为，在事故的发展过程中，人的决策包括三个过程：人对危险的感觉过程、认识过程以及行为响应过程，在这三个过程中，若处理正确，则可以避免事故和损失；否则，则会造成事故和损失。在第一个感觉过程中，能否觉察到危险征兆是关键，主要取决于操作者本身的因素，包括危险征兆的显示强度，操作者生理状况、精神状态等，如果在这个时候精神涣散、过于集中于某事，都会忽略危险征兆。在第二个认识过程，只有认识到危险，才能谈得上采取避免危险的行动。在第三个行为响应过程，则取决于行为的响应是否正确、及时，是否为操作者能力所及。这起事故则是想着早下班和女朋友去饭店庆祝生日，因而忽视了危险征兆，冒险作业，最终导致事故并造成自身的伤害。

49. 酒后违章下井作业招来的事故

记得许多年前的一天，农历大年初三，某矿掘进五队工人杨某，在家与几个朋友喝酒，正在兴头上，突然想起自己要加班，下井时间快到了，站起来向大家告别。朋友劝告也不听，并一路小跑来到矿里更衣室。他知道中班交接班快结束了，连忙蹬上胶鞋，戴好安全帽，穿上工作服，手里拖着矿灯往井口跑，见井上罐笼站满了人，就不管三七二十一，一头钻了进去。

杨某下了罐笼，为了抢人行车座位，大步流星地走在人们的前面，他第一个来到了人行车上，往座位上一躺，随着人行车晃晃荡荡，很快进入了梦乡。这时他把双腿伸出人行车门外，就像在家里床上睡觉一样。只听“哎呀”一声大喊，杨某伸出去的双腿被两根立着的风管撞了一下，当他感觉腿疼想收回来的时候，可再也收不回来了……

杨某很快被送到了井口，马上升井到矿医院接受急救。在医院里，接了这条腿，又接那条腿，由于多处粉碎性骨折，就算接上了，他也站不起来，只好给他买了个手推轮椅。住了一年半医院，他还是成了生活不能自理的残疾人，后半辈子要与轮椅打交道……

酒后下井属于违章，如果有人能够制止他的违章行为，掐断一个引发事故的环节，事故就有可能得以避免。这个教训是极为深刻的！

事故教训与点评

这应该是许多年前发生的事故了，现在，在安全管理比较严格、规范的煤矿企业，酒后下井作业是绝对不允许的。人在喝酒之后，由于酒精的抑制作用，会使人神志不清，行为失去控制，容易造成事故。因此，不仅是煤矿企业不准酒后下井作业，其他许多行业和企业也严格禁止酒后作业。试想，如果杨某听从朋友们的劝告，不酒后下井作业，他就不会成为生活不能自理的残疾人。

一般来说，假日前人们大都工作和学习紧张，任务繁重，渴望得到休息与放松。而假日里，人们可以充分享受休闲时光，暂时回避之前紧张的工作与学习任务，心情高度放松，特别是在“十一”、春节等放假时间比较长的假期里。对于那些假日期间需要持续运转的企业来说，在临近节假日或者在节假日期间，都需要格外注意安全。此外，人们在假前、假中、假后，身心经历着“紧张—放松—紧张”的循环过程，而在过渡中也就必然会出现一系列暂时性的身心不适现象，最明显的表现就是焦虑，包括注意力易涣散，情绪波动起伏较大，易激怒，易疲惫，嗜睡等。故此，假日期间上班或者值班的职工，需要调整心态，克服假前综合征的骚扰，尽量做到起居有序，适时地转换心情，调整心态。就这起事故而言，如果不是在假期，不是酒后下井，发生事故的概率就不会很高。因此，对班组长来讲，在假前、假中、假后，要注意提醒职工注意安全，如果发现有人酒后作业或者状态不佳，要坚决予以制止。

50. 班中违章饮酒招来的事故

刘某是某化工集团股份有限公司职工。他唯一的嗜好就是饮酒，每次饮上半斤八两都不会醉。尽管如此，妻子还是再三叮嘱他要严格控制饮酒，平日里饮酒过量易伤身体；班前、班中饮酒，随时会“引火自焚”。他知道这是妻子对他的爱，更明白其中的道理。但不幸的事还是发生了。

2002 年 5 月 25 日，刘某上中班，接班之后 19 时 25 分左右，因待料暂停生产。于是他便对同班班长孙某说：“今天这个班可能不会有事了，我请你到厂外餐馆撮一顿怎么样?”孙某说：“你是不是又犯酒瘾了?”“不是，我们这不是还没有吃晚饭吗?”“怎么出得了大门呢?”“这个不用你操心，我自有妙计。”刘某与门卫值班员是熟人，编个谎话就蒙混过关了，此时为 20 时 30 分左右。原本到餐馆只是打算吃顿饭便径直回岗，哪知踏进餐馆酒的醇香扑鼻而来，让刘某再也控制不住了。于是，他提议来点老白干。同去的孙某虽然也有饮酒的嗜好，但自控能力却比较强，同在一个班五六年，却从未见他上班饮过一次酒。经刘某再三请求，孙某才答应。原本说好了“仅此一杯”，可刘某却变着招数，硬是让孙某将一斤多白酒喝到了肚里，直到约 22 时方才返回各自的岗位。孙某回到岗位便酣睡起来，而刘某却趁着酒兴串到原料岗位吊料专用找人聊天。因酒后四肢乏力，意识模糊，想在原料岗位吊料专用活动门靠一靠，没想到活动门门轴损坏，使他从 4 米高台上摔了下来，造成右腿严重骨折。

在这次事故中，刘某不仅误工长达3个月之久，还连累相关人员受到了严肃处理：一是刘某因班中外出饮酒、串岗，属严重违章违纪行为，个人承担50%的医药费，予以辞退，留用3个月，留用期内只发工资的70%；二是孙某身为班长，不仅没有制止班组成员的违章违纪行为，反而参与其中，属严重失职和违章违纪行为，处以500元罚款，撤销班长职务；三是门卫值班人员黄某不履行职责，未见出门证明随意放行，予以辞退，留用3个月，留用期内只发工资的80%；四是值班长胡某放松劳动纪律管理，对当班职工未经请假离岗长达2小时未能及时发现和追究，处以300元罚款，撤销值班长职务；白班与中班所埋下的隐患（白班对吊料岗位活动门门轴损坏没有及时修复，中班也没有采取任何防范措施）整改不及时，对事故负有不可推卸的责任，决定对白班和中班班长分别处以300元罚款；五是车间只顾生产放松安全管理，应承担安全管理责任，对车间主任、主管安全生产的副主任、安全员、值班长分别处以800元、500元、300元罚款；六是撤销该厂当月全员安全奖。

这起事故之后，刘某不仅滴酒不沾，还常告诫自己要做个遵章守纪的职工。

事故教训与点评

这起事故的发生，最为主要的原因就是班中饮酒。这次事故后，刘某不仅误工长达3个月之久，还连累了相关人员都受到处罚。

在恰当的时间和环境，适当地饮酒没有什么不对。但不应该在班前、班中饮酒，这样会影响工作，并容易发生事故。更不应该过度过量饮酒或者是酒精依赖。过度饮酒是一种不良习惯，会造成心理危害和对安全的影响。科学试验表明，酒精是一种抑制剂。在酒精的影响下，人们常出现的反应是：感觉迟钝，观察能力下降；记忆力下降；责任感低，草率行事；判断能力下降，出错率高；动作协调性下降，动作粗猛；视听能力下降，易出现幻象和错听；语言表达能力下降；情绪波动较大，攻击性强；自我意识缺乏，易冒险等。国外的大量研究表明，随着血液酒精浓度的增加，人的操控能力逐渐降低，对安全作业影响很大，所以煤矿禁止喝酒的人员下井，道路交通则禁止驾驶员酒后驾车，其他许多企业也严格禁止职工班前饮酒、酒后作业。

51. 检修人员违章启动设备导致的摔伤事故

2006 年 7 月 30 日，山西省某焦化公司在生产中，热沥青喷出，一名检修钳工此时正在维修液下泵，见状急忙跳下平台，造成两后脚跟粉碎性骨折事故。

（1）事故经过

2006 年 7 月 30 日 19 时，山西省某焦化公司改质沥青二系中间槽正在运行的 1# 液下泵运行不好，2# 改质沥青液下泵在地面备用（在槽内备用会使泵体被沥青糊死），车间安排维修工加班检修，安装 2# 液下泵。钳工阎某和张某经过几个小时的维修，在安装好 2# 液下泵后，发现 2# 泵盘车不动，于是试图带电点动泵，由于着急，忘记了出口短节还没有上好。23 时 12 分左右，在将液下泵点动后，灼热的沥青大量喷出，阎某急忙跳下平台，不慎将脚摔伤，造成两后

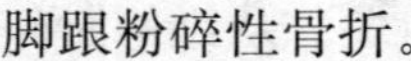
脚跟粉碎性骨折。

（2）事故原因分析

造成事故的直接原因是阎某在检修设备的过程中，在检修尚未完成，管道出口短节尚未安装的情况下，不认真检查设备，不分析原因，试图强制点动液下泵，导致灼热的沥青大量喷出。

造成事故的间接原因：一是设备检修任务书安全措施没有落实，监护人张某离开检修现场去抬出口管线短节，对事故发生负有一定责任。二是电工送电作业没有履行相应的手续，没有办理用电票证，没有经过操作工的允许就将液下泵的电送上。三是主控室操作工不了解现场检修情况，设备停止运转，没有将 $2^{\#}$ 液下泵切换到停车状态。四是现场操作工对自己分管的设备没有监护好。

（3）防范措施

事故之后，根据事故情况，采取了以下措施：

一是加强安全培训，规范操作程序，严格执行“十四个不准”，不是自己分管的设备不准操作或使用。停用设备或检修设备时严格执行用电手续，按规定办理停送电工作票。

二是设备检修要落实各项安全措施，监护人必须尽到监护责任，设备检修过程中不得离开现场。

三是主控室操作工必须熟悉现场，并严格按照操作规程进行操作，对不用的运转设备，必须将信号切换到停车状态。

四是对中间槽的平台进行改造，增加安全通道，保证人员在发生事故时可以安全撤离现场。

事故教训与点评

这起事故的发生，与维修作业时间长有关。从维修时间来看，从 19 时发现设备故障，到 23 时左右维修完成，经过了 3 个多小时的时间，人员比较疲劳，而且心中着急。正是由于着急，才忘了出口短节还没有上好，才急于盘车。此外，这起事故的发生还与夜间作业有关。作业时间正是前半夜，在这个时候，人们应该吃晚饭、看电视、洗澡、准备睡觉休息。而在这个时候作业，人们从心理上和生理上都会感到别扭，精神状态和工作状态必然会受到影响。

在工业生产过程中，有一些企业必须持续全天运转，这就需要作业人员轮班工作，而轮班工作会对人们的生理和心理产生很大的影响。轮班工作已经被认为是引起睡眠紊乱的主要因素。轮班职工睡眠紊乱的发生率为 10％～90％（通常在 50％以上），而日班工人只有 5％～20％。煤矿执行轮班工作制，据研究，其职工失眠发生率为 33.6％；轮班工作制引起的睡眠失调主要归因于生理节律的破坏。另外，睡眠紊乱还与职工的劳作周期和社会活动习惯有联系。随着工业现代化的发展，从事轮班工作和夜间服务的人会越来越多。轮班的方式多种多样，有昼夜三班制、昼夜两班制，还有少数昼夜四班制（所谓四六制）等。有的白班或夜班一周轮换一次，有的连续工作 24 小时后休息几天等。但无论哪种方式的轮班，都要与正常的睡眠发生冲突，这种觉醒和睡眠正常节律的破坏，对安全生产和职工的身心健康都有不同程度的影响。大量研究表明，轮班工作与某些官能性疾病有关系。其中，主要的官能性疾病是肠胃病、睡眠失调和神经系统功能紊乱，有时可能产生轻度的头痛、神经过敏、手颤、注意力集中困难等。这些大都对安全生产有不利影响。

因此，在轮班的生产作业中，班组长以及班组职工，要注意相互提醒，注意安全。

52. 作业中不能集中精力引发的生产事故

赵某年纪不大，但工龄已近10年，他在工作中积极进取，业务能力提升很快。2005年，工厂筹建橡胶粉碎车间，购进了一套全新的橡胶粉碎生产线，赵某凭着良好的工作成绩，当选为新车间的班长。2006年2月17日，一阵刺耳的救护车警笛声打破了工厂的正常生产秩序，还有一天就要过30岁生日的赵某，在一刹那间失去了左臂。

（1）事故经过

2006年2月17日13时30分，赵某和其他2名同事启动设备，开始进行橡胶粉碎。13时45分，为方便捡橡胶块，他用左手扶了一下设备，手臂瞬时被输送带夹进设备内。由于橡胶粉碎设备噪声大，工作时需佩戴耳塞，赵某的呼救声被“隆隆”的机器声淹没。当同事发现异常时，赵某的上半身已经趴在设备上。现场人员迅速切断电源开关，割断输送带，拨打120急救电话，将赵某送往医院。在医院，由于赵某伤势较重，断臂无法再植，医生只得进行了左臂断端清创处理。

（2）事故原因分析

事故之后，该厂安全技术部门、工会及设备管理部门对事故进行分析，确认事故原因。

造成事故的直接原因，是赵某个人的违章行为。该厂橡胶粉碎生产线《安全技术操作规程》第一条和第五条明确规定：“工作过程中必须集中精力……”“机器运行过程中严禁手、脚等身体部位置于设备内……”赵某因为生日将至，不能集中精力，在生产过程中手又违章接触到危险部位，结果导致事故的发生。

造成事故的间接原因：一是设备在设计上存在防护缺陷。挤断赵某手臂的输送机的被动轮以及主动轮、输送带两侧，都没有设计防护罩等安全防护设施，不能有效保护作业人员的安全。二是安全管理不到位。该厂在设备预验收阶段，未发现粉碎机无防护罩问题，没有及时发现事故隐患，并对设备进行安全改进。故此，该厂安全管理部门及使用车间应负一定的管理责任。

（3）防范措施

事故之后，采取的防范措施主要有：

一是对设备设施进行技术改造。根据现场实际情况，在不影响正常操作的基础上，按照控制方便的原则，设置急停开关，一旦发生事故能够紧急停车。在主动轮、被动轮和输送带两侧加装防护罩，防护罩应满足安全防护的要求，使职工在粉碎操作过程中手或身体其他部位无法接触到被动轮或输送带两侧。

二是落实“四新”培训教育。在购进新设施设备时，操作人员必须接受“四新”（新技术、新工艺、新设备、新材料）培训教育，培训内容包括：设备特点和使用方法；投入使用后可能导致新的危害因素及其防护方法措施；新设备安全防护装置的特点和使用方法；新制定的安全管理制度及安全操作规程的内容和要求。培训后进行考试，必须对考试结

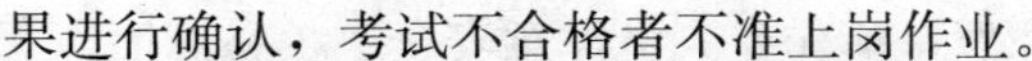

果进行确认，考试不合格者不准上岗作业。

三是建立健全应急救援体系。根据有关规定，建立适合本企业的应急救援体系，每年有计划、有针对性地对综合应急预案、专项应急预案等进行演练，使职工在发生事故时能在最短的时间内做出有效的应急救援，控制事故蔓延，降低危害后果，减少损失。

四是建立健全安全生产责任制。建立健全安全生产责任制，同时应保证安全生产责任制必须横向到边，纵向到底；规定各部门的安全职责，明确各级人员的安全责任。建立责任制的关键是责任的落实，相关人员应按照设计准则或标准，对存在的事故隐患进行排查，做到及时发现、及时上报、及时治理。

事故教训与点评

这起事故发生过程比较简单，赵某启动设备进行橡胶粉碎作业后，在捡橡胶块时，手臂瞬时被输送带夹进设备内，导致断臂。事故原因则与赵某不能集中精力进行安全生产，而在生产过程中手又违章接触到危险部位有关。

在心理学上，注意是心理过程的一个重要环节，是心理活动对一定事物的指向和集中。注意选择的功能、维持的功能、调节和监督的功能，通过注意反馈信息，并相应地调节、监督自己的行为，使之与特定的目标相一致。如果行为与目标不一致就进一步调节，在反馈环节不断调节直至达到目标。注意与安全存在着很大关系，如果注意力分散，就容易引发事故。注意力分散是指作业者的意识没有有效地集中在应注意的对象上，由于没有集中在应注意的对象上，就会出现心不在焉、反应迟缓等问题。所以，在生产作业前或者生产作业中，要注意提醒作业人员注意安全、小心谨慎。

安全管理人员需要注意的是，经过研究证明，谁都不能自始至终地集中注意力。所以除玩忽职守者外，出现注意力不集中也是很正常的情况。注意力不集中是人的意识活动的一种状态，是意识状态的结果而不是原因。因此，提倡注意安全虽然是必要的，但是不够，不能将单纯依靠提醒作业人员注意安全作为抓好安全工作的主要手段，还需要保证设施设备的本质安全。

53. 急于完成任务发生故障不停机处置导致的灼伤事故

2006 年 10 月 21 日，某药厂固体制剂车间一名操作工因添料过多，造成机器憋车，为了及早完成生产任务，添加一桶酒精，结果导致酒精燃烧，这名操作工被烧伤，并被送入医院救治。

（1）事故经过

2006 年 10 月 21 日下午 15 时，某药厂固体制剂车间在生产中，负责摇摆制粒岗操作工王某正在进行阑尾灵颗粒制粒操作。摇摆颗粒机经连续工作，机身温度已经很高，由于物料软材较黏，出粒不是很顺畅，王某显得手忙脚乱。此时另一岗位上的操作工吕某来制粒岗取工具，随手帮忙将摇摆制粒机上的半盆料倒入料斗内，由于添料过多，造成机器憋车。

按照操作规程，此时应停机处理后再恢复工作。王某为了及早完成生产任务，没有及时停机处理，而是取来一桶酒精，一边带着胶手套向料斗内添加，一边点动晃车。由于机器长时间运转过热，物料中的酒精迅速蒸发，排风机未能及时将酒精气体排出，造成机器周围酒精浓度过高，被电源控制箱（非防爆）产生的电弧引燃，而且将王某手套和工作服胸前部位附着的酒精引燃。王某一边自救，一边喊人，燃烧的酒精将其颈部灼伤。在隔壁岗位工作的维修工郭某、唐某等迅速拿了4只干粉灭火器参与灭火（其中3只没打开，后来发现是保险销未完全脱开），并且将现场未用的酒精拿走。几位同事使用干粉灭火器将料斗内火苗扑灭，并向车间进行了汇报。事故发生后，车间将王某送入医院救治。

（2）事故原因分析

造成事故的直接原因，是操作工吕某违反劳动纪律，帮倒忙做了自己不该做的事，致使摇摆制粒机因投料过多憋车。操作工王某没有执行操作规程中“设备出现过热和机械故障时，必须停机排除后，方能重新启动运行”的规定，违反工艺纪律直接向料斗内添加酒精，并且强行起车，属于严重的违章作业。

造成事故的间接原因：一是发生事故的摇摆制粒机是一台老式设备，启动箱属于非防爆型，不适宜含酒精物料的生产，与之配套的通风系统虽经多次改造，也与生产物料不匹配，阻力过大，不能将生产过程中产生的酒精蒸气迅速排出，致使局部酒精浓度过高，达到了着火点。二是车间管理存在问题，对员工的教育管理不到位，操作人员安全意识和自我保护意识不强，对存在的安全隐患和可能发生的事故认识不足，出现了非岗位人员违反劳动纪律，串岗操作，岗位操作工为抢工时严重违章的行为。三是设备老化、通风不畅曾作为问题提出，但因生产任务忙没有及时解决，埋下了安全隐患。四是固体制剂车间的事故应急预案培训还不到位，事故发生时，个别职工还不会使用灭火器。

（3）防范措施

针对本次事故暴露出的问题，有关部门会同车间进行了认真分析，分别对事故责任人进行了处罚，并制定了以下防范措施。

一是对生产现场存在的事故隐患进行认真检查，对硬件设施的不完善实施整改。淘汰老式摇摆制粒机，对通风系统进行彻底改造，力求达到本质安全。

二是加强对职工的劳动纪律、工艺纪律教育，增强广大职工的安全意识，使其自觉执行安全生产的各项规章制度。

三是加大对车间安全生产规章制度执行情况的考核力度，以确保安全管理的各项规章制度和安全措施落实到位。

四是根据固体制剂车间的生产特点，编制事故应急预案，对岗位操作人员进行培训，提高广大职工识别危险、应对突发事件和自我保护的能力。

五是该厂将这起事故作为典型案例，组织全厂职工学习讨论，让大家吸取教训，避免同类事故重复发生。

事故教训与点评

在事故发生模式的研究中，有一个拉姆西的事故顺序模式。事故顺序模式认为，个体在有潜在危险环境中作业时，能否发生事故，取决于一个顺序模式。第一步是对危险的感知，如果不能觉察到危险或没有意识到有发生事故的可能，事故发生率当然会增加。如果危险被个体感知，那么第二步就是决定采取什么对策的问题。能不能采取有效的对策，在很大程度上取决于个体的态度（如对工作有无责任感、对事故的态度）和先天性获得以及后天条件形成行为类型（主要指个性心理特征）的影响，如有些人喜欢冒险，有些人心存侥幸，有些人对事故满不在乎，甚至个别人想借小事故作为休息手段。如果个体决定采取对策避开这种危险，下一步则取决于个体有无这样做的能力。个体能力取决于人体生理特点、人的脑力、感觉系统的反应特性和运动技巧以及与运动技巧有关的其他特性，如经验、训练和反应时间等。

需要注意的是，即使个体具有避免危险的能力，包括经过严格的避免危险能力的训练，有丰富的经验，甚至具有最好的安全意愿和最迫切的需要，也不能保证百分之百地避免事故，只能说在某种程度上可以减少出现事故的概率，因为这里存在着一个偶然性的问题。偶然性为什么会导致事故发生？这与个人心理因素和生理因素有关，当这两个因素降低到容易发生“危险”的程度，便会造成行为不当，发生事故。因此，在预防事故上，既要考虑人的违章行为，更要考虑设施设备的安全可靠性，例如设备与环境的设计应有助于避免事故，报警装置应符合要求，并应对人员加强面对危险时采取正确行为的训练。就这起事故而言，事故之后所采取的措施，首先应是技术性措施，即淘汰老式摇摆制粒机，对通风系统进行彻底改造，力求达到本质安全。

54. 注意力分散不慎左手手指被伤害事故

2008年9月3日，山西省某公司弯管轧制的1名操作工，在帮助他人作业时，由于一边说笑一边作业，不慎被弯管机将左手手指压伤，造成左手手指粉碎性骨折。

（1）事故经过

李某是山西省某公司的职工。自2005年2月进入该公司以来，李某一直在生产加工弯管的车间负责弯管矫平的工作，每当上一道弯管轧制工序完成后就进入到他负责的工序。很多人都觉得在流水线上工作是个枯燥活，但从农村走出来的李某对自己的这份工作却很满意。经过几年的磨炼，他技术熟练，工作认真，效率高，在他负责的工序中从来没有积压过工件。和他一起到这家公司来的，还有他的几个老乡，所以，只要自己的工作做完了，李某就会去帮老乡打打下手。

2008年9月3日上午10时20分，李某矫平了前段工序送来的所有弯管，等了一会还不见有新的弯管送过来，他就走到弯管轧制工序处，发现新来的同乡林某正在手忙脚乱地往弯管机上送管。林某才来不久，工作不熟练，李某觉得自己干得快，不如先帮帮林某，等一会儿再回到自己的岗位。于是他就站到林某的旁边，一边和他聊着厂里的新鲜事，一边帮着往弯管机上送管。有了李某的帮助，林某也很高兴，两人一边说笑一边送管，工作速度似乎也快了不少。但事故往往发生在一瞬间，就在两人说说笑笑的时候，正在送管的李某不慎将左手手指卷入了弯管机，瞬间就被整个拽了进去。林某一下子被吓呆了，等到李某扭曲着脸冲他大吼，他才反应过来，跌跌撞撞地跑过去按下弯管机的开关切断电源。看到李某出事了，其他工友也停下手里的活围了上来，得到消息的厂领导立刻派人将李某送到了医院，经过医生的诊断，李某被确诊为手指粉碎性骨折。

（2）事故原因分析

造成事故的直接原因，是李某违反劳动纪律，擅自脱离工作岗位，到林某工作岗位帮助往弯管机上送管，由于疏忽大意，不慎将左手手指卷入了弯管机。

造成事故的间接原因：一是该厂安全教育不到位，作业人员不知道擅自脱离岗位，到别人的工作岗位协助工作是错误的。二是该厂现场安全管理不严，发现李某违反劳动纪律后，无人批评和纠正。三是该厂领导和车间领导对安全问题认识不到位，重视不够，没有研究制定针对性的管理措施，对职工安全教育不够，职工安全意识淡薄，违章作业现象比较普遍。

（3）防范措施

事故之后，采取以下防范措施：

一是通报事故经过，组织全厂职工对这起事故进行反思，强化责任意识、安全生产意识，克服麻痹侥幸心理，确保安全生产。

二是加强安全教育和技术培训，提高人员的技术水平；针对设备存在的问题，制定有针对性的安全技术措施。

三是举一反三，认真吸取这起事故的深刻教训，切实加强安全管理工作，加强职工的劳动纪律，有针对性地制定有效的安全措施，严防事故的再次发生。

事故教训与点评

这起事故发生后，李某与该厂就事故是否属于工伤发生争议，劳动保障行政部门认为，李某受伤的时间是在上班期间，而且是在车间干活时受伤，虽然受伤时所从事的工作不是弯管矫平工序的工作，但仍然是该厂正常生产的组成部分。因此，属于“因工作原因受到事故伤害”。对于该厂提出的李某违反劳动纪律问题，不能就此否定其从事工作过程中受伤的事实。在认定工伤的过程中，只要受伤情形符合工伤保险法规中认定工伤的条款，而没有排除条款所列的事实，就可以认定为工伤。虽然在这起事故中李某有违反劳动纪律的情况存在，但无责任赔偿是工伤保险的基本原则之一，并不影响工伤的认定。

这个事例也给所有工作在一线的职工一个启示。李某的工伤虽然得到了认可，但对于他个人来说，他所承受的痛苦是任何人都不能替代的。所以，在工作中无论做什么都应当专心致志，避免发生伤害事故。

55. 排除故障时未断电操作导致的重伤事故

2007 年 5 月 14 日，某碱厂在生产过程中，配料工发现 6 号上料卷扬机出现蹲底故障。一名配料巡检工在处理时，由于未断电操作，又违章戴手套作业，致使右手小拇指被挤掉一截，无名指被挤断，造成重伤事故。

（1）事故经过

2007年5月14日，某碱厂在生产过程中，配料工发现6号上料卷扬机出现蹲底。值班长孙某通知配料巡检工钟某进行处理。钟某到6号卷扬机，发现吊石斗过顶，在没断电的情况下，违章作业，调整保护光电开关，导致卷扬机自动反转开启，手套被缠进伞形齿轮，进而将右手带了进去，使右手小拇指被挤掉一截，无名指被挤断，造成重伤。

（2）事故原因分析

造成事故的直接原因，是配料巡检工钟某在处理故障时，由于安全意识不强，在未断电、戴手套的情况下违章作业。

造成事故的间接原因：一是对职工进行安全培训不够，职工安全技术素质差、自我防护能力差、自主保护能力低，形成习惯性违章。二是安全管理机构不健全，安全生产责任制和安全规章制度不健全，现场安全管理力量薄弱，职工缺乏对安全知识和安全规章制度的学习。三是安全检查不严格，熟视无睹，而且重经验，轻规程。

（3）防范措施

事故之后，采取了下列防范措施：

一是加强安全教育，尤其是安全意识教育。加强职工的安全教育，提高职工的安全意识，使遵守各种安全规章制度真正变成职工的自觉行为。

二是加大安全检查、排查隐患的力度。一方面，车间的安全员要认真负责，对本车间的生产现场进行经常性的检查；另一方面，公司的安全检查组也要经常检查，至少一周两次，这样，车间和公司的检查交替进行，及时排除隐患，使生产现场始终处于监控之下，违章作业便没有可乘之机。

三是对违章作业及时制止，决不手软，严格考核。

事故教训与点评

这起事故的发生，过程比较简单，配料巡检工钟某在进行故障处理时，违章作业，在没有切断电源，自己又戴着手套的情况下，调整保护光电开关，导致卷扬机自动反转开启，手套被缠进伞形齿轮，进而将右手带了进去，使右手小拇指被挤掉一截，无名指被挤断，造成重伤。是他违章作业伤害了自己。

违章行为有两个特点，一个是从众的特点，另一个是习惯性的特点。就从众行为而言，当车间或班组群体成员安全意识强，安全情绪稳定时，违章违纪现象就会减少发生；而当车间或班组群体安全意识差，安全情绪不稳定，不安全因素聚积时间长时，违规违纪数就会不断增加，此时车间或班组群体内就会产生一种不安全的氛围，迫使车间或班组成员受到较大压力而顺从群体中不安全的行为规范，使车间或班组成员产生不安全从众行为。从事故发生概率来看，根据资料统计分析，班组发生事故的概率在 0.9 以上。就是说，10 起事故就有 9 起事故发生在生产班组。而从发生事故的原因分析：人为因素即班组在生产中违章指挥、违章操作或隐患未能及时发现和消除的占事故总数的 90％以上，居事故原因之首位。许多职工上岗前缺乏严格培训，缺乏自我保护意识和相互保护意识，在事故原因中也占相当大的比例。

就这起事故而言，习惯性违章的特点十分明显。什么是习惯性违章事故呢？简单地说，作业本身是违章的，但由于以前经常这样作业，也没有发生事故，因而没有予以重视，直至违章成为习惯，最终导致事故发生。要知道，规章制度是用鲜血和生命换来的，我们一定要坚决遵守，决不含糊。因此，班组在平时的安全检查中，不仅要查找明显的、表面的违章和隐患，更要重视那些潜在的习惯性违章，只有这样，才能从根本上搞好安全工作。

56. 挤水辊被卡住不停机排除故障导致的重伤事故

2002 年 8 月 26 日，黑龙江省某合金公司精整车间副主任陈某，在经过清洗机列时，发现挤水辊被卡住，于是违章将左手伸入挤水辊调整，结果造成左手被严重挤伤。

(1) 事故经过

2002 年 8 月 26 日 10 点 40 分，黑龙江省某合金公司精整车间副主任陈某，在经过清洗机列时，发现挤水辊前面从清洗箱出来的一块板片倾斜卡住，陈某在没有通知主操作工停机的情况下，将戴手套的左手伸入挤水锟与清洗箱间的空隙（约 350 毫米）调整倾斜的板片。由于挤水辊在高速旋转，陈某的左手被带入挤水辊内，造成左手无名指、小指近关节粉碎性骨折，手掌大部分肌肉被挤碎。最后无名指、小指被切掉。

(2) 事故原因分析

事故之后，经过调查确认，这是一起由于违反安全操作规程而引发的事故。

造成事故的直接原因，是陈某违反操作规程，在没有通知主操作工停机的情况下，调整倾斜的板片。

造成事故的间接原因：一是安全教育不够，效果差。虽然平时采取了培训、考核等多种形式的安全教育，但效果不尽理想。发生如此严重违章的行为，说明了仍有部分职工安全意识淡薄。二是对安全工作监管不严，特别是现场安全管理不严，车间领导干部不注意安全，带头违章作业。

（3）防范措施

事故之后，采取以下预防事故的措施：

一是加强安全管理，将安全责任层层分解落实到具体人员，促进安全工作齐抓共管。

二是对职工进行安全技术操作规程的教育培训和考核，组织职工进行事故分析，用事故教训给职工敲响警钟，解决存在的思想隐患。

三是加强现场安全检查力度，下大力气纠正作业中的习惯性违章操作行为，杜绝类似事故重复发生。

四是认真查找设备隐患，落实隐患整改责任人，并在重复发生和易发生事故部位设立安全警示标志。

事故教训与点评

在对事故的预防上，只有认识到危险，才能谈得上采取避免危险的行动。认识到危险涉及三个步骤：第一个步骤是能否认识危险征兆。这主要取决于操作者对观察危险征兆是否有充分的思想准备，能否在信号显示异常的瞬间完成观察，并能正确理解信号的含义。这在很大程度上取决于安全训练，安全训练计划应包括各种危险征兆所引发的危险后果（造成的伤害和损失）及在没有明显的征兆情况下如何发现和识别可能出现的危险。第二个步骤是知道如何避免危险。这主要取决于操作者的技术和训练水平及安全知识。第三个步骤是能否决定采取避免危险的行动。这主要取决于操作者的判断和责任感。

危险征兆和发生危险之间存在一种概率关系，即操作者明知有危险征兆，但有时并不意味着即将发生危险，因此需要操作者做出准确的判断。在判断中有时间需考虑避免与危险行为有关的各种耗费和效益（例如停产时间、经济损失、安全等）。由于有这样一种概率关系，所以在出现危险征兆时，有些操作者认为发生危险的概率不大，心存侥幸，不积极采取相应行动，致使发生危险。这起事故的发生，从主观上讲，陈某发现故障，在没有通知主操作工停机的情况下，去调整倾斜的板片，主观上认为发生危险的概率不大，心存侥幸，致使发生危险，结果造成伤害事故。

57. 违章从高处向下抛扔物料造成人员被砸重伤事故

2004 年 2 月 24 日，山东某化工企业在新改扩建开车前现场整改过程中，由于作业人员违章作业，从高处向下抛扔物料，造成 1 名后勤财务人员被砸成重伤的事故。

（1）事故经过

2004 年 2 月 24 日 9 时 10 分，山东某化工企业尿素改造工程进行开车前现场整改。尿素车间技术员陈某开完调度会后，检查装置现场整改进度情况。发现输送皮带现场废物很多，由于施工单位正忙于整改装置缺陷，部分施工单位已撤出。为了加快工作进度，通知尿素包装班长刘某组织人员进行现场清理，陈某到现场逐一交代了需要清理的物品。随后，刘某便叫来包装临时工王某、张某进行现场清理。当清理至装置传送带顶端时，玻璃钢瓦的下脚料需要转移至地面。作业人员图省事，刘某决定由王某到地面监护，张某看到王某打手势后从传送带栈桥与包装楼之间的空当处（高 24 米）将成捆的玻璃钢瓦（重 22 千克）下脚料扔下。王某到地面后为了便于监护，便站到包装楼的东南角的空地上，约 9 时 40 分，发现财务人员彭某自包装楼东门处由北往南行走，便大声喊叫并挥手叫彭某退回。但是由于现场混乱、作业人员多、噪声大，彭某没有听到喊叫，继续行走到传送带栈桥垂直下方南侧，此时张某误认为王某是在打手势，于是将玻璃钢瓦下脚料捆扔下。下脚料砸在彭某肩部、颈部，尖头刺破其头部，彭某倒地，颈椎第三节骨折，被砸成重伤。

（2）事故原因分析

造成事故的直接原因，是清理现场的作业人员在没有明确上下联系信号，监护措施不全面、没有警戒绳的情况下，违章自高处扔重物。

造成事故的间接原因：一是该公司安全管理存在漏洞。新改扩建项目交接不清楚，没有经过严格的验收交接，现场存在尾项较多，现场作业队伍、作业人员、作业内容及组织混乱，没有统一的指挥和工作安排。二是车间技术人员在交代清理现场作业任务时，只交代工作内容，而对安全注意事项、作业方法交代不具体。三是该公司对生产岗位作业人员和正式职工的教育抓得比较紧，对临时工和后勤人员的教育一直是一个薄弱环节，平时对他们的安全教育比较松，致使临时工和后勤人员的安全意识不强。四是职工的自我防护意识差，在没有任何防护措施的情况下，在施工现场穿行。

（3）防范措施

事故之后，采取的防范措施如下：

一是加强对新、改建项目的管理。新、改建项目按进度情况实行本公司部门、管理责任人交接，严格安全条件验收，前一工序为后工序创造安全条件。明确管理责任，所有进入现场的作业人员、技术人员应服从统一管理。

二是加强现场作业秩序的管理。凡现场存在隐患，不能达到安全要求，土建、机械、电仪作业人员没有撤出作业现场，没有设立警戒区，不准进行装置的开车。

三是落实办公、作业现场安全措施。逐步迁移财务、尿素办公室，保全、成品库人员办公地点。在迁移前设立封闭的安全通道，将装置区与行走道路有效隔离。

四是加强对临时工和非生产作业人员的安全教育，提高他们的安全意识和个人防范意识。加强临时工的教育和管理，做到与正式员工等同管理，消除对临时工的管理死角。加强对非直接从事生产管理作业人员的安全教育，做好“办公室安全”工作。所有进入生产及施工区域人员必须严格执行安全规定。

事故教训与点评

这起事故的发生，主要是作业人员图省事的违章冒险行为。在日常生活和生产中，人们往往表现出捷径反应或者捷径心理，即为了少消耗能量又能取得最好效果而采用最短距离行为。例如伸手取物，往往是直线伸向物品，穿越空地往往走对角线等。但捷径反应有时并不能减少能量消耗，而仅是一种心理因素而已。如乘公共汽车，宁愿挤在门口，由于人群拥挤消耗能量增多，而不愿进入车厢中部人少处。这种捷径反应或者捷径心理，对安全生产是一种威胁。许多事故的发生，都是出于省时又省力的心理要求。在这起事故中，玻璃钢瓦下脚料需要转移至地面，有 24 米高，如果人工背负下来肯定很累，如果能够扔下来，肯定省时又省力。所以，作业人员选择了扔下来，导致事故发生。

58. 因急于下班擅自合闸导致的事故

2004 年 4 月 6 日，某变电站值班长在作业时，在没有拆开隔离刀闸之间接地保护线的情况下，擅自摘下警告牌和挂锁，取下闭锁插销，进行了合闸操作，结果将两名正在进行大修的员工严重灼伤。

（1）事故经过

2004 年 4 月 6 日 15 时许，某变电站运行值班员接班后，312 号油开关大修负责人提出申请，要结束检修工作票，赶 16 时的班车离厂。而值班长临时提出要试合一下 312 号油开关上方（母线侧）的 3121 号隔离刀闸，看看该刀贴合情况。于是，值班长在没有拆开 312 号油开关与 3121 号隔离刀闸之间接地保护线的情况下，擅自摘下了 3121 号隔离刀闸操作把柄上的“已接地”警告牌和挂锁，取下闭锁插销，进行了合闸操作。只听“轰”的一声响，强烈的弧光将正在进行大修作业的负责人和实习值班员严重灼伤。

（2）事故原因分析

这起事故发生在交接班之际，接班人员还没有完全熟悉设备状态，检修人员急于下班，违背了“工作票制度”中“若扩大工作任务，必须由工作负责人通过工作许可人，在工作票上增添工作项目”的规定，临时增加工作内容，擅自操作，错误地带地线合 3121 号隔离刀闸，造成短路。

3121 号隔离刀闸高出人头约 2 米，而且有铁柜遮挡，烧伤人的电弧光不是 3121 号隔离刀闸的电弧光，而是两根接地线（保护短路）烧坏时产生的电弧光。两根接地线是裸露铜丝绞合线，操作员用卡钳卡住连接在设备上时，没有认真负责地操作，没有仔细检查，致使一股线接触不牢、不良；另一股绞合线还断了几根铜丝。当违章操作时，强大的电流短路，不但烧坏 3121 号隔离刀闸，而且接地线（保护短路）接触不良处震动脱落发生强烈的电弧光，另一股绞合线铜丝断开处发生强烈电弧光（直到整股绞合线烧断），将人烧伤。

（3）防范措施

事故之后，采取了如下防范措施：

一是明确规定，在交接班时以及交接班前后 15 分钟内一般不要进行重要操作。

二是将“已接地”警告牌改成“已接地，严禁合闸”，并要求严格遵守规章制度，绝对禁止带地线合闸。

三是当意外发生触电事故时，接地保护线起接地短路作用，使人不受到伤害。所以，保护线的质量要好，容量要够，连接要牢靠。

事故教训与点评

这起事故的发生，一方面是值班长的错误操作；另一方面则是开关大修负责人提出申请，要结束检修工作票，赶 16 时的班车离厂，匆忙之间，导致错误操作。

工作一天，临近下班的时候，职工会出现身体疲劳与心理疲劳的情况，这对安全有很大的影响。生理疲劳指个体的生理系统发生变化，引起工作能力下降的一种现象。心理疲劳指人体肌肉工作强度不大，但由于神经系统紧张程度过高或长时间从事单调、厌烦的工作而引起心理机制发生变化的疲劳。生理疲劳与心理疲劳是有区别的，但两者又是有联系的。生理疲劳是为工作所倦，不能再干；而心理疲劳则是倦于工作，不想再干。然而，轻度的生理疲劳，可以由意志努力来克服，而极度的生理疲劳，不但会降低运动器官的工作效率，而且还会使神经系统受到损伤，从而破坏正常的心理活动。心理疲劳也会减弱生理活动，如厌烦、忧虑等都会损害身体的健康，使器官的活动效率降低。无论生理疲劳还是心理疲劳，都有损于操作者身心健康，影响工作效率并且随时可能导致事故发生。

59. 上班时间打闹造成的伤害事故

2006 年 9 月 11 日，江苏某地一家制鞋公司在生产过程中，两名工人在制鞋流水线上打闹，1 名员工随手拿起旁边尚未制完的一只鞋子扔了过去，造成对方血流满面，被送往医院治疗。

（1）事故经过

2006年9月11日，江苏某地一家制鞋公司在生产过程中，制鞋流水线工人贺某被上游流水线马某扔来的一只鞋帮打在头上，她不经意地骂了一句，然后继续埋头工作。马某被骂心情不爽，便随手又拿起旁边尚未制完的一只鞋子扔了过去，恰巧打中贺某，贺某顿时血流满面，现场人员急忙将贺某送往医院治疗。事后经过检查发现，马某所扔的鞋，鞋带上缠绕着一把制鞋用的榔头，贺某就是被榔头所伤。

(2) 事故原因分析

这起事故是马某一手造成的，是一种严重的违纪行为。

(3) 防范措施

在生产作业场所，有大量的设施设备，存放有各种物料和成品、半成品，在这种环境中嬉戏打闹，特别容易伤害到自己或者他人，因此，企业应明确规定禁止职工嬉戏打闹。即使企业没有明确的规定，作为成年人，从安全的角度出发，也不应该在工作场所嬉戏打闹。

事故教训与点评

这起事故的责任完全在于马某。马某为什么要一再扔鞋子，一再打闹呢？这就涉及情绪调节。情绪调节是指个体管理和改变自己或他人情绪的过程。在这个过程中，个体通过一定的方式，使情绪在生理活动、主观体验、表情行为等方面发生一定的变化。情绪调节包括所有正性和负性的具体情绪调节。一般人们更容易想到对负性情绪的调节，如愤怒时人们需要克制，悲伤时需要转换环境，枯燥无聊的时候需要增加快乐等。人的情绪调节范围相当广泛，但主要是指调节情绪的生理反应、主观体验和表情行为，如情绪紧张或焦虑时，控制血压和脉搏；情绪痛苦时，离开情境使自己开心一点；过分高兴时，掩饰和控制自己的表情动作等。

在生产过程中，人在与生产环境、机器设备、其他人员的相互作用时，在生理和心理上会发生一系列的变化，正确分析、引导这些心理变化，对安全生产具有重要意义。比如，劳动强度过大、劳动组织和劳动制度不合理、过度紧张、单调乏味或重复性工作、长时间处于某种不良体位等，都会导致不良的生理、心理状态。因此，在生产作业过程中，适当地安排工间休息，适当地组织文体活动，对于职工放松紧张的心理，减轻心理压力，都是有积极作用的。

60. 司炉工离岗喝酒导致的锅炉严重缺水事故

2008 年 1 月 5 日，辽宁省某宾馆 1 名司炉工在值班期间，违纪外出与朋友喝酒，导致锅炉严重缺水，结果造成锅炉烟管胀头全部脱胀漏水，锅筒、水冷壁管严重过烧，所幸的是锅炉没有发生爆炸。

(1) 事故经过

2008 年 1 月 5 日下午 4 时左右，辽宁省某宾馆司炉工田某正在值班期间，他的几个朋友来到锅炉房，与田某说笑打闹。约半个小时，该宾馆餐厅负责人来到锅炉房，通知田某送汽蒸饭蒸菜。田某打开蒸汽阀送汽时，一位朋友建议田某一同出去喝酒，田某听了满口答应。临走时，他先将通往热水箱的蒸汽阀门打开送汽以加热水，然后关小锅炉鼓风机和引风机，停了炉排，从锅炉中部看火门往炉膛内添了约 50 千克煤。他完成了上述工作，却未向锅炉补充一点水。

在朋友们的催促下，田某将锅炉房大门一锁，喝酒去了。到晚上 8 点左右，田某想起该送热水到房间给旅客洗澡时，才醉醺醺地赶回锅炉房。他来到锅炉房，见热水箱内水还未热，便添煤又加大鼓风。

田某从下午 4 时左右到晚上 8 时 30 分左右，没有观察水位表，也没有向锅炉内加一点水。就在这时，旅客部负责人来到锅炉房要田某送热水，无意中发现水位表中没有水位显示，且有一种难闻的焦味，田某才恍然大悟，于是便启动水泵向锅炉内进水。结果造成锅炉烟管胀头全部脱胀漏水，锅筒、水冷壁管严重过烧，所幸的是锅炉没有发生爆炸。

（2）事故原因分析

这起事故发生的主要原因，是司炉工田某违章违纪，在锅炉运行期间离岗外出喝酒玩耍。

据调查，该宾馆锅炉自安装使用以来，领导很少到锅炉房检查锅炉安全使用情况，对司炉工也几乎没有任何安全教育。由于领导的不重视，使得司炉工田某置安全于不顾，曾多次在锅炉运行时到外面喝酒玩耍。如果该宾馆的领导重视锅炉安全使用，加强对司炉工的管理，经常巡回检查，事故是可以避免的。

（3）防范措施

这是一起安全责任事故。事故之后采取了以下防范措施：

一是教育职工时刻紧绷安全这根弦，充分认识“思其危则安，忘其危则险”的辩证关系。通过学习不断提高安全意识，树立正确的安全价值观念，正确履行安全生产职责，形成良好的安全生产氛围。

二是强化各项安全管理基础工作，建立健全安全生产管理制度和岗位操作规程，促使岗位职工操作有章可循，行为规范，安全作业，并从严、从细、从实进行安全管理，夯实安全管理基础。

三是加强对基层管理人员的安全教育培训，搞好对各项安全生产法律法规的学习，提升基层管理人员的安全管理水平。

事故教训与点评

司炉工是锅炉的主要操作者，锅炉运行安全与否全靠司炉工。国家法规明确规定：司炉工在当班过程中要认真操作，不得离岗，不得酒后上岗。

在这起事故中，涉及职工值班期间外出饮酒。酒精对人的生理和心理会产生不良影响，如果在饮酒后又从事生产作业，就会影响到人的正常操作行为，从而提高事故发生的概率。因此，在安全管理工作中，在制定安全管理规章制度，尤其是安全关键岗位和特殊工种的操作规程时，必须对饮酒行为加以限制。

四、生产中不良因素影响招来的事故

一扇窗户被打破，就会导致更多的窗户被打破，因为失修的破窗造成无序的感觉，形成了一种暗示性的纵容，这种现象被称之为“破窗理论”。“破窗理论”最适用于生产作业现场的管理。在生产作业现场，漏洞就像是一扇“破窗”，如果不及时修补，后果十分严重。如果有人在工作现场乱扔纸屑、果皮，那么这个地方随手扔垃圾和吐痰的人必然就多；相反，如果工作现场管理有序，一尘不染，职工自然也会形成良好的卫生习惯。由此可见，环境好，不文明之举就会收敛；环境不好，文明的举动也会受到影响。我们应该从“破窗理论”中得到启发，把一些不利于生产作业的因素、影响安全操作的因素、影响职工情绪的因素、影响整体环境美观的因素，通通找出来，想办法进行改善，从而构建一个整洁舒适的工作环境、顺畅有序的工作流程。在这样的环境和流程中，职工在愉快工作的同时，还会逐渐形成一种良好的习惯，从而有利于促进安全生产。

在生产作业中，工作环境优劣不仅可影响职工的生理功能，而且还会影响人的情绪，使心理状态发生改变。这种对工作环境的情绪反应，还会直接影响到职工对企业的态度，进而影响职工的行为取向。

1. 工作环境对人的心理的影响

工作环境是指人在生产活动中所处的自然环境和社会环境。自然环境主要包括微气候、照明、色彩、噪声、振动、电离辐射等因素。社会环境主要包括群体协作、人际关系、安全文化、风俗传统等文化因素。自然环境和社会环境都会对人的身心和安全产生影响。不良的工作环境，会对人的身心产生不良影响，引发职工的不安全行为，造成工作失误甚至酿成事故。因此，建设良好的工作环境，尽可能消除不良环境对职工的心理机能和心理状态的干扰，保护职工的健康与安全，是安全工作中一个重要的问题。

(1) 光线与人的心理

光线对人们的生活和工作有着非常重要的意义，在正常人的各种感觉器官中，眼睛承担了约 85%的信息接收任务。可以说，人们获得的绝大部分知识都是由光输入的。由此可见，光线的重要性在工作环境中应占首位。

强度是光线影响职工心理最明显的一个方面。光线强度是否合适，对安全生产的影响很大。不少工伤事故是直接或间接地因照明不良所致。光线过强或过弱均不利于安全操作：过强的光线容易令人疲劳、烦躁，具挑衅性和攻击性；昏暗的环境容易使人产生疲倦感，造成精神萎靡。

生产环境中的光线源可分为自然光源和人工照明光源。从心理上看，采用自然光较为合适；当自然光不能满足要求时，可采用人工照明光予以补充。进行人工照明时，荧光灯的效果要比白炽灯好 3～4 倍，因为荧光灯的光接近太阳光，而且更经济。

按照光线与照射物之间的关系，光源可分为直射光源、反射光源以及透射光源3种。直射光源发出的光线，能够直接照射在加工物件上，所以加工物件的向光部分明亮，背光部分黑暗，光线的强度分布不均匀。反射光源是由直射光源照射在灯罩或天花板及墙壁等地方后，反射到工作场所或加工物件表面的。如果直射和反射光源设计的角度不合适，都会产生眩光来刺激眼睛，妨碍职工的视力，导致眼疲劳。光线直接照射至人的眼睛产生直接眩光，光线从物体的表面反射到人的眼部产生反射眩光，此外还有一种由于物体与背景光不协调、明暗相差太远造成的对比眩光。较强的眩光可使人产生厌烦、急躁等不良情绪。

（2）颜色与人的心理

色彩和光线一样，也会对人的生理和心理产生影响。色彩不但影响人的视觉神经，还进而影响心脏、内分泌机能、中枢神经系统的活动等。

在心理学上，对于一种感觉兼有另一种感觉的心理现象，称为联觉现象。人们的颜色感觉容易引起联觉，因此，颜色容易对人的心理产生这样或那样的影响。这种影响被称为颜色的心理效应，不同的颜色，对人的心理有不同的影响。常见颜色的心理效应见表4—1。

表4—1　　常见颜色的心理效应

颜色	心理效应
红色	激情、热烈、喜悦、吉庆、革命、愤怒、焦灼
橙色	活泼、欢喜、爽朗、温和、浪漫、成熟、丰收
黄色	愉快、健康、明朗、轻快、希望、明快、光明
绿色	安静、新鲜、安全、和平、年轻、生机、活力

续表

颜色	心理效应
蓝色	空旷、沉静、舒适、淳朴、端庄、稳重
青色	沉静、冷静、冷漠、孤独、空旷
紫色	庄严、不安、神秘、严肃、高贵
白色	纯洁、朴素、纯粹、清爽、冷酷
灰色	平凡、中性、沉着、抑郁
黑色	黑暗、肃穆、阴森、忧郁、严峻、不安、压迫

根据颜色对人的心理效应，一般把颜色分为暖色系、冷色系和中性色三大色系，不同色系的颜色和心理效应见表4—2。

表 4—2　　不同色系的颜色和心理效应

色系	颜色	冷暖感	兴奋和抑制感	进退感
暖色系	红、橙、黄	感觉温暖	感觉兴奋	感觉近
中性色	绿、蓝、青	不冷不热		感觉近
冷色系	黄绿、紫	感觉寒冷	感觉沉静	感觉远

颜色的心理效应，对不同的人在程度上存在着差别。这些差别在人们的心里，决定于人们对它们所联系的具有同样颜色的实物的印象，或者受社会文化和个人理解的影响。比如在中国，红色是火，是吉庆、热情的象征，同时因为血是红色，红色意味着热血，引申为革命；绿色一般是生长中的植物的主色，因此绿色代表着活力、青春、安全；蓝色是天空和深水的颜色，所以能给人静止、平缓、安定等感觉，同时因为冰雪常给人以浅蓝的错觉，蓝色也有冰凉的意思；而

黑色来自黑暗体验，使人感到神秘、恐怖、绝望，有精神压抑感，同时一直以来人类对黑暗有所敬畏，所以黑色还有庄重肃穆感。

颜色的远近感（进退感）则与颜色的深浅有关。一般来说，颜色越深，给人的感觉越近，这也是取决于人们的生活经验。比如远山轻蓝，近山浓抹是绘画的基本手法。同时暖色能给人以向前方突出的感觉，被称为进色；冷色被称为褪色。用冷色涂刷墙壁，可以使狭小的房间在感觉上变大，暖色则会使房间在感觉上变小。颜色的深浅还能给人以轻重的感觉。浅色让人感到轻些，这是由颜色对神经的刺激度不同，对精神的压迫感不同引起的。故此，企业在工作环境中选用色彩时，都应注重它对人情绪的影响。

2. 工作环境与事故的关系

工作环境中的气候称作微气候，它包括工作环境的温度、湿度、气流速度（风速）和热辐射。微气候对人体与环境之间的热交换具有重要作用，是决定人的作业效能、安全和健康的重要因素。

（1）工作环境对人体的影响

人们在生产劳动中离不开一定的环境，人们不仅可以创造或改造周围的环境，反过来，人也会直接或间接地受到周围环境的制约和影响，使人的心理和行为发生变化，从而发生判断失误、操作错误等，导致事故的发生。

工作环境对人体的影响主要体现在以下几个方面：

1）工作环境中的温度对人体的影响。工作环境中的温度不仅取决于大气温度，还受太阳辐射和作业场所中热源（如冶炼炉、化学反应锅和人体等）的影响。工作环境中的温度过高或过低都会对人的身心造成一定的影响。

人在高温环境下，出汗量增加，水盐代谢加快，进而导致血输出量增加，脉搏加速，胃液酸度下降，消化液分泌量减少，使消化吸收能力受到抑制；此外，高温环境还对中枢神经具有抑制作用，使大脑皮层兴奋过程减弱，影响注意力、记忆力和思维，进而在心理上使人产生烦躁情绪。中暑和热衰竭是高温作业中的易发病。

人在低温环境下，体表温度降低，皮肤、血管收缩，流至体表的血流量下降甚至完全停滞，引发组织冻结，造成局部冻伤；引起人体全身过冷，导致皮肤苍白、脉搏和呼吸减弱、血压下降以及血量、白细胞和血小板减少，凝血时间延长；影响手的精细运动灵巧度和双手的协调动作。长时间暴露于 10℃以下，手的操作效率就会明显降低；此外，还会导致神经兴奋与传导能力减弱，出现痛觉迟钝和嗜睡状态，进而在心理上使人产生紧张、不安情绪。

2）工作环境中的湿度对人体的影响。工作环境中的湿度取决于工作环境中水分蒸发和蒸汽释放。它以空气的相对湿度表示。人们规定相对湿度在 80％以上为高气湿；低于 30％为低气湿。空气相对湿度通过影响人与环境之间的热交换，进而影响人体的温热感。在高温环境中，如果相对湿度超过 50％，人的汗液蒸发功能就会显著降低，感觉闷热；如果相对湿度低于 30％，就会使人呼吸道黏膜干燥，感觉不舒适。在低温环境中，如果湿度过高，空气水分会从人体吸收部分热量，人会感觉阴冷。长期的低温高湿环境，容易导致关节疼痛等疾病。

3）工作环境中的气流速度对人体的影响。工作环境中的气流速度不仅受外界风力的影响，还受室内外温差的影响。室内外温差越大，产生的气体对流就越大。气流速度主要影响人体与环境之间的热交换以及人对空气的清新感。

4）工作环境中的热辐射对人体的影响。工作环境中的热辐射主要指红外线及一部分可见光。太阳及工作环境中的各种热源均能产生大量热辐射。当周围物体表面温度超过人体表面温度时，周围物体表面会向人体辐射散热，称为正辐射。相反，当周围物体表面温度低于人体表面温度时，人体表面则向周围物体辐射散热，称为负辐射。正辐射有利于人体吸热取暖，负辐射有利于人体散热降温，但在寒冷季节负辐射容易使人受凉、感冒。

应该强调的是组成微气候的各个物理要素对人体的影响是综合的。例如，湿度升高所带来的影响可由风速的增大来抵消。

(2) 工作环境与安全

不适宜的工作环境会造成人的心理状态不佳，会使人责任感和生产积极性受到消极影响。另外，不适宜的工作环境造成的体能下降也会使人工作力不从心。研究表明，最佳的工作环境温度是20℃左右，这时作业效率最高，出错率最低；当环境温度低于15℃或高于25℃时，人的思维和体力就开始受到影响，出现作业效率下降、出错率增大的现象；当气温高于30℃左右时，心理状态开始恶化，如开始烦闷、心慌意乱；当气温达到50℃时，人体一般只能忍受一小时左右。

(3) 工作环境的优化设计

人在适宜的工作环境中会感到舒适，人体各器官的机能也可以正常发挥，因此有利于提高工作效率，也有利于提高安全生产水平。因此，如果工作环境中存在着不利因素，就需要进行工作环境的优化。工作环境的优化主要涉及以下几个方面。

1）高温作业环境的优化设计。高温作业环境的优化设计主要从技术、保健和生产组织三方面进行。在技术措施上，主要有隔热、散热和排热等措施。在保健措施上，高温作业者会大量出汗，应及时补充适当的水分与盐分，以免引起脱水或水盐代谢紊乱。高温作业的职工，应穿戴好耐热、导热系数小、透气性好的工作服。人的热适应能力有较大差别，患有心血管器质性病变、高血压、溃疡、肺和肝肾病等的人不宜高温作业。因此，就业前应该进行职工适应性检查。

2）低温作业环境的优化设计。低温作业环境的优化设计可以从技术、防护和提高工作负荷三方面进行。在技术方面主要是做好采暖和保暖工作。在个体防护方面，作业者应该穿热阻值大、吸汗性好、透气性强的御寒服装。提高工作负荷，可以使作业者降低寒冷感。但应该注意及时补充高热值的饮料、食物以及安排工间休息。此外，工作环境涂着暖色，会给作业者带来温暖的心理感觉。

(4) 噪声与振动环境及优化设计

噪声是指由各种不同频率和不同声压级的声音杂乱组合而成的声音。在现代生产生活中，噪声对人体有着明显的影响，是严重危害人体身心健康的一大公害。

1）噪声对生理的影响。噪声能够对正常语言进行掩蔽，影响人的听觉和对危险信号的觉察；噪声还会引起脉搏加速、心律不齐、血压升高、供血减少以及毛细血管收缩、新陈代谢的破坏和血液成分的改变。长期处于强噪声环境中，会使胃的正常活动受到抑制，导致胃肠炎和胃溃疡发病率升高。90 分贝以上的噪声可以造成植物性神经系统功能紊乱、血压不稳、肠胃功能紊乱等。此外，噪声还影响人的视觉功能，造成视力下降，蓝绿色视野增大，红色视野减小。

2）噪声对心理的影响。噪声影响人的情绪，使人紧张、烦躁、生气、多疑和易怒，更加具有侵犯性。噪声会干扰、分散人的注意力，意外的强噪声会惊扰人的注意，使正在进行的活动和思路瞬间停止。高声压级噪声使大脑皮层兴奋和抑制失调，脑功能紊乱，对心理产生压制，改变血压，导致烦躁、幻觉等。

3）噪声与安全。噪声不但影响作业效率，同时也影响工作质量和安全。对于脑力劳动、需要高度技巧、精力高度集中的工作，噪声会影响人的注意力和思路，引起差错、降低作业效率；而对非常单调的工作，中等强度的噪声却像一只闹钟，反而会产生有益的效果。对于需要经过学习后才能从事的工作，噪声将会降低工作质量；对于不需要集中精力进行的工作，人会对中等噪声级的环境产生适应，但要保持原有的生产能力，需消耗较多的精力，从而会加速疲劳。强噪声环境能够遮蔽危险报警信号和交通运行信号，易诱发事故。

4）噪声作业环境的优化设计。消除与降低噪声首先应选择低噪声的设备，选用噪声小的材料，或通过改善生产工艺，改进机械产品设计，合理设计传动装置等方式，使噪声源产生的噪声强度减小。此外，还可以控制噪声传播，将噪声车间设置在远离行政办公场所与居民区处，并在车间周围建隔声墙、防护林、草坪，在建筑物内墙、天花板、地面等处装上吸声材料。控制噪声传播的途径主要有隔声、吸声、消声、隔振和阻尼。做好个人防护。护耳器是个体防护噪声的常用工具，种类有耳塞、防声棉、耳罩、帽盔等。

（5）振动对人体的影响

振动是指物体沿直线或弧线经过某一平衡位置的往复运动。在生产生活中，不仅接触振动的作业很多，而且振动对人体身心健康的危害也十分严重。

1）振动对生理的影响。振动影响人的视觉认知能力、信息处理能力、操作能力和运动协调能力。长期接触强烈的振动，人的循环系统、消化系统、神经系统、血液循环系统、呼吸系统、新陈代谢会受到不同程度的影响，出现晕眩、呕吐、恶心、平衡失调等现象。强烈振动能造成骨骼、肌肉、关节和韧带损伤，当振动频率和内脏的固有频率接近时，还会造成内脏损伤。

2）振动对心理的影响。对刚超过感觉阈值的振动，人们一般并不感觉到不舒适，多数人是可容忍的。当振动强度大到一定程度，人就感到不舒适，这时并没有生理上的影响。振动强度进一步增加，超过疲劳阈值时，人的精力、注意力、作业效率都会受到影响，一般振动停止后，这些影响可以消除。振动的强度继续增加，超过危险阈值时，不仅会对心理、生理产生影响，还会导致病理性的损伤和病变。

3）振动作业环境的优化设计。由于振动干扰视觉，影响手的动作，精力也难以集中，从而造成操作速度下降、作业效率降低，诱发事故。但是在很多情况下，振动是不能完全消除或避免的，对振动的防护主要是减少和避免振动对作业者的危害。采取的措施主要有：通过改进设备工艺、操作方法以及作业工具和加装减振器等措施，减轻振动的强度。制定科学合理的劳动制度，适当安排工间休息，实施人员轮流作业等措施，可以减轻振动对人体的伤害。合理使用劳动防护用品，主要是防护垫。实施作业前体检和定期体检，并做好振动病的早期防治。

3. 事故隐患排查治理

事故隐患是导致事故发生的重要因素，因此，及时排查治理事故隐患，对于保证安全生产有重要的意义。2007 年 12 月 22 日国家安全生产监督管理总局局长办公会议审议通过《安全生产事故隐患排查治理暂行规定》（国家安全生产监督管理总局令第 16 号）。该规定分总则、生产经营单位的职责、监督管理、罚则、附则 5 章 32 条，自 2008 年 2 月 1 日起施行。制定该规定的目的，是根据《安全生产法》等法律、行政法规，建立安全生产事故隐患排查治理长效机制，强化安全生产主体责任，加强事故隐患监督管理，防止和减少事故，保障人民群众生命财产安全。

（1）排查治理事故隐患的基本要求

安全生产事故隐患（以下简称事故隐患），是指生产经营单位违反安全生产法律、法规、规章、标准、规程和安全生产管理制度的规定，或者因其他因素在生产经营活动中存在可能导致事故发生的物的危险状态、人的不安全行为和管理上的缺陷。

事故隐患分为一般事故隐患和重大事故隐患。一般事故隐患，是指危害和整改难度较小，发现后能够立即整改排除的隐患。重大事故隐患，是指危害和整改难度较大，应当全部或者局部停产停业，并经过一定时间整改治理方能排除的隐患，或者因外部因素影响致使生产经营单位自身难以排除的隐患。

生产经营单位应当建立健全事故隐患排查治理制度。生产经营单位主要负责人对本单位事故隐患排查治理工作全面负责。

任何单位和个人发现事故隐患，均有权向安全监管监察部门和有关部门报告。安全监管监察部门接到事故隐患报告后，应当按照职责分工立即组织核实并予以查处；发现所报告事故隐患应当由其他有关部门处理的，应当立即移送有关部门并记录备查。

（2）生产经营单位的职责

《安全生产事故隐患排查治理暂行规定》在第二章生产经营单位的职责中，对生产经营单位的职责作了明确规定：

1）生产经营单位应当依照法律、法规、规章、标准和规程的要求从事生产经营活动。严禁非法从事生产经营活动。

2）生产经营单位是事故隐患排查、治理和防控的责任主体。生产经营单位应当建立健全事故隐患排查治理和建档监控等制度，逐级建立并落实从主要负责人到每个从业人员的隐患排查治理和监控责任制。

3）生产经营单位应当保证事故隐患排查治理所需的资金，建立资金使用专项制度。

4）生产经营单位应当定期组织安全生产管理人员、工程技术人员和其他相关人员排查本单位的事故隐患。对排查出的事故隐患，应当按照事故隐患的等级进行登记，建立事故隐患信息档案，并按照职责分工实施监控治理。

5）生产经营单位应当建立事故隐患报告和举报奖励制度，鼓励、发动职工发现和排除事故隐患，鼓励社会公众举报。对发现、排除和举报事故隐患的有功人员，应当给予物质奖励和表彰。

6）生产经营单位将生产经营项目、场所、设备发包、出租的，应当与承包、承租单位签订安全生产管理协议，并在协议中明确各方对事故隐患排查、治理和防控的管理职责。生产经营单位对承包、承租单位的事故隐患排查治理负有统一协调和监督管理的职责。

7）安全监管监察部门和有关部门的监督检查人员依法履行事故隐患监督检查职责时，生产经营单位应当积极配合，不得拒绝和阻挠。

8）生产经营单位应当每季、每年对本单位事故隐患排查治理情况进行统计分析，并分别于下一季度15日前和下一年1月31日前向安全监管监察部门和有关部门报送书面统计分析表。统计分析表应当由生产经营单位主要负责人签字。对于重大事故隐患，生产经营单位除依照前款规定报送外，应当及时向安全监管监察部门和有关部门报告。重大事故隐患报告内容应当包括：隐患的现状及其产生原因、隐患的危害程度和整改难易程度分析、隐患的治理方案。

9）对于一般事故隐患，由生产经营单位（车间、分厂、区队等）负责人或者有关人员立即组织整改。对于重大事故隐患，由生产经营单位主要负责人组织制定并实施事故隐患治理方案。重大事故隐患治理方案应当包括以下内容：①治理的目标和任务；②采取的方法和措施；③经费和物资的落实；④负责治理的机构和人员；⑤治理的时限和要求；⑥安全措施和应急预案。

10）生产经营单位在事故隐患治理过程中，应当采取相应的安全防范措施，防止事故发生。事故隐患排除前或者排除过程中无法保证安全的，应当从危险区域内撤出作业人员，并疏散可能危及的其他人员，设置警戒标志，暂时停产停业或者停止使用；对暂时难以停产或者停止使用的相关生产储存装置、设施、设备，应当加强维护和保养，防止事故发生。

11）生产经营单位应当加强对自然灾害的预防。对于因自然灾害可能导致事故灾难的隐患，应当按照有关法律、法规、标准和本规定的要求排查治理，采取可靠的预防措施，制定应急预案。在接到有关自然灾害预报时，应当及时向下属单位发出预警通知；发生自然灾害可能危及生产经营单位和人员安全的情况时，应当采取撤离人员、停止作业、加强监测等安全措施，并及时向当地人民政府及其有关部门报告。

(3) 对生产经营单位的处罚

《安全生产事故隐患排查治理暂行规定》在第四章罚则中，对生产经营单位未履行事故隐患排查治理职责予以处罚，对此作了明确规定：

1）生产经营单位及其主要负责人未履行事故隐患排查治理职责，导致发生生产安全事故的，依法给予行政处罚。

2）生产经营单位违反本规定，有下列行为之一的，由安全监管监察部门给予警告，并处3万元以下的罚款：①未建立安全生产事故隐患排查治理等各项制度的；②未按规定上报事故隐患排查治理统计分析表的；③未制定事故隐患治理方案的；④重大事故隐患不报或者未及时报告的；⑤未对事故隐患进行排查治理擅自生产经营的；⑥整改不合格或者未经安全监管监察部门审查同意擅自恢复生产经营的。

3）生产经营单位事故隐患排查治理过程中违反有关安全生产法律、法规、规章、标准和规程规定的，依法给予行政处罚。

61. 两次被工友留下的“地雷”伤害

工作一完成，立马走人，却在现场留下了事故隐患，俗称为埋“地雷”。地雷本是用来杀伤敌人的，而工作现场的“地雷”，一不小心就会伤及自己和工友，白某就有过两次被工友留下的“地雷”伤害的经历。

一次是分厂领导安排同事小王去清理水泵房阀门坑的淤泥，小王将阀门坑盖板搬开后就干了起来，因为工作量较大，他整整清理了一上午，按理说他应该清理完毕后及时恢复盖板，可他一看手表，已经到吃饭时间了，他想吃完饭再盖也不迟。可这一吃饭不要紧，就把恢复盖板的事儿忘得一干二净。

饭后到了巡视设备、抄表的时间了，白某手拿记录本走进了水泵房，当他按照熟悉的路线检查设备时，顿感脚下一空，一条腿已经跌到了阀门坑里。所幸的是，他的手及时扶住了地面，人才没有摔下去，但腿却重重地磕在了阀门上，鲜血顿时流了出来。当时疼得他龇牙咧嘴，半天缓不过劲儿来，直到现在，他的腿上还留着一道深深的伤疤。

还有一次是单位进行大检修，水泵房有一台控制箱需要更换，因为工作多，时间紧，检修人员更换好控制箱后就去干别的工作了，把包装控制箱拆卸后的木板随手扔在了现场。也是到了巡视设备的时间，白某需要巡视控制箱的运行情况，当他走近时，一脚踩下去，正好踩在了一块木板上的长钉子上，长钉穿鞋而过，直扎脚内，疼得他立刻跌坐在地上，眼泪都流了出来。之后，他一瘸一拐了好长时间，给工作和生活带来了很大不便。

事故教训与点评

虽然造成伤害的两起事故责任人事后都受到了批评，但这两起事故的教训却是深刻的：那就是工作完成之后一定不要忘记清除“地雷”，要检查工作现场有无安全隐患，有无影响下道工序安全生产的事故苗子，而不要工作一结束，撒腿就跑，把清理现场这一环节疏忽掉。如果有，一定要处理好再离开，不能拖延，绝对不能给自己和工友埋“地雷”。

工作环境如何，不仅关系到人的心理感受，还关系到安全。良好的工作环境对人具有不可忽视的吸引力。优雅的厂区环境、现代化的设备、干净整洁的作业场所，能够潜移默化地作用于职工，影响职工的心理状态，是提高劳动生产率和转变安全态度的无形力量。实验结果表明，优美的工作环境对提高生产效率是十分有效的。如工厂门窗安置适当、漂亮可提高劳动效率 4%以上，照明符合标准可提高生产效率 10%左右，车间内外环境整齐清洁可提高生产效率 6%以上。环境对人的影响是大的，它总是以某种方式唤起人们的情绪反应，这种情绪反应会直接影响到员工对企业的态度：是亲近、认同、热爱，还是回避、排斥甚至厌恶。情绪愉快时，人的潜能和创造力会发挥得更好。如果所处的工作环境污秽混乱、脏乱不堪，不仅使人有厌恶、恶心的感觉，长期刺激后，还容易使人情绪烦躁不安，容易激动，以至举止粗暴。所以，在安全生产工作中，要重视工作环境的作用，努力创造一个安全的良好的环境。

62. 图凉快卷起袖子作业招来的烫伤事故

唐某的右手小臂上有一块褐色的疤痕，每次看到它，她都会感到后悔莫及。那是几年前的一个夏天，天气特别炎热，可尽管如此，班长还是要求他们穿戴好劳保服装。

唐某那时才上班没多久，老老实实地戴着安全帽和师傅一起巡检挂牌。才走了一会，就感觉安全帽又闷又重，衣服的后背也湿了一大片。可看到师傅依然不动声色地工作着，唐某也没敢发牢骚。

下午，唐某和师傅两个人去开启热力泵。天气实在是太热了，唐某高高地卷起了袖子，拿着扳手走在师傅前面，师傅提醒她不能卷起衣袖，那样不安全。干了一天的活，又累又热，唐某心里早憋了一肚子的气，心想这也太难为人了，这么热的天，劳保鞋、安全帽、手套，哪一样都不少？一个衣袖也要管，能出什么安全事故？唐某不理师傅，快步低头向前走。启泵唐某已经会了，可今天这台泵的出口阀被一个还没有拆的脚手架拦着，扳手卡在阀门的手轮里，任她怎么调换方向，也使不上力气。唐某咬着牙，胳膊暗暗运了点气，使劲一扳，阀门是活动了，可是由于巨大的惯性，唐某脚下没有站稳，身子向前倾斜过去，露出来的一大截胳膊一下子贴在了连接泵体的管线上。管线的温度有 100 多度，当时烫得唐某一声大叫，扔了扳手抱着胳膊就蹲在地上。师傅也吓坏了，马上把她带到自来水底下冲洗。烫伤的部分红肿后起了水泡，留下的疤痕也一直没有褪去。

事后，唐某冷静下来，认真分析这件发生在她身上的事故。如果不和师傅赌气，如果能真正理解安全的重要性，如果能懂得安全就体现在细节中，那么也不会留下这道伤疤。

事故教训与点评

这起烫伤事故的发生，一方面是天气炎热，穿戴劳保服装难以忍受；另一方面则是麻痹大意，轻视了卷起袖子可能带来的事故隐患。

工作环境和天气情况的变化，不仅会影响人们的生理功能，而且还会影响人的情绪，使心理状态发生改变。通常温度对人的情绪影响很大，在一般情况下，20～22℃的气温使人心情舒畅；人在 18～20℃时工作和学习效率最高。当环境温度超过 30℃时，人们容易心情烦躁，并产生过激行为；当温度降到 10℃以下时，人会感到沉闷，情绪低落。低于 4℃时可严重影响思维效率、反应速度与准确性，使工作质量下降，发生事故。此外，气压也会影响人的情绪。低气压可使人烦躁不安，尤其是使神经官能症病人出现情绪波动、失眠等症状；对抑郁症的病人可使病情加重。低气压又是心脑血管疾病的诱发因素，容易发生中风、心绞痛、心肌梗死等严重情况。潮湿和阴雨天气则容易使人情绪低落、抑郁；

浓雾弥漫的阴天影响人的思维和敏捷度。在掌握了气候对情绪、心理以及生理影响的特点后，可以采取积极的预防措施，以减少对职工心理和行为的影响。作为班组来讲，可以有针对性地选择一些事故案例，就类似于这样因为天气炎热引发的事故，对职工进行安全教育，预防在先，从而有效避免事故的发生。

63. 不按规程作业引起的烧伤事故

詹某现在是山东省邹城市一家煤矿的职工。1996 年，在担任兖矿集团某实业公司阻燃输送带厂阻燃剂车间生产班长期间，因为没有开放空阀而发生了一次严重的烧伤事故。

1996 年 10 月 9 日，詹某安排完生产任务后，就去处理管路漏水问题了。操作工开始往反应釜内加入环氧乙烷。大约加了 30 分钟后，主操工慌忙向詹某报告说，30 分钟反应釜内只加入了环氧乙烷约 10 千克。詹某说那不可能，正常情况下应至少加 50 千克才对。詹某急忙跑到一楼对称环氧乙烷的秤进行确认，又快速到二楼汽化室查看环氧乙烷汽化情况。从汽化室上的视镜上观察到，汽化室里的环氧乙烷积聚不少，不像约 10 千克的样子。詹某正想采取处理措施时，意想不到的事故发生了：大量的环氧乙烷从汽化室下面的阀垫处泄漏出来，满车间烟雾弥漫，什么也看不清楚。而此时詹某已从梯子上滑倒在地上，泄漏的液料沾满了詹某的臀部及双腿，烧得他疼痛难忍。詹某强忍着疼痛爬出汽化室，在二楼的操作平台上向外大声呼救。工友们听到他的喊声后，把他和另外 2 名受伤女工从车间内救出，抬到车间急救水池旁，使劲往身上泼水稀释，然后，快速把他们送到集团公司医院进行抢救治疗。

经诊断，詹某受伤最重，臀部及双下肢烧伤面积达 22％。经过 90 多天的治疗，詹某的伤才基本痊愈。厂里为了治伤，累计花掉医疗费 30 多万元。事后，厂里考虑他们的身体状况，把他们分别调出了阻燃剂车间，詹某被安排到化验室工作。

事故教训与点评

这起事故的发生，在于操作工的误操作：没有按规程规定及时打开反应釜上的放空阀，导致釜内压力过高，把液料压回汽化室，造成汽化室压力过高，液料就从汽化室下面的阀垫中泄漏出来。

系统安全工程的研究表明，影响安全的因素主要是物的因素、人的因素和环境因素。大量的安全事故证明，导致伤害事故的主要原因中人的原因占了 70％以上。人的一切行为都是有目的、有计划的，人通过学习、实践获得知识。人的行为是由意识所支配，如当人们意识到口渴，看到水就会去喝。在生产过程中，人们受完成任务意识的支配，就要通过具体的生产动作加以实施。人的行为还取决于个人的知识水平和心理、生理状态及不同的需要。如人由于疾病或饮酒过量等原因可导致心理意识不正常，就会失去对行为的调节控制能力，因此出现了不安全行为。在生产劳动过程中，人的行为对安全又起着决定性的作用。一项安全技术措施的应用能否被直接受益人所接受，主要取决于受益人的安全意识和心理、生理等因素。就这起事故而言，造成事故的主要原因是误操作，误操作的原因又是遗忘，即忘记了打开反应釜上的放空阀。为什么会发生这样的情况？而且作为班长为什么也没有及时发现呢？很可能是在处理紧急情况过程中，视觉、听觉和感觉、认识方面出现判断错误。特别是在满车间烟雾弥漫，什么也看不清楚的情况下，更容易发生错误判断。故此，有针对性地进行一些训练，对于纠正错误，预防类似事故的再次发生会很有帮助。

64.擅动配电框开关引起的“电老虎”毁容事故

刘某在某焦化生产企业做一名化验工，在经历了一起被“电老虎”差点毁容的事故后，她对违章操作有了更为深刻的认识。

那件事发生在2000年。因为客户反映产品质量波动很大，公司领导对此非常重视，为了尽快找出原因，化验工的工作量增加了1倍，由每班取样、化验4个增加为8个，而早来晚走加班取样、化验也成了常事。

一天傍晚，刘某刚取样回来开始化验，化验室内的照明灯突然熄灭了。为赶紧化验完下班回家，刘某没找电工查找停电原因，而是摸黑来到了配电柜旁，想看看是不是配电柜里电源开关跳闸了。可当打开配电柜时她傻眼了，里面那么多开关，哪个才是电源开关呢？作为化验工，缺乏用电常识的她自作聪明地认为：电源开关应该接电缆线，只要找到电缆线就可以确定电源开关了。于是借着微弱的月光，刘某开始找电缆线，找到后戴着手套的手不自觉地在离开关20厘米的地方抖动了一下电缆线，只听随后“砰、砰……”接连响了数声，刘某立刻被刺眼的亮光包围了起来，眼里看到的全是火花、白光。出于本能反应，刘某一边大声喊叫一边捂住脸往后猛撤，但仍感到脸上火辣辣的疼痛。本想睁开眼睛看看发生了什么，但满眼的亮光让她什么也看不见。在刘某出事几分钟后，同事们陆续跑了出来。当时只有 21 岁的刘某害怕极了，因为对于一个年轻的姑娘来说，如果脸被毁容了，那么一生就完了。当同事们告知她只是脸上多了些铁锈，露在安全帽外的头发烧焦了一些时，刘某发自内心地说：“谢天谢地，幸亏我戴了安全帽，并且用手套及时把脸捂住，否则，我非要换张脸了。”

事故教训与点评

这是一起险肇事故，事故的发生来自两个因素：一个是为赶紧做完化验下班回家；另一个是自作聪明，擅自动是配电柜里的电源开关。

对于一位年轻的女职工来讲，在缺乏用电常识的情况下，敢于打开配电柜，查找电缆线，应该说胆量够大的。多数女职工以及男职工，都会等待电工来处置，不会自己动手操作，因为太危险了。由此，涉及人的不同气质。气质就是人们常说的性情、脾气，它是一个人生来就具有的心理活动的动力特征。气质对个体来说具有较大的稳定性。一个人若具有某种气质类型，在一般情况下，总会经常表现在他的情感、情绪和行为当中。虽然气质在后天的环境、教育影响下，也会有所改变，但与其他个性心理特征相比较，气质的变化更为缓慢与困难。气质是人的心理活动与行为的动力特征，而不是活动的动机、目的和内涵。虽然一个人在不同的活动中有不同的动机和内涵，但在各种不同的活动中都会表现出同一气质特点。气质类型的概念最早由公元前5—4世纪的古希腊医生希波克拉底提出，他认为人体内有四种体液，血液、黏液、黄胆汁和黑胆汁，这四种体液在体内的不同比例就决定了人的气质类型，分别为多血质类型（以血液占优势）、黏液质类型（以黏液占优势）、胆汁质类型（以黄胆汁占优势）、抑郁质类型（以黑胆汁占优势）。希波克拉底提出的这四种气质类型虽然没有经过严格的科学试验和证明，但对四种类型的心理特征和行为描述却比较切合实际，所以至今仍在使用，一般被称为传统的气质类型。在实际生活中，大多数人是这四种类型某些特征的混合。此外，对于青年职工来讲，人的气质也并不是不可改变的，特别在经历了一些事故或者险情之后，人的气质也会发生变化，对安全的认识也会发生变化。

65. 灼热铁水包突然倾斜导致的烧人事故

2005年3月19日，对鞠某来说是个黑色的日子。就在这一天，他中学时期的3年同桌，也是他最好的朋友小波永远地离开了这个世界。悲痛之余，出于职业敏感，鞠某对发生在小波身上的这起事故做了深入了解。小波是鞠某所在单位炼钢厂的一名混铁炉操作工，整日跟高温打交道。事发当日小波上零点班。凌晨3点左右，拉铁水的机车进入了混铁炉厂房。行车将第一包铁水顺利地兑入混铁炉中，当行车吊起第二包铁水时，铁水包内的铁水较满，已接近铁水包的上沿。行车操作工将铁水包吊到了混铁炉平台上方等待挂钩。作为混铁炉工，小波从操作室出来，由包前走到包后将行车小钩钩头扶进铁包底部吊环，然后又沿原路从包后绕到包前，准备走到安全位置指挥行车起吊。刚走出去三四米远，悲剧发生了。行车操作工在无人指挥的情况下突然点动提升了一下小钩，造成包身倾斜，几百千克的铁水立刻洒在平台上，并溅落到了小波身上，小波成了一个火人。他本能地向前方狂跑然后就地翻滚灭火。工友们见状也马上跑过去将他身上的火迅速扑灭，但他的衣服已被烧得所剩无几了。他被迅速抬上救护车送往医院抢救，但终因抢救无效死亡。

事故教训与点评

行车操作工在无人指挥情况下擅自动车的违章操作行为是导致事故发生的直接原因；铁水包内铁水盛装过满，也是造成事故的一个重要原因。此外，事故发生时，没有设置专门用于给铁水包挂钩的安全通道也是一个很重要的原因。这是一个安全隐患，但是在事故发生之前，人们并没有认识到这个隐患的危害，直至事故发生之后，才意识到设置专门用于给铁水包挂钩的安全通道的重要性。对于安全隐患，需要及时排查消除，不能等到一条鲜活生命的离去，才如梦初醒。如果在安全投入上不那么优柔寡断，就可以减少几个家庭几代人的痛苦。

在预防事故方面，有五大原理之说，即可能预防的原理、偶然损失的原理、继发原因的原理、选择对策的原理、危险因素防护原理。可能预防的原理揭示，事故一般是人灾。与天灾不同，人灾是可以预防的；要想防止事故发生，就应该防患于未然。因此对事故不能只考虑发生后的对策，更应把重点放在事故发生之前的预防对策上。安全要强调以预防为主的方针，正是基于事故是可能预防的这一原则的。在危险因素防护原理中，要求一是消灭潜在危险，即采用新技术、新工艺消除生产环境中的危险和有害因素，从而保证生产系统最大可能的安全性和可靠性，最大限度地防护危险因素。二是降低危险因素水平（值），即当不能根除危险因素时，应采取降低危险和有害因素数量的方式保证安全，如加强个体防护，降低粉尘、毒物的个人吸入量。三是距离防护，即生产中的危险和有害因素的作用，依照与距离有关的某种规律而减弱，如防火间距、防止爆破冲击波等均应用增大安全距离的方式减弱其危害。此外，还可以采用自动化、遥控等手段，使作业人员远离危险区域。四是时间防护，即使人处在危险和有害因素作用环境中的时间缩短到安全限度之内。五是屏蔽原则，即在危险和有害因素作用的范围内设置屏障，防护危险和有害因素对人的侵袭。六是坚固原则，即提高结构强度，增大安全系数。七是薄弱环节原则，即利用薄弱原件，使它在危险因素尚未达到危险值之前已预先破坏，例如保险丝、安全阀、爆破片等。八是不与接近原则，即人不落入危险和有害因素作用的地带，或者在人操作的地带中消除危险物的落入，例如设置安全栏杆、安全网等。九是闭锁原则，即以某种方式保证一些元件强制发生相关作用，以保证安全操作。例如防爆电气设备，当防爆性能破坏时则自行切断电源。十是取代操作人员的原则，即在特殊或严重危险条件下，用机器人去代替人操作。

在炼钢厂，给上千度的铁水包摘钩、挂钩，毫无疑问存在着很大的危险性。对所存在的危险性，就需要根据危险因素防护原理，最大限度地设想防护措施，只有尽可能地做好预防工作，才能保证安全。

66. 工作台不稳造成的伤脚事故

2009 年 7 月 22 日一早，铜川某机修厂安技科曲某就接到了四车间发生一起事故的报告。该车间维修班组的电工张某，在给电动机风扇罩配螺栓时，不慎将脚指头砸伤。

曲某到达事故现场后，首先了解了当时的情况。同班工友及其师傅讲述了张某受伤的经过。“当时张某一人在工作台旁干活，别人在听到他的喊叫后，发现他已受伤。”电工师傅王某说：“事故发生前，我带领徒弟张某维修电动机，在装配电动机上的风扇罩时，发现少了 2 个固定螺栓。于是我找来 2 个螺栓准备配上，经过试配，发现螺栓有些长，就吩咐张某去将螺栓锯短一点配上。不一会就听说张某受伤了。”

随后，曲某和厂事故调查组成员一起对发生事故的工作现场进行了查看。张某所用的工作台是供机械、电器维修人员使用的长方形木质台案，从外观上看工作台的使用年限已久，用力摇晃工作台，工作台轻微有些晃动。在工作台台面上沿周边分布有 6 个固定的台钳，台面上还散乱地放有一些工件、料头、杂物。张某所用的台钳下方地面上有一钢靠尺。

在医院，张某说：“按照师傅的要求，我带上螺栓和钢锯到工作台旁，将螺栓夹到台钳上用钢锯锯螺栓。锯断第一个螺栓后，我拿上锯断的螺栓到电动机上试配了一下，长短合适。在锯第二个螺栓时，随着锯切作业的进行，由于工作台产生晃动，将我所用台钳旁边放着的一个钢靠尺（钢靠尺是气割工在进行钢板直线切割作业时，经常使用的一种辅助工具）摇落，掉落的钢靠尺将我右脚中指砸骨折。”进一步询问钢靠尺摆放的位置，张某称：“就在使用的那个台钳旁，而在长度方向上，钢靠尺一半在工作台台面上，一半悬空。”

事故教训与点评

从安全管理角度分析这起事故发生的原因：一是工作台不稳缺乏维修，二是张某安全意识不强，三是管理上存在不足。

这起人员工伤事故表面上是因为安全管理工作没有做好，但仔细想来与员工素质有一定关系，如果将员工培训、生产工艺优化、“5S”管理、企业文化建设等活动与安全联系起来，认真落实了，对安全生产无疑是一个巨大帮助和支持，很大程度上会消除许多安全隐患，从而避免不该发生的人员伤害事故。

该厂的“5S”管理制度明确提出，个人素养问题是活动成功与否的关键。提高个人素养不是通过哪一个活动、哪一项管理工作，一下能提高的。应当与企业的各项管理活动联系起来，长期坚持下去。最好是能将“5S”管理与员工培训、安全教育、企业文化等结合起来，共同提高员工的个人素质。从这起事故中，该厂将吸取教训，在今后的安全管理中，将对木质工作台进行维修，并对员工进行安全教育，提高员工的安全意识。还要加强车间、班组级的安全管理，落实安全责任。

67. 拌砂机旋转齿轮夹住右臂造成的伤害事故

黄某是一个朴实的老工人，在厂里铸造车间工作了几十年，未发生过任何事故，眼看快到退休年龄了，灾难偏偏降临到他这位老工人身上。8 月 16 日早上刚上班，车间主任安排他和刘师傅两人操作拌砂机，9 时左右，刘师傅有事离开，由黄某单独操作。9 时 30 分左右，他发现拌砂机不能正常将砂送上传送带，便站在拌砂机有旋转齿轮的右侧，用铁锹将机内型砂铲到出口处，在铲砂的过程中，拌砂机离地面约 80 厘米，直径约 15 厘米相啮合的齿轮将黄某的衣袖夹住，他惊慌失措，拼命地想把衣袖拉出，但是因自身力量太小未能成功，慌忙中他连声喊“停机！停机！”但车间噪声过大，离他仅 6 米远的几名造型工人竟然没有听见，可怜的黄某眼睁睁地看着自己的右肘被齿轮挤压得粉碎，无情的传送带仍继续运行，他昏了过去……

事故发生后黄某被送往医院抢救治疗。医院诊断为右臂粉碎性骨折，无法再植。天气太热，为了预防感染，医生建议做截肢手术。

当时黄某所在的工厂是一家规模不大的小五金厂，安全生产管理很不到位，300 多人的工厂竟没有一名专职安全管理人员。当时安全生产法规已有规定：齿轮、传送带等危险部位都要安设防护装置，保证操作人员的人身安全。在机械传动装置中的各零件所造成的伤害中，由于齿轮所造成的伤害占很大比例。

据悉，该厂自制的拌砂机自运行以来，在10多年的时间，对运转的齿轮一直没有安装防护罩，在运行过程中也曾多次将操作人员的衣服夹住，但因其转速较慢，且操作人员采取的措施得当，没出现伤人事故，因此未引起企业领导的重视。直到此事故发生后领导才派人安装了防护罩，但对于右臂仅存10厘米的黄某来说，一条手臂换来一个安全防护罩，付出的代价太大了。

事故教训与点评

这起事故的发生，与这样三个因素有着直接的关系：一是车间主任安排两个人操作拌砂机，但是有一人有事离开，变为一人单独操作，出现险情的时候无人帮忙。二是在拌砂机旋转齿轮的侧面，即人员作业的一侧，没有安装防护罩，导致齿轮将衣袖夹住。三是车间噪声过大，离他仅6米远的几名造型工人竟然无人听见，因而失去了最后的挽救机会。

就这起事故而言，在安装了防护罩之后，还应该对车间的噪声进行治理。生产噪声对作业人员的心理影响很大，也容易引发事故。生产噪声对作业人员的心理影响主要有这样几个方面：一是对语言信息传递的影响。在噪声环境中，人的语言交流发生困难。如果噪声压住了工作场所的语言信号，使信息不能清晰准确地传递，就可能造成严重的错误。为避免错误，应根据实际情况采取一定的保障措施。此外，由于语言交流困难，还可引起人烦躁、着急、生气，使人情绪变坏。二是对注意和记忆的影响。噪声的干扰会使人分散精力。尤其是带有一定信息的噪声，更会对大脑活动产生消极影响，使人注意力易分散，注意集中短暂。噪声对人的记忆也有影响，在噪声环境中，思路被破坏，记忆的东西不仅数量减少，而且还会出现大量的错误，更严重的是干扰人的注意，甚至可以使正在进行的工作活动瞬间完全停止。三是对情绪的影响。噪声可以引起人的情绪变化。噪声对情绪的影响取决于噪声的性质和人的一般状态。强而频率高的噪声、强度和频率不断变化的噪声，一般来说更易使人紧张、烦乱、生气。在工作场所，尽可能地降低噪声对职工的影响，对保证生产作业安全有积极的作用。

68. 工作面矿灯晃射致人员摔伤事故

胥某是某煤矿的一名瓦斯检测工，曾经历过一次因为晃灯造成的事故。2006 年 11 月 25 日凌晨 3 点钟左右，胥某突然接到通风调度室打来的电话，说是井下某掘进工作面的瓦斯探头突然断线，碛头的电源开关因此无法合上。为了不耽误当班的掘进生产，调度室要他在最短时间内把故障处理好。

40 分钟后，胥某风风火火地赶到了该掘进工作面，立即对回风探头进行了调试和检查，发现并没有故障。于是胥某怀疑是碛头处的监测线路在放炮时被矸石打断，随即又往碛头赶，只见前方数米处有几盏灯，几个坐在耙矸机旁焦急等待的工友见有人来，便不约而同地拿起矿灯朝胥某脸上晃射过来。几道灯光束强烈而又耀眼，刺得胥某几乎睁不开眼睛，便急忙用手去挡，就在这一刹那，他的前脚踢在钢轨上。失去重心的身体一下就往前摔了下去，整个人被狠狠地摔出了两三米远，两胳膊肘被碎石磨得血肉模糊，头部差点就撞在耙矸机的支撑腿上，安全帽也被甩到耙矸机的下部。见胥某摔倒，工友们赶紧将他扶了起来。

胥某奉劝工友们在井下作业或行走时，千万不要用矿灯晃射别人的脸，这样既不礼貌也不安全。干煤矿这一行就得处处小心谨慎，事事严肃认真，否则，突如其来的意外事故也会让人措手不及。

事故教训与点评

在生产作业中，因为用矿灯晃射别人的脸引发事故的情况比较少见，因此这起事故的发生具有一定的偶然性，是在特殊情况下发生的特殊性质的事情。照明对眼睛影响最大。光照适宜，能提高近视力和远视力；光照条件差，会导致视觉效率下降，引起视疲劳，甚至会造成眼的各种折光缺陷或提早老花。光照太强，会造成视野内亮度过高或对比度过大，刺眼而不舒服。这种刺眼或耀眼的强光叫眩光，眩光会使视觉模糊，也会减弱物体与背景间的对比，导致视疲劳。光照很强，会对眼睛造成伤害，例如，直视激光，会造成黄斑烧伤。照明还会影响人的中枢系统和肌体活动。光照适宜，视觉活动过程开始兴奋，高级神经系统的活动和整个肌体的活动也因兴奋而得到加强；光照不足，视觉活动过程开始减慢，整个神经中枢系统和肌体活动也将受到抑制。长期在低质量光环境下工作，不仅会引起眼睛局部疲劳，还会引起全身性疲劳。

69. 双手被夹入旋转铁辊中造成的伤害事故

老李是一位在平板机上工作的工人，在工作中发生的事故使他双手残疾。那日 17 时 30 分，老李来上班，和班长、白班工人进行了短暂的岗位交接后，就开始在平板机上工作。起初厂房内还有同事们走动，到了 19 时，下班的人都匆匆离去，厂房变得安静下来，只剩下老李一个人工作了。

老李上班的时间为 17 时 30 分至凌晨 1 时 30 分，从人体生理学角度讲，这和人体生物钟相违背，或多或少会影响人们的思想和行动。

上板、平板、剪板、调整、检验、记录，众多程序操作在设备的震响陪伴中重复进行。在工作了 3 个多小时后，到了晚上 21 时，老李检查产品质量时发现钢板走斜，于是，他走向了平板机入口的调整位置。当时天降雨水落在了钢板上，再加上钢板表面有防锈油，当他用手推动走斜的钢板时手指打滑，带动钢板走动的铁辊就在手的前面，瞬间，他的双手滑入了对滚的铁辊之中，无法脱手。出于本能，他边用力控制住手不被卷入得过深，边向外拽，同时大声呼救。可惜这栋厂房里就他一人，也没有人路过。大约喊了 10 分钟，老李知道不可能有人来救他了，便开始自救。痛苦中他用嘴将调整铁辊间隙的手轮咬松了，使铁辊之间的间隙放大，压扁的双手终于从铁辊之中拽了出来。疼痛在加剧，他忍着，跑离了平板机，跑出了这栋厂房，向有 3 个同事工作的方向跑去……

老李年近 50 岁，身体强壮，技术全面，干起工作来风风火火，雷厉风行，号称“万事通”，他的工作作风是能快则快。他 17 时 30 分上班，生产任务为平板 2 000 张，别人需要 8 小时完成，他只用 6 小时完成。他对时间抓得紧，不给自己休息和情绪调整的时间，机器开起来就不停机。需要方便时也是找人看一会儿，还是不停机，急躁情绪严重。管理人员提醒他，但这些话他并没有听进去。

这起事故的发生，除了因为老李的操作失误之外，还有一个重要因素，就是生产作业环境差，存在安全隐患。在发生事故的厂房里，设备上捆绑零件的铁丝、电器线、气路线杂乱布置，废品、半成品、边角料一堆堆阻挡着走路的通道，设施上积满了油灰和锈迹，地面上油迹斑斑。平板机上旋转的铁辊子前面的调整滚轮也不见了，那缺失的一对滚子，就是阻挡他的手滑入铁辊之中唯一的、最后的安全屏障。如果有了它，这起事故就不会发生了。但是以前调整滚轮的缺失并没有引起人们的重视，也没有被及时补充，并最终导致了事故的发生。

事故教训与点评

这起事故的发生，是由于几个环节的巧合因素叠加在一起：第一个巧合因素是老李一人夜班独自作业，如果是两位职工共同作业，相互帮助，就可能避免事故发生。第二个巧合因素是平板机上旋转的铁辊子前面的调整滚轮缺失，缺失后没有及时检修补充，阻挡手滑入铁辊之中的安全屏障消失。第三个巧合因素是企业在安全管理上存在问题。

事故之后，有人说，作为一线工人，就要听取和采纳管理人员有价值的安全建议和批评，有效改进工作质量，做自己的主，在工作中严格遵守安全操作规程，营造“人人创造安全，人人享受安全”的工作环境，减少事故的发生。这话说得并不完全正确。安全管理人员的主要职责，首要的是要保证作业环境（包括设施设备）的良好和安全，其次才是对人员违章行为的纠正。其中的道理就是，作业环境（包括设施设备）所存在的事故隐患是相对静态的、长期存在的，而人的违章行为是相对动态的、短期存在的，只要不及时消除作业环境（包括设施设备）所存在的事故隐患，那么这个隐患或早或晚总会引发事故。在这起事故中，引发事故的一个因素，就是平板机上旋转铁辊子前面调整滚轮的缺失。对此，车间领导、车间安全管理人员、班组长都没有发现或者发现之后没有作为，才留下隐患，直至引发了事故。

70. 嘈杂环境中操作机器招来的断手事故

17 岁的付某生长在一个贫困的家庭，父亲有病，母亲在家里一边种地一边照顾病人，日子过得很困难。因此，付某从职业学校毕业后，最想做的事情是找一份工作，挣钱来减轻父母的负担。毕业后他来到深圳市某塑料厂做轧工，进厂时只填了一个简历，连劳动合同都没有签就上岗了。上班的第 24 天，付某被调到打料部开粉碎机。付某从没干过这种活儿，也没有经过任何培训，就在他调换工作的第一天，悲剧发生了。由于打料车间的噪声极大，付某从早上干到中午 11 时，就觉得整个人昏昏沉沉的。按规定，打完料后，应该停机进行清机作业，可是付某急于下班吃饭，没等机器完全停下来，就打开了防护罩清理碎料。他的左手一伸进去，机器就先“吃”掉了他的手指，紧接着打断了他的手腕。闻讯赶来的工友们赶紧将他送进了医院，经过一番紧急抢救，他的左手还是没有保住。参加工作仅仅 24 天，付某的人生就发生了巨大的改变，永远失去了左手。

事故教训与点评

这起事故是由付某的违章操作所致，但是嘈杂的环境也是导致事故的发生重要因素。车间里的震动和噪声、作业信号及其他工种的作业干扰等，对作业人员的安全操作都有明显的影响，都具有引发事故的危险。在这种危险的环境中，作业人员在操作时极易做出不安全行为，如操作准备不充分、操作方法不当、作业位置不安全、操作姿势不正确、动作不协调、工具和防护用品使用不当等。此外，很多企业对员工采用包吃包住的雇佣形式，员工伙食差、营养不良，工人基本工资低，只能靠加班增加收入，而且加班费都很低。工人夜以继日工作，疲惫不堪，所以接连不断发生工伤事故也就不奇怪。只是可怜付某，才刚刚 17 岁，就永远地失去了他的左手，在以后艰难的岁月中，他还要饱尝人世间的苦难。

噪声通常是指一切对人们生活和工作有妨碍的声音，或者说凡是使人烦恼的、讨厌的、不愉快的、不需要的声音都叫噪声。噪声可以分为工业噪声、交通噪声、社会噪声等。噪声对人体有很大的影响，主要体现在这样几个方面：一是对听觉的影响。在噪声环境中，人的听觉敏感性降低，如果声音较强，人长时期停留于这种环境中会引起听觉疲劳。如果声强及作用于人耳的时间进一步增加，则可以引起噪声性耳聋。在强声压的冲击下（如爆炸、炮击），可导致双耳完全失聪。二是对视觉的影响。在噪声环境中，听觉器官受损会使视力下降，蓝绿色视野增加，红色视野减小。三是对神经系统的影响。噪声的长期作用会使大脑皮层兴奋与抑制失调，导致条件反射异常，表现为植物神经系统功能紊乱，引起头痛、头晕、失眠、多汗、乏力、恶心、心悸、注意力分散、记忆力减退、神经过敏、惊慌、反应迟缓。四是对内分泌及消化系统的影响。噪声会引起新陈代谢的破坏和血液成分的改变。长期处在噪声环境中，会使胃的正常活动受到抑制，导致溃疡病和胃肠炎发病率增高。五是对心血管系统的影响。噪声会引起心动过速、心律不齐、血压升高及毛细血管收缩、供血减少。对作业人员来讲，噪声可以干扰人的思维和操作，还可以诱发或者促使作业人员的违章行为。根据研究，在严重噪声环境中工作的职工比在安静环境中工作的人更具有侵犯性，多疑易怒，从而更易产生不安全行为。因此，如果生产作业环境存在着较大的噪声，必须进行治理，这也是保证安全的一项重要措施。

71.在无照明条件下整理电缆线导致的灼伤事故

2005年4月22日，青海省某公司采卤三车间在生产过程中，几名电工在进入管道作业时，因管道之内无照明装置，光线较暗，一名电工整理电缆线时，突然发生线路短路，造成人员被电弧光灼伤事故。

（1）事故经过

2005年4月22日9时，青海省某公司采卤三车间在生产过程中，电工工段长葛某，电工胡某、李某和许某等人按照公司安排，铺设和理顺本车间电缆线。进入现场后，工段长葛某进行了工作分工，几人开始工作，因为现场多处施工用电，就没有关闭该线路开关柜开关。埋在道路中间的直径为630毫米的电缆线套管之内的20多根电缆线，在这次作业中需要及时做理顺处理，于是许某进入管道开始工作，其他人员在外配合工作。管道内无照明装置，光线较暗，给工作增加了一定困难。在管道里面工作的许某，用手一根根地整理凌乱的电缆线，当其整理到管道中间时，突然间发生线路短路，只见一团电弧火光伴随着爆鸣声瞬间发生，在外监护的人员看见后立即停电，进行救援，并及时将许某送往医院治疗。这起弧光短路事故，造成许某的右手臂外侧和右面后背大面积灼伤。

（2）事故原因分析

通过调查取证，并对现场有关人员进行询问和了解，确认了事故发生的原因。

造成事故的直接原因，是在新电缆未到来之前，管道之内临时安装了一根旧电缆以作临时施工用电，在线路安装过程中，直径为630毫米的管道之内需要安装20多根电缆，第一根电缆经过与钢制套管及其他电缆在安装时的多次摩擦后，外皮局部脱落，因此许某在整理线路时受光线、空间的影响，未能及时发现危险源的存在，致使裸露电缆线线芯与钢管管壁碰撞接触后，发生短路而造成这起灼伤事故。

造成事故的间接原因：一是该车间领导安全管理工作松懈、不到位，管理存在死角。该车间安全生产规章制度制定得不少，但未能落实到位；安全生产教育不到位，流于形式，导致个别职工不把违章操作当回事。二是作业人员严重违反《电工安全操作规程》中“不准带电检修作业”的规定，心存侥幸，冒险蛮干，违章带电检修作业。三是在作业前未编制检修工作方案，未填写检修任务书，作业缺乏详细的安全措施，对事故预防不够。

（3）防范措施

事故之后，采取了以下防范措施：

一是加强全员的安全思想教育工作，从上至下做到“人人事事讲安全”，认真贯彻执行“安全第一、预防为主”的方针。

二是狠抓现场管理，加强监管力度。堵塞隐患漏洞，杜绝“三违”现象，确保安全生产。

三是着重针对特种作业人员进行规范对口的培训与考核，使其真正认识到其工作的危险性，从而避免事故的发生。

四是坚持事故处理“四不放过”原则。通过这起事故，利用多种形式的安全宣传教育，让职工了解事故的危害性，提高职工的自我防护意识。

事故教训与点评

这起事故的发生，实际上具有一定的必然性，这种必然性体现在两点：第一是作业人员由于现场多处施工用电，没有关闭该线路开关柜开关。第二是当许某进入管道开始工作，由于管道内无照明装置，光线较暗，给工作增加了一定困难。因此，在光线较暗的情况下整理电缆线，未能及时发现危险源的存在，而造成电路短路灼伤事故。

这起事故的发生，不仅使受伤者及其亲属在身体和精神上受到了打击，而且也给公司造成一定的经济损失。为了避免同类悲剧再次发生，必须认真总结和反思。电工作业有两大忌讳，一是带电作业，二是视线不清。在这起事故中，如果说带电作业有些无可奈何，那么视线不清就应该解决，但是却没有解决。

人眼是接收外部环境信息的最重要的感觉器官，人在进行生产活动时，主要是通过视觉接受外界的信息，并由此做出选择而产生一定的行为。根据有关研究表明，约有 80%的外界信息是通过人的视觉而获得。在生产环境中的光源有两种，一种是自然光（阳光），另一种是人造光（灯光）。生产环境的采光与照明的好坏直接影响视觉对信息的接收质量，进而影响人在生产过程中的安全心理和安全行为。国内外的最新研究表明，照明与事故具有相关性。在特定的单元作业中，事故的多少与亮度成反比关系。事故频数高于平均数的单元作业，往往是在亮度较低的场所发生的。不良的采光和照明，除令人感到不舒适、工作效率下降外，还因操作者无法清晰地看清周围情况，容易接受模糊不清甚至是错误的信息并导致错误的判断，很容易发生工伤事故。研究资料表明，环境因素引起的工伤事故中，约有 1/4 是由于照明不良所致。所以，生产环境的采光和照明对于减少生产事故具有非常重要的意义。

72. 违章处理输送带堵包发生人员坠落事故

2007 年 2 月 12 日，某公司化肥厂成品车间在生产过程中，一名职工在工作中发现正在输送尿素袋的皮带卸袋器处发生堵包，在处理堵包过程中从高约 4 米的皮带上坠落到站台，造成坠落受伤事故。

（1）事故经过

该化肥厂是 1997 年在老厂基础上拆除新建的，现有职工 1 025 人，年产合成氨 30 万吨，尿素 52 万吨。下设动力、化肥、成品 3 个车间。在化肥生产中，尿素的称量包装、送往站台装车外运等工序，全靠成品车间 33 条输送带来完成，输送带往返长度达 230 米。该厂自建成投产后，平均每天生产尿素 36 000 多袋，包装后的尿素袋在送往火车站台码垛的过程中，容易在下料口转弯处堵包，皮带工必须迅速停止输送带运行，进行紧急处理，否则 1 分钟就能堵 20 多包。为此车间设置了皮带工岗位，工作任务是对包装放出的斜袋进行纠正，及时处理溜槽、卸袋器等处的堵包，对输送带运行进行安全监护。

该厂化肥装运工序实行五班三运转。2 月 12 日皮带工马某接班后，对所属输送带进行了检查，中控室根据火车站台情况，开启 3 条包装流程进行尿素包装。当 14# 堆包机码垛到 200 多袋时，入口卸袋器出现堵包，无法正常码垛。码垛人员遂按动堆包机停止按钮，输送带停止运行，皮带工马某随后上到皮带上，对堆积在一起的袋子进行处理。有一袋尿素夹在输送带与卸袋器的空隙里，造成袋子破损，皮带上撒满了尿素颗粒，马某未对撒落的尿素进行清理，在往站台下扔剩余的半袋尿素时，不慎从高约 4 米的 14# 皮带上坠落至站台，摔成重伤。

（2）事故原因分析

造成人员坠落的直接原因，是胶带表面光滑，下部由托滚支撑，没有稳固的支撑点，人站立在上面极易被摔下，具有极大的危险性。安全技术规程规定："皮带无论运行或停止时，禁止在皮带上或其他设备上站立、跨越及传递各种工具。"马某安全意识淡薄，无视操作规定，违章站在输送带上处理堵包。

造成事故的间接原因：一是发生堵包的 14# 堆包机卸袋器在卸料立皮带下部与 14# 输送带间隙过大，容易产生夹袋现象。二是设备上还存在一些安全隐患，如堆包机防护栏不够宽，处理堵包困难；溜槽结构不合理，易造成堵包等。三是车间领导及相关管理人员的安全管理意识不强，考虑问题不周全，存在顾此失彼的现象。最近一段时间，由于尿素库存偏高，成品车间实行五班三运转，雇用大量农民劳务工，车间人员及岗位变动比较频繁。车间将注意力过多地集中在了劳务用工身上，对正式员工，尤其是转岗人员的安全管理有所放松。四是车间制定的安全技术规程针对性不强，部分规程写得比较笼统，操作步骤不细，存在制度上的空白点，致使部分人员产生习惯性违章。

（3）防范措施

事故之后，采取了以下防范措施：

一是切实吸取事故教训。按照"四不放过"的原则，将事故经过、事故原因详细传达到车间员工，要求大家以此为鉴，切实吸取事故教训，进一步提高自己的安全意识，并对照各自岗位，认真查找安全隐患及自身存在的不安全行为，及时进行整改。

二是完善制度。修改完善皮带工安全管理制度，针对火车站台 8 条位置高、具有坠落风险的皮带，制定出处理堵包的详细步骤。对于严重堵包的袋子，要制定应急处理预案，由相应人员协助进行处理。要求皮带工在巡检及操作时必须佩戴安全帽，做好个人防护工作。制定包装工折边、缝合标准，严格控制包装岗位开口袋、斜袋的产生，从源头上尽力消除产生堵包的因素。

三是消除设备安全隐患。加宽堆包机防护栏，每台堆包机增设作业平台，以方便处理堵包；站台东西两处的走梯增设过渡平台；调整卸袋器立皮带与输送带的间距；更换磨损皮带；改造溜槽结构等。

四是加强劳动纪律检查。坚决制止不按规程操作、贪图省事的违章违纪行为，提高皮带工及时纠正斜袋、按要求处理破袋的自觉性。提高各级员工的操作技能、工作责任心和安全意识，尽量减少堵包，切实搞好安全生产工作。

五是加强安全教育。成品车间输送带较多，处理堵包存在危险性，车间应加强高处作业安全教育，组织皮带工观看、学习有关高处作业的管理规程以及高处坠落事故方面的案例，组织应急预案演练，提高员工应对突发事件的防范能力，从思想上高度重视该工序中的危险因素，杜绝类似事故再次发生。

事故教训与点评

我国安全生产的方针是“安全第一，预防为主，综合治理”。通过有效的管理和技术手段，减少并防止人的不安全行为和物的不安全状态，从而使事故发生的概率降到最低，这就是预防原理。要想做好安全管理工作，就必须把握“预防原则”，在完善各项安全规章制度、开展安全教育、落实安全责任的同时，多举措做好安全管理工作的全过程控制，使事故发生率降低到最小，真正使安全工作做到“防微杜渐”。事故的发生，往往存在着因果关系，即事故的发生是许多因素互为因果连续发生的最终结果，只要诱发事故的因素存在，发生事故是必然的，只是时间或迟或早而已。从因果关系中认识事故发生的必然性和规律性，要重视事故的原因，切断事故因素的因果关系链环，需要消除事故发生的必然性。

73. 在缺少照明作业环境中掉入软水池导致的伤害事故

2002 年 7 月 26 日，湖北省某化工厂动力车间一名女职工，在进行水处理工作时，由于没有注意观察环境变化与作业环境差，不慎掉入软水池中受伤。

（1）事故经过

2002 年 7 月 26 日 16 时 30 分，湖北省某化工厂动力车间在生产过程中，锅炉水处理岗位的当班女职工周某，在进行水处理工作时，由于应急灯两个灯泡损坏，加上她对路况不熟，不慎掉入软水池中受伤，后被送往医院治疗。

（2）事故原因分析

造成事故的直接原因，是发生事故的地点正在进行施工，施工单位在施工过程中认为施工现场不是经常性通道，没有意识到有人行走，因而没有在施工现场设置安全标识，没有采取任何防护措施。

造成事故的间接原因：一是公司发展部项目施工负责人在对软水池补漏整修前，没有告知该厂具体开工日期，使各岗位职工不知道周围的环境发生了变化。二是伤者周某在前往软水池的途中，按其习惯路线行走，没有仔细观察周围环境的变化，也是导致事故发生的原因之一。

（3）防范措施

事故之后，公司责令该项目施工单位必须对施工现场进行整改，增设各种安全标识，采取有效的安全防护措施后方可开工；责令施工管理部门要加大对施工单位的安全生产监督管理力度，在全公司范围内进行一次施工项目的安全检查，认真排查各种隐患，确实加强项目建设中的现场安全管理；要求项目建设单位与生产单位切实加强信息沟通，制定出有效监督管理制度；要求各单位上班期间对发现不在岗的职工要及时弄清去向，对离岗 30 分钟的职工要及时向调度室报告。

事故教训与点评

这起事故发生的原因十分简单，锅炉水处理岗位的当班女职工周某，在进行水处理工作时，由于应急灯两个灯泡损坏，加上她对路况不熟，不慎掉入软水池中受伤。如果设想，应急灯两个灯泡不损坏，周某能够看见道路，辨别出软水池的位置，那么这起事故是不是就有可能避免？结论应该是肯定的。所以，发现工作环境中存在安全隐患，及时消除，就能避免事故发生。

在作业过程中，良好的光环境能减轻视疲劳，减少工作失误，提高生产安全。不同的照明还会对人的心理产生不同的影响。照明能够影响人的情绪，明亮的环境使人心情愉快，阴暗的环境使人压抑，照度太强或有眩光会使人烦躁、紧张。照明条件差还容易引起认知错误，降低人的观察力，使人辨识困难，产生疲劳，造成犹豫和反应迟缓，影响思维能力和想象力，并影响记忆力。所以，照明与安全存在着紧密联系。事故统计资料表明，事故产生的原因是多方面的，但照明不足是重要的影响因素。照明不足常常导致作业效率的降低和事故的发生。相反，照明适宜可以减轻视疲劳，有助于提高工作兴趣、工作速度和精确度，减少差错率，不仅对手工劳动，而且对脑力劳动都有助于提高作业效率。

74. 操作不当被皮管甩动击打导致的伤亡事故

2002 年 8 月 17 日，江西省某化肥厂在生产过程中，1 名作业人员在负责给离心过滤机加料的时候，由于操作方法不当，被离心过滤机外的皮管甩动击打，导致死亡。

(1) 事故经过

2002 年 8 月 17 日 7 时 50 分左右，江西省某化肥厂在生产过程中，副产品装置操作工江某接班后，按班长姜某的吩咐，负责给离心过滤机加料。江某站在离心过滤机边，手端皮管，将皮管一端架放在离心过滤机外壳上，准备给正在运转的离心过滤机加料。姜某开启反应器放料口的阀门后不久，发现连接反应器放料口端的放料皮管突然脱落，江某也不在过滤机旁。这时正准备下零点班的曹某刚好走下加料平台，看见江某倒在过滤机边的地面，一根长约 3 米的加料皮管压在江某的腰部。江某被紧急送往医院救治，终因失血性休克，肝、右肾挫裂伤，多脏器功能衰竭，抢救无效死亡。

（2）事故原因分析

经现场调查确认，这是一起由离心过滤机的旋转力带动加料皮管，导致皮管进料端被拉脱，并击中工作人员，造成的死亡事故。

造成事故的直接原因，是操作工江某操作方法不当。操作时，江某手端皮管，将皮管的出料口一端放入离心过滤机内的长度过多，致使皮管被高速旋转的离心过滤机带入，随离心过滤机惯性旋转，皮管与反应器放料口连接的一端被拉脱，余留在离心过滤机外的皮管甩动，将站在离心过滤机旁边、反应不及时的江某击伤致死。

造成事故的间接原因：一是技术设计上有缺陷。该副产品装置对离心过滤机给料甩干采用人工端拿皮管，在高速运转的离心过滤机旁给其加料，在操作工注意力分散的情况下，这种操作方法极易导致事故发生。二是劳动组织不合理，管理不规范。该装置把生产操作人员的组织及使用权交给外包工自行负责，致使上岗人员的素质得不到把关。死者江某，女，年过 50 周岁，系附近农家妇女，且身体健康状况较差；该装置负责人既未制定相应的安全生产责任制与安全操作规程，也未规定相关人员的安全生产职责。三是安全教育培训不到位，未进行系统的三级安全教育。该装置部门领导只是将安全教育落实到平时的口头交代上，未对使用的人员进行系统的安全教育，未将操作工安全技术规程下发到作业人员手中。

（3）防范措施

事故之后，采取了以下防范措施：

一是对该装置部门进行全面安全生产检查，包括机械设备、电气设施、生产管线、各种楼梯、围栏、建筑物等，待隐患整改结束，经验收合格方可投入生产。

二是以这起事故为例，组织全体员工（包括临时用工）开展安全生产大讨论，使全体员工从中受到教育，提高安全意识。要加强生产设施的日常安全检查，特别是离心过滤机，对其易腐蚀部件、转动关键部件要经常检查，及时更换。

三是改进离心过滤机的加料方法，将原人工端拿皮管加料改为固定管道加料。

四是改进劳动组织。要充实技术管理人员，设置专职安全生产管理人员，对该装置的生产操作人员要采用正式职工带班管理，对招用的临时工要严格把好人员素质关，纳入正式用工管理范畴，签订劳动合同，明确相关安全生产责任。

五是加强日常安全生产管理工作。建立健全部门安全生产管理制度、各级岗位安全生产责任制，做到岗位安全生产责任制、安全技术操作规程挂牌“上墙”，做好安全生产检查、隐患整改等相关工作。建立相关安全生产管理台账。同时规范人员安全教育培训，严格按三级安全教育的规定进行。做到“安全技术操作规程”人手一份，平时组织好生产人员的安全学习，做到学习有专门记录。

事故教训与点评

海因里希的事故伤害理论为人们所熟知，也具有指导意义。海因里希曾经调查了美国的 75 000 起工业伤害事故，发现 98%的事故是可以预防的，只有 2%的事故超出人的能力能够达到的范围，是不可预防的。在可预防的工业事故中，以人的不安全行为为主要原因的事故占 88%，以物的不安全状态为主要原因的事故占 10%。海因里希认为事故的主要原因是由于人的不安全行为或者物的不安全状态造成的，因此，研究结论是几乎所有的工业伤害事故都是由于人的不安全行为造成的。海因里希统计了 55 万件机械事故，其中死亡、重伤事故 1 666 件，轻伤 48 334 件，其余则为无伤害事故。从而得出一个重要结论：在机械事故中，死亡或重伤、轻伤和无伤害事故的比例为 1∶29∶300。该比例表明，某人在受到伤害之前已经历了数百次没有带来伤害的事故，也就是说，在每次事故发生之前已经反复出现了无数次不安全行为和不安全状态。比例 1∶29∶300 表明了事故发生频率与伤害严重程度之间的普遍规律，即严重伤害的情况是很少的，而轻微伤害及无伤害的情况是大量的。应该注意的是，事故是一种意外事件，本身并无轻重之分，只能说事故的结果为无伤害、轻微伤害或严重伤害。

按海因里希事故伤害理论推导，在这起离心过滤机操作违章事故发生之前，应该发生过险情或者险肇事故，操作人员可能因为没有造成伤害而没有报告，故此，也就没有及时发现存在的安全隐患。所以，运用海因里希事故伤害理论指导我们的工作，一定要抓住关键环节，即要在事故发生之前发现问题，并及时解决问题。

75. 现场光线不足时，搬动防护罩导致的伤亡事故

2007年1月31日，广东省某水泥公司生料车间在夜班生产中，1名上料工在配合检修作业时，不慎被转动的防护罩击中头部，造成头颅破裂，当场死亡。

（1）事故经过

2007年1月31日22时，广东省某水泥公司生料车间在夜班生产中，发现选粉机的电机不能转动，班长龚某通知电工和维护人员来检修。电工黄某检修完毕，接通电源试机。然后他又关闭了电源，要求检查一下选粉机转向是否正确。当班上料工马某（男，50岁，初中文化，从事本工种25年）在电机停电后不久，就到达电机联轴器边。由于防护罩的遮拦，加上夜晚光线暗，马某看不到电机运转方向，于是用手提起防护罩，在企图移开时，防护罩碰到了仍在转动的联轴器，联轴器的螺栓“咬”住防护罩支架（脚），防护罩立即被其带着转动，转动的防护罩迅速击中了马某的头部，致其头颅破裂，当场死亡。

（2）事故原因分析

事故之后，经过调查分析，确认事故原因如下：

造成事故的直接原因，是由于固定式防护罩设计制作和安装存在缺陷，加上当时已是晚上10点了，现场光线暗，而且场地狭窄；马某操作错误，在机器转动没完全停止之前，搬动了防护罩，导致事故发生。

造成事故的间接原因：一是没有按照国家标准设计、制作、安装安全防护装置，导致防护装置存在缺陷，而且这些缺陷在较长时间里未被改正，为事故发生埋下了隐患。二是缺乏专门培训，人员操作错误。职工学习安全技术的力度不够，缺乏对有关国家安全技术标准的宣传和普及，缺乏安全基础知识，操作人员安全生产的经验不足。

（3）防范措施

事故之后吸取教训，采取了以下防范措施：

一是开展全企业的“反三违”（反对违章指挥，反对违章作业，反对违反劳动纪律）活动，从按规定穿戴劳动防护用品、戴好安全帽抓起，培养职工的安全意识，提高预防事故的能力。

二是立即更换所有不合格的防护罩，特别是那种罩脚平摆在地上，随时可以四处移动的防护罩；整改生产区域的中间空隙过大、缺乏下挡板等不合格的防护杆；对较长的皮带输送机，应每隔 20 米增设事故紧急停车装置。

三是制定和修改完善进入设备、容器内的安全作业制度，增加夜间安全生产管理制度；在生产区有车辆进入或作业的地方，应设立交通安全标志，划分区域和人行通道，保证生产作业区域的安全。

事故教训与点评

这起事故的发生，应该是作业人员的误操作。由于防护罩的遮拦，加上夜晚光线暗，作业人员看不到电机运转方向，于是用手提起防护罩，结果防护罩碰到了仍在转动的联轴器，被其带着转动，转动的防护罩击中了作业人员的头部，致其头颅破裂，当场死亡。

发生事故的企业始建于 1992 年，现有职工 250 人，年产水泥能力为 30 万吨，属于中小型企业。目前在事故调查有一种怪现象：很多事故总是以“工人（当事人）违章作业”当作事故的主要原因。如果当事人又在事故中身亡，那他更有可能成为事故主要责任者，甚至是一切责任的承担者。之所以出现这种怪现象，是因为这样好处多：一是企业可以摆脱责任，二是有利于减少死难者家属找企业的“麻烦”，三是死难者本人不会提出任何异议。正是在这种怪现象的背后，掩盖着企业在安全管理、设备技术、人员培训等方面的许许多多重大隐患，从而导致很多事故的重复发生，而且损失会一次比一次惨重。

对于这起事故的发生，有两个因素值得关注。一是防护罩设计与安装。防护罩平时摆放在地面上，随时可以前后左右移动，进行维修和清扫时很便利，但是在生产、维修或清扫过程中，如果不注意，也很容易导致事故。所以，可以根据情况，对防护罩的安全性进行改进。二是夜晚光线暗的因素。照明首先会影响人的认知过程。当照明不好时，容易产生认知错误；照明不好对人的各种能力，如观察力、记忆力、思维能力等都有不良影响。在很差的照明条件下，人容易产生疲劳，并容易发生误操作。有人研究过在不同照度下人的注意力集中情况，结果表明由于照度条件的改善，人的注意力会更加集中；照明条件差的情况如果持续时间较长，人的意志和兴趣也会受到消极影响。很多研究都已表明，照明条件的改善可以明显降低事故率，减少差错。这一点对视觉要求高的工作更具有意义。适宜的照明条件可以增强眼睛的辨色能力，从而减少识别物体色彩的错误率；可以增强物体的轮廓立体视觉，有利于辨识物体的形状、大小和位置，使工作失误率降低；适宜的照明条件还会促使人的心理状态变佳，以及不易疲劳，减少事故率。美国的研究者确定，照明差是造成大约 5%的企业人身事故的原因，而且是造成人身事故的间接原因。

76. 从脚手架失稳坠落导致的伤亡事故

2002 年 11 月 13 日，在浙江某建工集团有限公司承建的某大学教师公寓工地上，两名木工在完成屋顶水箱支模工作后，手持工具从外脚手架下来时，不慎高处坠落，经抢救无效死亡。

(1) 事故经过

2002 年 11 月 13 日，在浙江某建工集团有限公司承建的某大学教师公寓工地上，木工谢某、赵某根据项目部的安排，到 1 号楼 14 层屋顶支设水箱模板。下午 17 时 20 分左右，谢某在完成屋顶水箱支模工作后，手持工具从外脚手架下来时，不慎脚底打滑重心失稳坠落，并从外脚手架安全围护密目网被拆开的部位掉出，坠落至屋面，后脑着地，坠落高度为 3.8 米。事故发生后，赵某与施工现场其他职工立刻将谢某抬下，并送往医院抢救，但是因谢某伤势严重经抢救无效死亡。

(2) 事故原因分析

造成事故的直接原因，是谢某安全意识淡薄，严重违章作业，又没有扣好安全帽带，且在从脚手架下来时，手上拿的工具太多（锯子、电钻、扳手、锤子），不慎失足坠落至屋面。

造成事故的间接原因：一是项目部对职工的安全教育力度不够，部分职工安全意识薄弱。二是现场安全检查不力，屋面水箱部位外脚手架的部分安全围护密目网被拆开，没有及时发现和修补。

（3）防范措施

事故之后，采取了以下防范措施：

一是立即暂缓施工，针对事故情况，由项目部负责对工地现场的安全防护设施、施工用电、临边洞口、施工机械等进行全面检查和整改。

二是对全体职工进行三天全日制安全教育，积极开展以“反违章作业、反违章指挥、规范施工行为、减少伤亡事故”为主题的安全专项整治活动，提高职工的安全意识和自我保护能力。

三是现场项目部全体管理人员开会分析总结，从事故中吸取教训，加强安全管理，开展安全生产宣传活动。

事故教训与点评

这起事故的发生，有两个十分凑巧的因素：第一个是谢某在完成屋顶水箱支模工作后，手持工具从外脚手架下来时，十分凑巧，不慎脚底打滑重心失稳，从高处坠落下来。第二个是谢某从高处坠落下来，十分凑巧，从外脚手架安全围护密目网被拆开的部位掉出，坠落至屋面，后脑着地。这两个十分凑巧的因素，正是安全管理的薄弱所在。谢某不慎脚底打滑重心失稳，从高处坠落下来，具有偶然性，但是安全围护密目网被拆开，没有及时维护好，却是安全管理的疏忽。

在造成事故的直接原因中，认为谢某安全意识淡薄，严重违章作业，又没有扣好安全帽带，且在从脚手架下来时，手上拿的工具太多（锯子、电钻、扳手、锤子），不慎失足坠落至屋面。这种对事故原因的认定，虽然有一定的道理，但是并不具有充分的说服力。应该说，谢某的行为应该属于无意识不安全行为。无意识的不安全行为是一种非故意的行为，行为人没有意识到其行为是不安全行为。人可能随时随地遇到预先不知道的情况，因此，就存在采取什么行为的问题。人的信息处理能力，核心在于判断，即以本身记忆的知识与经验为前提，与操作对象的信息和反馈信息进行比较。同时，往往还要受到人的生理和心理因素的限制或影响。无意识的不安全行为，就是在其信息处理过程中，由于感知的错误、判断错误和信息传递误差造成的。在这起事故中，谢某手上拿的工具太多（锯子、电钻、扳手、锤子），并不是导致事故发生的主要因素，即使手中没有拿工具的人员，也有可能发生脚底打滑重心失稳坠落的情况，如果人员坠落之后，有安全网在下面保护安全，就会是有惊无险。

77. 因焊钳漏电发生的触电坠落伤亡事故

2002 年 9 月 18 日，在上海某设备安装工程公司进行作业的办公楼工地上，正在进行水电安装和钢筋电渣压力焊接工程的施工。一名焊工作业时，因焊钳漏电，被电击后从 2.7 米的高空坠落到基坑内，因伤势过重，经抢救无效死亡。

（1）事故经过

2002 年 9 月 18 日，在上海某设备安装工程公司施工的办公楼工地上，正在进行水电安装和钢筋电渣压力焊接工程的施工。根据施工进度安排，18 时工地负责人施某，安排电焊工宋某、李某以及辅助工张某，加夜班焊接竖向钢筋。19 时 30 分左右，辅助工张某在焊接作业时，因焊钳漏电，被电击后从 2.7 米的高空坠落到基坑内不省人事。事故发生后，项目部立即派人将张某送到医院进行抢救，但是因伤势过重，经抢救无效死亡。

（2）事故原因分析

造成事故的直接原因，是设备附件有缺陷，焊钳破损漏电，作业人员在进行焊接作业时，因焊钳漏电遭电击后坠地身亡。

造成事故的间接原因：一是公司项目部安全生产管理不严，电焊机未按规定配备二次侧空载保护器。二是施工现场安全防护措施不落实，作业区域未搭设操作平台，电焊工张某坐在排架钢管上操作，遭电击后，因无防护措施，从 2.7 米高处坠落到基坑内。三是设备安装公司项目部未按规定配备个人防护用品。

（3）防范措施

事故之后，采取了以下防范措施：

一是加强机械设备管理，特别是要按照规定对电焊机配备二次侧空载保护器，并经常检查电焊机运转情况、焊钳完好情况，发现破损要及时更换，防止漏电，严防事故重复发生。

二是认真落实安全生产各项防护措施，施工现场要有安全通道，作业区域要搭设操作平台，“洞口”“临边”防护措施必须保证落实，加强施工现场临时用电管理，电器设备的配置、用电线路的设置要按规范要求实施，确保临时施工用电安全。

三是设备安装工程公司项目部要进一步加强对职工进行安全第一的思想教育，提高全员安全意识，严禁违章指挥、违章作业、无证操作，并按规定配备好个人防护用品，满足安全需要。

四是要强化施工现场安全生产管理，加强安全生产检查，发现问题要及时采取整改措施，把事故隐患消灭在萌芽状态，并要加强对分包单位安全生产的监督力度，确保施工生产顺利进行。

事故教训与点评

这起事故的发生，应该说有两个“没有想到”：第一个是焊钳漏电没有想到，第二个是在 2.7 米处作业，会发生坠落没有想到。就是这两个没有想到，导致了作业人员的麻痹大意，特别是高处作业没有采取防护措施，这是导致人员死亡的关键。

人的行为是心理机制与环境相互作用的结果。行为学理论指出，人的行为受个性心理、社会心理和环境等因素的影响。因而，生产中引起人的不安全行为、造成的人为失误和违章违纪的原因是复杂的。有了这一认识，对于人为事故原因的分析就不能停留在“行为”这一外观表现层次上，应该进行更为深入的分析。例如在分析人的不安全行为表现时，应分清是生理还是心理的原因，是客观还是主观的原因。对于心理、主观的原因，主要从人的内因入手，通过教育、监督、检查、管理等手段来控制或调整；对于生理或客观的原因，除了需要管理和教育外，更主要的是从物态和环境的方面进行研究，以适应人的生理客观要求，减少人的失误。在这起事故中，辅助工张某在2.7米的高处作业，没有佩戴安全带，其原因可能就是距离地面不高，感觉没有必要。心理上的错误认识，造成错误的行为，事实证明，还是有必要的，只是有点晚了。

78. 没有及时发现和消除事故隐患造成的坍塌伤亡事故

2002年12月29日，在上海某建筑安装工程有限公司承建的旧区改造工程的工地上，基础开挖后为防止基坑边坡塌方，需要砌筑边坡挡土墙，一名作业人员在作业时被突然坍塌下来的土体压住，经抢救无效死亡。

(1) 事故经过

2002年12月29日，在上海某建筑安装工程有限公司承建的旧区改造工程的工地上，正在进行基础工程的挖土施工作业。其中6号房位于施工现场道路东侧，基础开挖后为防止基坑边坡塌方，瓦工班长邱某，安排瓦工张某等人砌筑边坡挡土墙。12月29日晚8时30分左右，正在6号房基坑西北角砌筑挡土墙的张某，被突然坍塌下来的部分土体压住。事故发生后，施工现场立即组织人员将其救出，并随即送往医院紧急抢救，但因张某脑部挫裂伤势过重，经抢救无效于当晚死亡。

（2）事故原因分析

造成事故的直接原因，是张某等人在 6 号房基础内砌筑边坡挡土墙的过程中，偏西北角的部分松弛的土体突然坍塌，将正在低头砌墙的张某压住，头部碰撞挡土墙，并由此导致事故。

造成事故的间接原因：一是夜间施工作业场所照明不足，张某等人在施工时，对现场周围土体松弛脱落现象未重视，没有及时发现和消除事故隐患，自我保护意识不强。二是项目部在进行 6 号房基础开挖施工时，对临近施工道路一侧，未设置有效的安全防护隔离栏，致使道路侧基坑边坡在车辆碾压下严重变形造成土体松弛，在未对该部位进行临时加固措施情况下，就安排人员进行砌筑墙施工。

（3）防范措施

事故之后，采取了以下防范措施：

一是公司立即组织召开事故现场会，吸取这起伤亡事故的惨痛教训，举一反三，开展安全生产责任制教育，明确各级管理人员、施工人员的安全责任，提高全员的安全意识，杜绝事故重复发生。

二是建立健全施工现场安全生产保证体系，确保施工现场全过程的安全管理和控制。同时建立健全安全教育、安全技术交底制度，狠抓对施工作业人员安全教育、安全技术交底工作的落实，在施工全过程做到教育在前、交底在先，把安全管理工作落到实处。

三是对危险作业部位和过程编制专项施工方案，严格审批程序，并在施工过程中予以严格执行。加大施工现场的安全检查监督力度，加强对危险源和不安全因素的监控，对安全缺陷和事故隐患进行及时、彻底的整改，并予以复查验证。

四是加强对职工的自我保护意识和安全防范意识的教育培训，做到“不伤害自己，不伤害他人，不被他人伤害”，确保安全生产。

事故教训与点评

这起事故的发生比较意外，在砌筑边坡挡土墙的时候，由于夜间施工作业场所照明不足，对现场周围土体松弛脱落现象未重视，没有及时发现和消除事故隐患，结果一名作业人员被突然坍塌下来的部分土体压住，因脑部挫裂伤势过重，经抢救无效死亡。

这起事故的发生涉及两个因素，一个是夜间施工作业场所照明不足的问题，另一个是未能对现场周围土体松弛脱落现象引起重视的问题。

照明的好坏与人的视力好坏存在直接的联系。随着照明亮度的增加，视力会提高，这是毫无疑问的。在一定范围内，亮度的对数与视力提高之间有线性关系。视力不仅受注视对象亮度的影响，而且还受对比度的影响（对比度是用来表示对象与背景的亮度差的）。在良好的照明（视野亮度很好）条件下，随着对比度的增加，视力也更好。当然，对比度和亮度都是不能无限增加的。当视野亮度过高或对比度过大时，会感到刺眼并降低观察能力，这种刺眼的光线叫作眩光。照明还对视知觉有重要影响，如果照明很差，尤其是缺乏阴影或亮度差，可能引起虚假的视觉表象。在工作场所照明很差的情况下，很有可能歪曲视觉对象，从而传给人错误的信息。这起事故就是如此，由于夜间施工作业场所照明情况不好，没有及时发现土层坍塌的危险。

要对现场周围土体松弛脱落现象引起重视，就有一个注意力集中的问题，如果注意力不集中，也就无法发现发生的变化。人要正常地工作与生活，就必须选择重要的信息，并排除无关刺激的干扰。人脑这种选择信息、排除干扰的功能，就是注意的一种重要功能。在心理学中，注意的地位是比较特殊的，在人的信息加工中有着重要的意义。注意具有指向性和集中性的两个基本特性，指向性和集中性统一于同一注意过程中，保证了注意的产生和维持。指向性是指心理活动在某一时刻总是有选择地朝向一定对象。因为人不可能在某一时刻同时注意到所有的事物，接收到所有的信息，只能选择一定对象加以反映。指向性可以保证人的心理活动清晰而准确地把握某些事物。集中性是指心理活动停留在一定对象上的深入加工过程，注意集中时心理活动只关注所指向的事物，抑制了与当前注意对象无关的活动。在这起事故中，可以说作业人员没有对现场周围土体松弛脱落现象引起重视，但是从心理学的角度讲，如果让作业人员一边紧张地干活，一边观察土体变化，应该说勉为其难。因为，注意具有指向性和集中性的两个基本特性，不可能做到，这也是一心难以二用的道理。所以，对于观察土体变化，不能过多地依赖于作业人员。

79. 违章清理皮带运输机落料导致的伤害事故

2009 年 2 月 19 日，安徽省某炼铁厂原料运输车间在生产过程中，两名作业人员在进入皮带下方进行清理作业时，由于皮带突然启动，造成一名作业人员的头部、右手被挤压，经抢救无效死亡。

（1）事故经过

2009年2月19日13时30分，安徽省某炼铁厂原料运输车间在生产过程中，二工段丙班皮带工孟某，同本班工长费某到4A皮带运输机尾部清理落地料。当时由于皮带没有运转，两人在没有切断机头操作箱内急停开关和事故拉线开关的情况下，进入皮带下方进行清理作业。当清理完靠近头轮方向的间隔后，费某在皮带外侧将清出的球团往运输皮带上装，孟某又进入靠近皮带尾轮的另一间隔继续清理。13时50分，4A皮带准备运转，操作工周某通过指令电话向现场喊话三次以后，启动皮带运转。由于安装在4A皮带头部、中部和尾部的喊话器中的尾部喇叭损坏，加之二人正在集中精力作业，未听到主控室喊话，突然启动的皮带将孟某头部、右手挤在距尾轮1.4米处的返皮带与下托辊之间，经抢救无效死亡。

（2）事故原因分析

造成事故的直接原因，是原料运输车间二工段丙班皮带工孟某违章操作，自我保护意识不强，在未将机头操作箱开关打到零位或将拉线开关断开的情况下，进入皮带下方进行清理作业，且未按规定佩戴安全帽。

造成事故的间接原因：一是作业人员对作业现场环境危险源辨识不到位，在危险区域作业未采取安全措施，违章作业，互相监护不到位。二是原料运输车间设备管理不到位。4A皮带尾部喊话器喇叭长时间损坏没有及时发现并维修，致使操作工与主控室唯一的通信联系中断，导致操作工听不见皮带启动的喊话。三是安全管理有漏洞。相关人员的安全生产责任制落实不到位，安全检查有死角，隐患排查和整改不及时，没有及时发现 4A 皮带尾部喊话器喇叭损坏，事故紧急开关没有拉绳，职工忽视规章制度和安全操作规程，个别作业人员未佩戴安全防护用品上岗操作。

（3）防范措施

事故之后，采取了以下防范措施：

一是认真贯彻安全生产责任制，建立完善安全生产规章制度，修订安全操作规程，针对带式运输机岗位修改制定完善了《带式运输机安全管理规定》，根据设备检修、维护、运转、防护等特点提出相关安全要求。

二是加强设施、设备的检查、维护（包括皮带头、尾轮、传动部位的安全防护，安全事故开关、拉绳、皮带架子护栏、安全过桥、上下走梯等，不完善的要提出整改计划），提高设备本质化安全程度。

三是进一步提高职工自我保护能力，要从岗位操作技能培训（包括安全操作规程）开始，使职工从学习《安全操作规程》向熟练掌握《安全操作规程》转变，从而达到了解工艺、掌握技能、识别风险，做到规范操作。

四是生产作业中岗位人员要真正树立“安全第一，预防为主，综合治理”的思想，深入开展本岗位危险源辨识活动，在原有危险源辨识的基础上继续辨识新的危险源，杜绝习惯性违章操作。

五是在全厂范围内实行分片包干制，定期或不定期对工段及岗位进行全面隐患排查（包括劳动纪律、劳动保护穿戴、操作纪律等）。工段、班组，对查出的各类事故隐患要做到及时上报，由车间负责落实每项安全隐患的整改工作，对不能立即解决的隐患项目，要制定安全可靠的防范措施，确保安全生产。

事故教训与点评

这起事故的发生，一方面与人员的违章作业有关，在未将机头操作箱开关打到零位或将拉线开关断开的情况下，进入皮带下方进行清理作业，且未按规定佩戴安全帽；另一方面则与事故隐患没有及时消除有关，皮带尾部喊话器喇叭长时间损坏没有及时发现并维修，导致操作工听不见皮带启动的喊话。人员违章作业与事故隐患没有及时消除，二者相比较，还是事故隐患的危险性更大一些。假设，这个事故隐患不存在，那么即使人员违章作业，当听到皮带启动的喊话后，也会有时间脱离危险，从而避免事故。

在安全生产管理中，需要实施强制性管理。强制就是绝对服从，无须经被管理者同意便可采取控制行动。因此，采取强制管理的手段控制人的意愿和行为，使个人的活动、行为等受到管理要求的约束，从而有效地实现管理目标，这就是强制性管理。安全管理需要强制性是由事故损失的偶然性、人的“冒险”心理以及事故损失的不可挽回性决定的。安全强制性管理的实现，离不开严格合理的法律、法规、标准和各级规章制度，这些法规、制度构成了安全行为的规范。同时，还要有强有力的管理和监督体系，以保证被管理者始终按照行为规范进行活动，一旦其行为超出规范的约束，就要有严厉的惩处措施。因此，在安全管理活动中应用强制性管理时应遵循安全第一原则。安全第一就是要求在进行生产和其他活动时，把安全工作放在一切工作的首要位置。当生产和其他工作与安全发生矛盾时，要以安全为主，生产和其他工作要服从安全。贯彻安全第一原则，要求在计划、布置、实施各项工作时首先想到安全，预先采取措施，防止事故发生。

就这起事故而言，皮带尾部喊话器喇叭长时间损坏，作业人员应该清楚，可能是由于平时很少使用，因而感觉可有可无，修不修无所谓，因而延误下来，直至发生事故。如果按照安全第一原则，就应该鼓励职工报告隐患，并且奖励这种注意安全的行为，这样，安全生产才会更加有保障。

80. 在皮带运转情况下违章作业导致的右手臂离断事故

2009年6月7日夜间，四川省某钢铁有限责任公司煤化工厂备煤车间在生产过程中，一名作业人员在皮带运转情况下，用刮煤耙清扫皮带机头托煤板上的积煤时，刮煤耙不慎被运转皮带绞入，导致这名作业人员的右手臂被切断，造成重伤事故。

(1) 事故经过

2009年6月7日夜间，四川省某钢铁有限责任公司煤化工厂备煤车间在生产过程中，乙班（夜班6月7日18时至8日8时）在车间办公楼417室集中翻车机、取煤机、配煤一组三个组召开班前会，由乙班班长朱某和各组组长共同主持，配煤一组（当班组长段某）当班有朱某等应到人数

15人，实到人数13人。在班前会传达了备煤车间周四进行例会内容、学习了《煤化工厂关于开展第八个“安全生产月”活动的通知》，并对当班工作任务进行了分配。班前会结束接班后，朱某独自开展了标准化KYT活动，随后配煤一组就开始按当班取、落、送、装、配煤生产计划进行各项作业。

6月8日凌晨5时20分左右，备煤车间乙班配煤一组斗槽工朱某告诉集控工李某开皮带准备取煤，李某打开翻板后启动皮带，5时40分左右皮带突然停止运转，经班长朱某、组长段某到现场查看，确认5时40分左右朱某在皮带运转情况下，用刮煤耙清扫皮带机头托煤板上的积煤时，刮煤耙不慎被运转皮带绞入，导致朱某右手臂被夹在刮煤耙和机头围子边缘之间被切断，掉入配煤盘10号斗槽煤堆内，7时40分左右找到朱某被切断的右手臂，后送往医院经医生处置诊断为无法接上，最终致使朱某右手臂离断伤，造成重伤事故。

(2) 事故原因分析

造成事故的直接原因，是备煤车间操作工朱某在皮带运转中用刮煤耙清理刮煤板上的积煤，违反《备煤车间斗槽工岗位作业标准》中的规定，“严禁在皮带运转过程清扫皮带及皮带下面的积煤、捅溜子、清理杂物”，属于违章作业。

造成事故的间接原因：一是落煤小车及其上方皮带机头等传动设备没有阻止人机接触的安全屏护设施，且该处托煤板设计不合理，作业人员必须经常清扫煤料，没有从设备本质安全上规避机械绞碾风险。二是备煤车间乙班对职工遵章作业情况检查落实不力，未能及时发现并制止此类违章行为。三是煤化工厂和备煤车间日常对边偏岗位职工安全制度执行情况监管不够，职工反违章教育严肃查处警示效果差。

（3）防范措施

事故之后，采取了以下防范措施：

一是煤化工厂立即将这起事故通报传达到各科室、车间、班组，并组织全厂车间、科室领导、班组长开展安全教育，举一反三，认真吸取事故教训。

二是对皮带系统运行安全进行专题研究，对类似岗位存在的设备、操作及制度规范等问题认真分析，研究整改办法。

三是立即对二期、三期配煤斗槽类似岗位开展隐患排查，对该类岗位中存在的隐患进行整改，进一步完善监控措施。

事故教训与点评

这起事故的发生，主要在于作业人员的违章行为。在皮带运转情况下，作业人员用刮煤耙清扫皮带机头托煤板上的积煤时，刮煤耙不慎被运转皮带绞入，导致右手臂被夹在刮煤耙和机头围子边缘之间被切断，造成重伤事故。在事故之后的防范措施中，该厂要求对皮带系统运行安全进行专题研究，对类似岗位存在的设备、操作及制度规范等问题认真分析，研究整改办法。这是对的，不从设备、操作及制度规范等方面进行认真分析加以解决，单纯强调人员不要违章，不能解决根本问题。

在造成事故的间接原因中，提到该处托煤板设计不合理，作业人员必须经常清扫煤料，没有从设备本质安全上规避机械绞碾风险的措施。在此需要注意的是，作业人员必须经常清扫煤料，杜绝可能存在的经常性的违章作业行为。人的行为在个体之间尽管千差万别，但存在着一些共同的特征。根据相关研究结果，与安全有关的人的行为主要有：人的空间行为、侧重行为、捷径反应、躲避行为、从众行为、非语言交流行为等。从众行为是指与大多数人保持一致的行为方式。例如人遇到突发事件时，许多人往往难以判断事态和采取行动，因而使自己的态度和行为与周围相同遭遇者保持一致，这种随大流的行为称为从众行为或同步行为。女性由于心理和生理的特点，在遇到突发事件时，往往采取与男性同步的行为。一些意志薄弱的人，从众行为倾向强，表现为被动、服从权威等。有人做过试验，当行进时突然前方飞来危险物体时，如前方两人同时向一侧躲避，跟随者会不自觉向同侧躲避。当前方两人向不同侧躲避时，第三人往往随第二人同侧躲避。所以，从人的从众行为来看，由于作业人员必须经常清扫煤料，很大的可能，是在皮带运转的情况下进行，三班轮换，人员都是如此作业，也就没有什么不妥，更无所谓违章。对此，需要班组发挥更好的管理作用，制止人员的违章行为。班组是企业生产活动的细胞，是企业最基层的劳动组织，也是企业实现安全生产的基础。在班组中，班组的安全管理就是对人的管理，要最大限度地减少和消除人为失误，纠正班组职工从众行为中的不安全因素，用良好的安全氛围影响班组成员，创造人人讲安全、人人会安全的环境，以此来保证安全生产。

五、人员违章操作行为招来的事故

安全生产是企业的头等大事，但事故总是在意想不到的时候发生。究其根本，还是人的因素。对此，企业除了建立健全制度和强化制度的执行力外，还应在安全生产的亲情文化建设上下功夫。与制度比起来，文化是“软”的，但它更具有亲近性、渗透性和恒久性。亲情文化能够克服“硬”制度的冷面孔，具有把“硬”制度转化成行动的功效，使得制度的落实化被动为主动。此外，营造一个温暖的安全文化氛围，让职工在上岗前，在洋溢着笑脸的全家福前宣誓，并默读亲人真切的提醒与嘱托，心中的责任感与使命感自然不言而喻。这就把安全教育做到心坎上了。无论是“硬”制度的建设，还是“软”文化的营造，归根结底，安全生产要解决的还是人的问题，光靠冷冰冰的制度和硬邦邦的说教是难以产生持久心理效应的，所以，建设安全亲情文化是企业安全管理一个很好的选择。

人员违章操作行为涉及的心理因素与事故的发生

从统计资料来看，在大量事故中，人员违章操作行为引发的事故占有很大的比例，同时，这些违章操作行为涉及人的心理因素、心理状态。心理状态是人的心理活动在某一段时间内的特征，易于引发事故的心理状态主要有：侥幸心理、麻痹心理、捷径心理、屈服心理、恐惧心理、爱美心理、逆反心理、逞能好强心理等。除了这些易于引发事故的心理状态以外，还有一些心理状态也与安全行为有关，如对工作的厌倦感、不良的心境和激情、生理和心理紧张等。在生产过程中发生伤害事故的因素很多，而当事人的心理状态常常是导致事故发生的重要因素。

1. 违章操作行为的一般表现与心理分析

心理学的研究结果表明：人的任何实践活动，都是在心理活动的调节下进行的，也就是说人的各种行为都受心理活动支配和影响。不同的人在不同的时期或者不同的条件下，具有不同的心理状态，生产作业需要平稳、需要安全，因此，心理状态如果起伏变化过大，则不利于生产作业安全。所以，正确认识自己的性格特点，做到稳定情绪，在心情激动的时候注意加以调节，或者迟后再操作，是保证安全的一个重要环节。越是容易情绪化的人，越应注意操作时的心理平衡。对大多数职工来讲，掌握心理状态自我调整的技巧，找到容易引发事故的因素并及时自我纠正完善，能在很大程度上避免违章行为的发生，同时也就能避免事故的发生。

(1) 违章的特点和危害性

违章操作行为又称为不安全操作行为，对于人员违章来讲，违章具有以下特点：

1) 大部分违章没有直接后果或没有显见后果，违章带有普遍性。

2) 有意违章与无意违章难以区分（尽管本人是清楚的）。

3) 违章后果有潜在性，违章操作有较大潜在风险。某个违章当时可能没有后果，但它可能与其他违章或以后的违章在一定的条件下巧合成事故；违章操作与系统内已经存在的设计缺陷、施工缺陷等巧合成事故。

4）违章动机和效果存在不一致性，情境违章更为明显。有时好的动机却带来严重后果，如监护人离开监护岗位去帮助操作人员操作而导致事故。

5）任何年龄、任何工龄、任何工种的人都可能违章，而且还可能重复同样的违章，可以说凡是人都可能违章。

违章的危害不仅在于引起事故后对人身安全及设备造成的直接伤害，更严重的危害性在于给企业带来的潜在风险与间接危害。操作者会因大部分违章没有直接后果或没有明显后果而存侥幸心理，管理者会因此而放松管理，使违章总是难以杜绝，甚至发展成为习惯性违章，给企业带来极大的风险。

（2）违章的多发时间与规律

违章属于随机事件，所以违章的具体发生是很难预测的。但是，随机事件也有规律可循，通过对大量违章事件统计分析，得出随机事件的发生主要有以下规律。

1）节假日及其前后。这时操作人员思想受干扰多，工作时注意力容易分散。

2）交接班前后。交接班前后的一个邻近时间段，有人称其为“注意力低峰”。交班者注意力容易放松，接班者还未完全进入“角色”。有时在交班前，为了赶在下班前完成某项任务，草草收尾，因而遗漏某个操作或有意违规，以达到加快完成任务的目的，结果导致严重的事故。在交接班前后，不但容易违章而导致事故，而且一旦发生事故，由于不易做到指挥统一、协调一致，还可能扩大事故。

3）凌晨3—6时。通常人在凌晨最容易发困的，思想较难集中而容易违章，特别是对于夜班值班人员来讲，由于前半夜不睡觉，到凌晨最容易发困。违章事故的发生率在凌晨3—6时出现峰值，与职工在此时的生理疲劳有关。

违章的多发作业主要有：环境较差的地下作业，如煤矿井下、地下隧道作业等；紧急情况下的抢修作业，如电气维修作业、管道维修作业等；存在污染以及高噪声环境下的作业；单独外出作业或独自一人的作业，由于缺乏现场监督而违章。

（3）违章操作的表现

违章操作行为大都属于有意识违章行为，这种违章行为的特点，就是忽视安全、忽视警告，贪图省事，思想麻痹以及疏忽大意等。违章操作行为主要有以下一些表现：

1）骄傲自大、好大喜功。自己能力不强，但信心过强，总以为自己经验丰富，喜欢在众人面前争强好胜，图虚荣，不计后果，蛮干、冒险作业。

2）情绪波动，心神恍惚。受社会、家庭环境等客观条件的影响，往往会产生烦躁、神志不安、思想分散、顾此失彼、手忙脚乱，或者高度兴奋、手舞足蹈、得意忘形等心理状态，从而导致违章行为的发生。

3）技术不精，遇险惊慌。操作技术不精，生产工艺不熟，面对突如其来的异常情况，正常的思维活动受到抑制或出现紊乱，束手无策，惊慌失措，错失安全自救良机。

4）思想麻痹，自以为是。青年工人和一部分有经验的老工人，他们在安全规程面前“不信邪”，在领导面前“不在乎”，把群众提醒当成“耳旁风”，把安监人员的监督认为是“找麻烦”，自以为是，我行我素。

5）不思进取，盲目从众。有的职工不愿学习操作规程，而是凭想象、凭经验，看见别人违章作业没出事故就盲目效仿，时间久了便养成了不良的操作习惯。如戴手套操作旋转机床，劳保眼镜装在口袋里等。

6）心存侥幸，明知故犯。有的违章人员不是不懂操作规程，也不是技术水平低，而是明知故犯。在他们看来“违章不一定出事，出事不一定伤人，伤人不一定是我”。这实际上是把事故的偶然性绝对化了。

7）懒惰作怪，敷衍了事。作业时能省力便省力，能将就则将就，图省事，怕麻烦。有的操作人员为节省时间，手握零件在机床上打孔，而不用虎钳或其他工具固定；有的宁愿冒险，明知设备运转不正常，也不愿停车检查，而是让它继续带“病”工作。

8）心不在焉，满不在乎。一是本人根本没有意识到危险的存在，认为规章制度都是领导用来卡人的，对安全规程缺乏正确认识；二是安全工作谈起来重要，比起来次要，干起来不要；三是认为违章是不可避免的，胡搅蛮缠、肆意违反。

9）好奇乱动，无意酿祸。有刚进厂的新职工，看到什么都新鲜，乱动乱摸，致使一些设备处于不正常、不安全状态；也有的老工人到其他岗位串岗，无意乱动设备，危及本人、殃及他人。

10）工作枯燥，厌倦心烦。企业一线职工的工作往往是重复操作，容易产生心理疲劳，久而久之便会形成厌倦心理，并形成安全麻痹症。

(4) 违章操作行为的心理原因

人的各种行为都受心理活动支配和影响，违章操作行为也不例外，同样会受到心理活动的影响。违章操作行为主要与这样一些心理因素相关。

1) 人的个性心理特征。人的一切心理活动都是在客观现实的作用下产生的，没有外界刺激就没有人的心理活动，客观现实不仅决定心理的内容，而且决定心理的形成和发展。而且，人的心理反应由于个性特征的不同而不同。所以，对同一客观事物，反应可能是大不相同的。人的个性心理特征是一个人在心理活动中所表现出来的，比较稳定和经常的特征，每个人的心理特征，正如每个人的面容各不相同，每个人都有自己的心理特征。例如，有人善于学习，掌握科学技术和生产技能很迅速；有的人对工作细心认真、一丝不苟，有人干活则粗枝大叶，马马虎虎；有人沉着、稳重、老练，有人则轻浮、急躁、冒失。人的某些生理特征，如反应速度、手的灵巧程度、视力、体力、某些生理缺陷、疾病、疲劳等，都是影响安全的因素。

2) 违章操作的心理状态。一般来说，导致事故发生的原因，归纳起来不外乎外因和内因两个方面。外因包括设备情况、预防措施、防护用品、环境温度、照明条件等。内因则包括操作人员的技术、心理活动或精神状态等方面不符合安全作业的要求。从统计调查资料中，可发现在工业企业中发生的事故，70%～80%是由于操作人员的操作行为发生错误或违章操作引起的。而人的行为是由人的心理状态支配的。所以，要研究和分析事故的内因，就必须研究和分析发生事故时操作人员的心理状态。

在事故发生之前，操作人员的心理状态多集中在以下几种情况：一是麻痹大意。例如，操作者对经常做的工作习以为常，并不感到有什么危险，“这种工作已经做过多少次，无所谓”，没有注意到反常现象等。在这些心理状态的支配下，操作人员就凭印象，毫不怀疑地根据过去的经验开始了作业，但结果是发生了事故。有时候由于没有进行日常检查，或在麻痹思想指导下，检查不够详细，出现了与预料的情况相反的状况，由于事发突然，就会因惊慌失措、手忙脚乱，而酿成事故。二是精力不集中。操作人员有特别高兴或忧虑的事情使情绪受到极大波动而发生事故，例如和同事、家属发生过争执，夫妻不和睦而心理不痛快，受批评而有情绪，或遇到特别高兴的事，感情冲动，思想不能集中，或忘记了按照操作程序进行作业，结果导致事故的发生。三是技术生疏。这种情况的心理状态通常是由于技术不熟练，遇事应变、应急能力差而造成的。有些操作者能力不强，但又很自负，他们没有足够的经验，却又过分自信，不能虚心求教，主动学习，存在着怕损害了自己自尊心的心理状态。结果在这种思想的支配下，最终导致了事故。另一种心理状态是：虽然注意到了反常情况，但自信以往经验。尽管在这种情况下，操作人员本身注意到了反常状态，但由于骄傲自满的情绪，相信自己考虑的方法是正确的，结果也就造成了事故。四是紧张导致判断错误。有的操作人员由于某些原因心情紧张，在心情紧张时，注意力分配上会产生偏差，顾此失彼，从而忙中出错。

2. 无意违章操作行为分析

一般来讲，违章可以分为无意违章与有意违章两类，分析这两类违章行为有助于找到违章的各类根源，从而减少违章行为。

(1) 无意违反安全操作规程的原因分析

无意违反安全操作规程行为的原因，主要有以下几个方面：

1) 劳动环境差和超负荷工作造成的身心疲劳。在生产条件差、劳动环境恶劣的情况下，经常超负荷工作，会导致人的生物节律紊乱，生理功能出现障碍。有时尽快完成任务、结束疲劳状态的欲望成为第一需要，操作中行动匆忙、草率，对事故苗头反应迟钝。当职工的工作量增加到一定的限度时，疲劳便会积累，积累达到一定程度，职工就可能出现违反操作规程的行为。

2) 不良的社会环境和家庭矛盾造成的力不从心。生产、生活中不良因素的影响会导致人的情绪波动。当人的情绪处于兴奋状态时，人的思维与动作较敏捷，处于抑制状态时，显得迟缓，处于某种极端状态时，往往有反常的举动，这样的情况均可能造成违章行为的发生。

3) 具有精神疾病和其他疾病的人的无意违规行为。患有精神疾患的人，对自己的行动无法进行正确的判断，不能允许其进入操作岗位。对于偶发精神疾患未能及时发现的患者，可能造成无意违规引发安全事故。另外，偶发的身体不适，因各器官之间缺乏协调，会造成注意力分散，自控能力下降，也可能无意违章，导致安全事故的发生。

(2) 无意违章的心理原因

无意违章行为的心理原因，主要有以下几个方面：

1）认知不良。由于对规程、设备、系统运行情况的理解、判断错误而导致的违章行为或违章操作，或是由于缺乏某些相关专业知识或缺乏经验而导致的违章行为或违章操作，而违章者主观上误以为符合规章。

2）过失。由于疏忽、遗忘导致了违反规章或操作规程，是事实上的违章，但违章者本人当时并没有意识到。如忘记某个操作步骤，记错操作方向，忘记系安全带，维修工作结束后忘拆除临时装置等。

3）不良的性格特点。性格是一个人对现实比较稳定的态度和与之相应的习惯行为方式。有的人性格行为反应迅速，精力充沛，但好逞强、爱发脾气，情绪波动大，相比之下，就易于发生事故。

总之，无意违章是由于人的认识、理解、判断失误，或疏忽、遗忘，或知识、经验不足。这些都是人的心理特点，任何人都不可能事事认识正确、判断准确、没有疏忽、没有遗忘。知识、经验不足也在所难免，人的知识、经验是逐步积累起来的。但这些过失或不足的严重程度不但与违章者的学习情况、健康状况、接受教育和训练的情况、工作经历等有关，也与当时的作业情况、作业环境有关。一个人生病、疲劳，或对自己所操作的系统不感兴趣、不够熟悉，或者作业强度过大，超出了生理、心理限度，如操作时要求记忆的内容太多，操作时要求选择的内容太多，或操作比较复杂，作业环境恶劣（包括不良的人际关系、不良的物理化学环境）等都容易犯无意违章的错误。总之，无意违章主要是由个人难以直接控制的因素造成的。

3. 有意违反安全操作规程的成因分析

有意违章就是有意识地违反规章制度，在生产作业中，那些严重违章行为、明知故犯的行为、明令禁止的行为，基本上都属于有意违章。

（1）有意违章者的心理影响因素

有意违章者的心理影响因素，主要体现在以下几个方面：

1）违章者认为自己追求的是以最小代价得到最大的效果，这是人们普遍存在的心理现象，所以违章有存在的基础。

2）违章者主观认为省时省力的做法。例如，不系安全带操作比系安全带操作更为方便灵活。同样，不戴安全帽操作，也更方便舒服；省去规程中规定的检查步骤节省时间；维修任务完成之后，不清点工具自然也省力省时。

3）违章并非一定导致事故。例如，不戴安全帽进现场，不一定被砸伤；不系安全带操作，不一定会坠落；维修时把小工具放在口袋里，不一定会掉到设备里；某些操作并非没有人监护就一定会出事故。这些现象大家都习以为常，在没有受到指责或处理的情况下，违章者主观认为没有风险。

除此之外，现有的规程和规章制度不够严谨，存在缺陷，如有些规定制定之前没有充分征求操作人员的意见；有些不必检查的操作步骤也规定必须检查；一些安全设施存在缺陷，如有些安全帽过重、过硬，有些工作服过于笨重，有些维修现场没有挂安全带的固定挂钩等，这些都是违章者不愿遵守规程的客观原因。

（2）对有意违章者认知和判断问题的分析

有意违章存在着主观与客观两个方面的原因，就主观而言，存在着认知和判断问题。

1）违章者的错误就在于把违章的风险和违章导致事故发生的概率等同起来。我们知道，风险等于事故严重程度与事故概率的乘积。也就是说，即使该事故发生的概率很小，其风险也是不容许忽视的。以不戴安全帽为例，不戴安全帽进现场，不一定会被砸伤，但是一旦被砸，砸伤（砸死）是必然的，其风险不能不考虑。有的违章操作甚至可以导致灾难性的后果。所以，违章导致事故的概率小，不等于风险小，违章者自认为风险不大的主观判断，事实上是错误的。

2）违章者把个人需要与企业需要等价对待。按规程操作来完成任务是企业安全的需要，与个人的各种需要是不等价的。任何个人的需要如果与企业的安全需要发生矛盾，应必须放弃个人需要，认识这一点是保证不违章的前提。

3）违章者衡量代价与效果的标准不对。违章者认为自己追求的是以最小代价得到最大效果，但是违章者没有考虑，衡量代价与效果的标准不是个人的得失而是他人或集体的安危，也包括自己的安全。如果能以最小代价保证安全、高效，那当然是应该充分肯定的，如果因为个人方便而导致事故，那将是不能饶恕的。

4）违章者没有考虑违章操作的潜在风险。违章操作的潜在风险很大，特别是在维修作业中违章操作的潜在风险更大。

4. 解决违章行为的心理学方法

事故教训告诫人们：一个人的心理特点很重要，对行为安全有直接关系。因此，企业和班组在安全管理中，需要重视与安全有关的心理问题，要采取有效措施，提高职工从心理上控制自己行为的能力，促使职工从“要我安全”转变到“我要安全”。

(1) 用心理学方法解决违章操作行为的必要性

违章操作行为多种多样，有主观与客观两个方面的原因，同时还涉及其他许多复杂的因素，因此解决和纠正违章操作问题就不能简单化。用心理学方法解决违章操作行为，是在运用规章制度、奖罚措施的基础上，变换一种思路，透过违章者的行为分析其心理变化，从而更好地纠正违章行为。

1）采用科学的用人机制。我国企业的管理模式比较强调职工从思想上、行动上的服从，管理者与被管理者的关系往往是指挥与服从的关系，并用奖惩办法强化这种关系，而对于用人机制的科学性、规范性研究较少。在社会环境、技术水平发生很大变化的情况下，安全管理除了采用新技术之外，更应重视对人的研究，因为如果没有科学的用人机制，任何操作规程和管理办法都有可能达不到预想的效果。要改变凭印象、靠经验进行管理的老传统，建立科学的选人、用人机制。

2）提高管理人员的思想认识。在一些管理人员的思想中，设备、技术是实的，看得见、摸得着；而人员、管理是虚的，他们对没有生命的机器、设备、原料怎样变成产品最为熟悉，而对人的管理也习惯于像对无生命的东西一样，生产中发生事故伤了人、死了人，就像设备出了故障或者报废一样。如果再算一下经济账，他们就会觉得损坏一台机器造成的经济损失更大。这种利益的权衡不仅形成了对伤亡事故的漠视，而且由于人的失误，造成了更大的设备、财产损失。

3）加强对职工心理素质的发掘和培养。从目前安全管理规章制度以及操作规程的要求来看，对人员提出的要求主要是从技术角度出发，在此基础上进行管理。而实际上，人在工作中的行为并不是只受规程和法规的约束，而与其心理状态、性格特点、智力水平有很大的关系。因此，人与工作的关系不能仅仅从工作要求人的角度出发，还要看人的特点是否适应工作的要求，这些要求除了技术素质外，其心理品质是重要的因素。如果只重视机器对人的要求，而忽视人的心理特点，就会出现一系列矛盾和问题。

人的素质包括先天素质和后天素质。在提高人的素质水平上，后天的教育和培训不能解决所有的问题，对于人的气质、性格特点、智力水平，并非通过几次培训就能得到提高。因此，改善安全管理的效果，除了教育培训外，可以考虑使用心理学手段，来了解人的基本能力素质和个性特征。然后有针对性地培养员工的心理素质，防止各类违章操作行为的发生。

(2) 违章管理的基本原则

对于违章行为的管理，许多企业都采取严厉处罚的态度，因而在制止违章行为时，往往言行不够文明，伤人的语言和生硬的态度使人难以接受，效果有时并不理想。应该认识到，违章管理的目的不是消灭违章行为，而是控制违章的风险，从这个基点出发，确立适合的违章管理基本原则。

1）控制违章风险，减少违章行为。违章管理的目的不是消灭违章行为（如果消灭违章当然最好），而是控制违章的风险（把违章的风险控制在可接受的水平），使违章行为减至最少，同时把违章损失减至最小。可接受的违章风险取决于作业性质，高危行业，如航空航天、核电、井下作业等违章风险就比较高。

2）提高管理者的管理水平。能否实现可接受的风险值，取决于管理者的管理水平、管理资源和科技水平，其中管理者的水平是关键。管理者对违章行为既要能非常理性地分析，又要能非常人性化地处理，坚持严肃、严格、严厉，让人能够接受。

（3）违章的系统管理

1）从分析违章行为的客观原因着手。一旦发生违章事件，首先应该组织有关人员分析违章的客观原因，这样做既可避免遗漏了某些客观因素，又有利于营造一种宽松的、实事求是的氛围，使违章者敢于说出自己的想法和违章行为。只有客观原因找准之后，才能较好地分析主观原因。

2）加强教育、培训，提高思想认识。要使操作人员建立安全的基本概念，树立风险意识，特别是对维修作业的潜在风险要有清醒的认识。安全与风险是一个问题的两面，有了风险意识也就有了安全意识，这样就会警惕各种危险源，提高责任感，就不会对各种违章风险做出错误的估计。有了风险意识，就能理解违章可能是零事故，但绝不是零风险，而且只要允许一次违章，就会有第二次、第三次，以致违章成为习惯性的、普遍性的，成为企业精神上的腐蚀剂。那样，必将导致频发事故，使企业蒙受巨大损失，甚至失去生存能力。必须使每一位职工都认识到，违章是绝对不能允许的。

3）改进操作方法，改善安全防护措施和设施。杜绝违章是个系统工程，因此除了培训、教育以外，还必须从其他方面采取措施。如定期组织规程编写人、执行人（包括违章者）以及安全监管人员对规程的正确性、准确性、表达方式等进行审评；对具体操作方法和步骤、安全防护措施进行广泛讨论；改进或改善安全防护设施和设备。如果安全帽既通风又轻巧，则不戴安全帽上岗的人就会少些；如果安全带既结实又轻便，则不肯系安全带登高操作的人也会少些。

4）完善检查、监督机制和奖惩制度。任何措施均不可能是尽善尽美的，特别是受资金和科技水平的限制，任何措施、设施和方法的改进都不可能完全满足操作者的要求。所以，还必须有一套反违章的检查、监督机制和奖惩制度。加强检查、核查和监护，一旦发现违章行为立即采取措施补救，对造成事故的，要追究个人责任，对由于有意违章而导致事故者要严肃处理，迫使有违章倾向者正确估计自己行为的风险，使一向遵章者更有自我约束的动力。同时，要奖励遵章守纪、对安全工作有突出贡献者。上述各项管理措施基础上的监督和奖惩，不是简单地管、卡、压，而是符合安全心理学的纪律教育和榜样示范。

5）尽可能采用防错、容错措施。人行为的可靠性是很难预测的，尽管实施各种措施都能减少违章的发生，但这些措施都不能保证违章不再出现，所以需要越多越好的防错、容错措施。例如，提高操作规程的可操作性，在重要操作步骤前加提示，以免遗漏等。

6）培育良好的安全文化氛围。企业内外对违章的态度以及重视安全的思想氛围，对违章者的行为有很大的影响。虽然违章发生在个人身上，但它不是一个孤立的事件，如果周围的人都有很强的安全意识，都把违章视为绝对不可容忍的行为，都有良好的按规程操作的习惯，那么违章操作就没有生存的土壤。所以，必须培育安全文化氛围，加强和提高安全责任意识和法律意识。这是最根本、最有效的措施，需要长期坚持。这种安全文化得以延续、发扬，就能逐步掌握违章的规律，积累防违章的经验，最终使违章的风险趋于零。

81. 检修人员违章作业招致的右臂绞断事故

对于化工厂来讲，一年一度的夏季大检修是必不可少的。作为一名指挥者，即使时间再紧，检修项目再小，都应该制定详细的检修计划、严密的安全措施。张某就因为在这一方面的麻痹大意，使一名职工失去了右臂，造成终生残疾。

2001 年 6 月 5 日，公司拉开了夏季检修的序幕。由于检修前厂里对检修项目、时间安排、备件准备、施工方案等进行了多次协商，尤其是对安全措施进行周密安排，所以检修进行得非常顺利，原定 5 天的检修计划，4 天就可以提前完成。张某作为煤焦车间检修项目负责人，正要为完成检修任务松口气时，突然接到总调电话，厂里临时决定对煤焦车间中控室 PLC 控制柜基本功能进行调试，重点进行 1～6 号皮带空投试验。中控室 PLC 控制柜是车间的中心枢纽，相当于人体的“大脑”，是进口设备，从开工到现在一直没有检修过，如果检修要请外国专家来配合。总调特别说明，这次主要是通过简单调试，积累、熟悉进口设备的检修经验，就不再专门开会确定检修方案了，要求做好相关安全措施的安排。

放下电话后，张某大脑迅速闪现本车间中控室 PLC 控制柜受控的皮带系统检修项目，好在除 5 号皮带机尾漏斗未完成检修外，其他系统已经检修完毕。张某心想，只是进行简单调试，只要注意点，不会出事的，于是在没有制定详细安全措施的情况下，就电话通知了正在 5 号皮带机尾漏斗内焊接衬板的检修工王某等 3 人，要求他们立即撤离皮带，并让当班皮带工将 5 号皮带通电制动器打开，准备空投试验。

为防万一，张某又打电话把其他皮带的检修项目重新确认一遍后，才放心地赶往 5 号皮带检修现场。可就在张某前往的路上，电话响了，5 号皮带检修工王某出事了。张某到现场一看，映入眼帘的是他终生难忘的一幕，只见王某倒在血泊中，他的右臂被皮带辊筒绞了进去。

原来，王某和其他工人接到电话后，虽然检修工作再用几分钟就干完了，但他们还是按要求离开了皮带。因为没有具体规定空投试车时间，在随后的十几分钟等待过程中，王某看空投试验仍没有进行，于是在未将皮带系统与 PLC 控制柜断开的情况下，又上了皮带，准备进入机尾漏斗用几分钟的时间把衬板焊完。谁知他刚上了皮带，警铃就响了，皮带随之移动，由于心慌，王某脚下不稳，身子一晃，头朝机尾滚筒倒在皮带上，他本能地伸出左手护头，用右手推挡滚筒，同行的另外两名检修工见状连忙大声喊叫，待值班人员断开事故开关时，王某的右臂已随皮带滑进机尾被辊筒挤伤。由于救助及时，王某的命算是保住了，但他永远失去了右臂，离开了检修岗位，调到物业公司看车棚。

针对这起事故，厂里进行了事故分析。当事人王某的违章作业是导致事故的直接原因，要负主要责任；而张某作为车间检修项目负责人，由于麻痹大意，协调、组织不力，安全措施不到位，犯有不可推卸的责任，这是造成事故的重要原因。

事故虽然过去几年了，但那次事故至今仍历历在目，仿佛就发生在昨天。每当夜深人静时，张某常常会浮想联翩：如果从思想上对临时增加的检修项目不轻视，制定有效的安全措施；如果进行空投试验前对 5 号皮带检修人员进行安全确认，看他们是否真正撤出危险场所；如果检修工王某不违章作业，上皮带前断开事故开关，或者是耐心再等一会儿……事故都不会发生。

事故教训与点评

在这起事故中，人员违章行为是导致事故的直接原因，明明通知将要进行空投试验，需要启动设备运转，在随后的十几分钟的等待过程中，作业人员看空投试验没有进行，于是冒险作业，进入机尾漏斗想用几分钟的时间把衬板焊完。谁知道，就是这凑巧，刚上了皮带，警铃就响了，皮带随之移动，事故就在这个时候发生了。事故之后，人们通常会设想“如果”，如果从思想上对临时增加的检修项目不轻视，制定有效的安全措施；如果进行空投试验前，对 5 号皮带检修人员进行安全确认，看他们是否真正撤出危险场所；如果检修工王某不违章作业，上皮带前断开事故开关，或者是耐心再等一会儿……事故都不会发生。但可惜的是，事故发生之后就不存在“如果”了。

尽管从事故统计的角度来看，大多数事故是违章行为引发的，但是，从微观上看，并不是每一次违章行为都会导致事故，导致事故的违章行为仅仅是作业者多次违章行为中的一次。按照违章者的话说，“这一次我倒霉”。为什么这一次倒霉？轨迹交叉理论认为，人的不安全行为和物的不安全状态的轨迹交叉点便构成了事故的时空。这就是说，事故并不是一个孤立的事件，人的违章行为可以看成是一个“触媒”，如果此时正巧“物”存在不安全状态或危险性，则人、物轨迹异常接触，事故便会发生。在正常情况下，由于设备的可靠性比较高，这种人、物轨迹不适当交叉的概率比较低。如果每一次违章都会导致事故，相信不会有多少人去冒这个风险。也正是因为这一点，才使作业者误认为，作业环境比较安全，即使违章也不会出事故，这种视小概率事件为零的容错思想，正是作业者敢于违章的心理基础。

就这起事故而言，原本只需要几分钟就可以完成的检修作业，却由于临时的干扰延误了，而且眼睁睁地看着时间过去，却没有动静，于是违章冒险的心理开始出现，随着时间的延长逐渐强烈，进而采取了违章冒险行为。心理学研究认为，人的行为规律一般是：客观事物的刺激引发需要，需要产生动机，动机支配行为，行为指向目标。有的事故就是一种“巧合”，就在人员开始违章冒险行为的时候，设备的运转启动了，于是导致人的不安全行为和物的不安全状态形成轨迹交叉，造成人员伤害事故。就像当事人所设想的“如果”，如果检修工王某不违章作业，上皮带前断开事故开关，或者是耐心再等一会儿……事故都不会发生。

82. 掘进工作业中不架设临时支护招致的伤亡事故

张某是重庆某集团一名掘进工，在一次工作中因怕麻烦未架设临时支护，空顶作业，煤壁片帮将其当场压死。他怀孕的妻子在得到消息后，当场晕死过去。

2006 年 4 月 1 日的一个早班，由于张某是刚来不久的新职工，在排班会上，值班队干反复叮嘱他该工作面存在片帮问题，要求他必须架好临时支护后再进行作业。到了工作面，张某和几名工友敲帮问顶后，大家也叮嘱张某："记住打临时支护。"张某却说："今天是愚人节，早点出井，晚上热闹热闹。"在大家的坚持下，张某无奈地说："你们负责打你们那边的，我负责打我这边的。"随后大家便各自工作起来，然而张某还是跳过打临时支护这一步，直接进入下一步施工作业。另外一边的两个临时支护刚架好，只听张某这边"轰"的一声，抬头望去，黑黑的一片，大家知道是煤壁片帮了，工友们一边退出工作面，一边呼叫张某的名字，可是却没有人回答。过了一会儿，大家进入工作面，发现张某已经倒在了血泊中，没有了气息。

张某就这样去了，没能和自己的孩子见上一面，他用自己年轻的生命去验证了架设临时支护的重要性。

在这起事故发生后，大家更加注重自主保安和互助保安了，有时一些职工，特别是参加工作的新职工不理解、嫌麻烦的时候，老职工都会跟他们讲起这起事故，让他们引以为戒。告诉他们，在工作面有片帮隐患存在时，打好临时支护就是为生命加上了安全保险。

事故教训与点评

这起事故的发生，一是当事人不听人们的劝告，自作主张；二是麻痹大意，违章冒险作业。由于怕麻烦未架设临时支护，空顶作业，结果煤壁片帮将其当场压死。事故的教训就是：在工作面有片帮隐患存在时，打好临时支护就是为生命加上了安全保险。

不同的人有不同的性格，性格对人的行为有很大影响。性格是人对现实的稳定的态度和习惯化了的行为方式，它贯穿于一个人的全部活动中，是构成个性的核心。性格又是十分复杂的心理现象，具有各种不同的特征。这些特征在不同的个体身上组成了不同的性格结构模式，使每个人在个性上独具特色。应该认识到，人的性格具有可塑性。人的性格虽然具有相对稳定性的特点，但又不是一成不变的，随着环境的变化、工作经历及自身的努力，都可以改变一个人的性格特征。当然，一个人已有的性格越是深刻稳定，改变他的性格就越不容易。在这起事故中，张某的性格对于事故的发生起到了不好的作用。在排班会上，值班队干反复叮嘱他该工作面存在片帮问题，要求他必须架好临时支护后再进行作业。到了工作面，大家也叮嘱张某："记住打临时支护"。但是张某最后还是跳过打临时支护这一步，直接进入下一步施工作业，结果煤壁片帮之后，他倒在了血泊中，没有了气息。

对于班组的安全工作来讲，要认识到，良好的性格并不完全是天生的，可以通过安全教育和技术培训等方式改变人的性格，塑造新的性格。在生产作业过程中，对那些不注意安全生产的职工，可以采取处罚以及说服等方式，来激发人们以不同方式进行自我教育、自我控制、自我监督，从而形成工作认真负责和重视安全生产的性格特征。因此通过各种途径注意培养职工认真负责、重视安全的性格，对安全生产将带来巨大的好处。

83. 违章在绞车前拉钢丝绳作业招来的伤害事故

2006 年 8 月 8 日夜班，当时张某和一个工友在南 1631 回风东头进行运输作业，当时由于空车在 6# 层和 7# 层穿层上山下落平 6 米处下道，下磨盘工发信号让松绳抬车。为了让工友拉绳子轻松点，他就站在绞车前 1 米处用手拉钢丝绳，当时绞车未停电，制动闸未刹车，工作闸也未完全松到零位，就习惯性地用手去拉未停电的绞车钢丝绳，这样感觉要轻松些。想想自己都老工人了，常常这样干，从没出过事！没有想到这次拉了两三米时，钢丝绳毛刺一下子就将其右手手套挂住，将其右手缠进了滚筒，造成了右手食指、中指、无名指、小指被钢丝绳勒掉的惨剧。庆幸的是自己当时还够清醒，及时将绞车停住了，不然后果不堪设想。

事故之后，张某好后悔自己当时为什么要站在绞车前拉钢丝绳；自己为什么不将绞车停电了再拉钢丝绳；自己为什么没有意识到习惯性违章的危害性；自己为什么……。习惯性违章让他从此成了残疾，他才 33 岁，他以后的路还有很远要走，可痛苦却将陪伴他一生。

事故教训与点评

这起事故主要源自于习惯性违章。张某站在绞车前 1 米处用手拉钢丝绳，当时绞车未停电，制动闸未刹车，工作闸也未完全松到零位，就习惯性地用手去拉未停电的绞车钢丝绳。没有想到，钢丝绳毛刺将其右手手套挂住，将其右手缠进了滚筒，造成了右手食指、中指、无名指、小指被钢丝绳勒掉的惨剧。

统计分析表明，习惯性违章操作是引起事故的主要原因之一，其隐蔽性和顽固性是安全管理一直寻求解决而又难以攻克的一道难题。所谓习惯性违章操作，是指那些职工习以为常的、经常性的、与安全管理制度或操作规程相违背的操作方法。习惯性违章操作具有以下特征：一是方便性。习惯性违章操作一般都比较方便、顺手，往往还能省工省力，简单易行，职工往往愿意自觉或不自觉地违章。二是实用性。习惯性违章操作往往能较快地处理生产中遇到的问题，而用正规的方法则很可能要花更多的时间，付出更多的劳动，这也是职工很容易学会违章的原因。三是隐患的隐蔽性。从理论上讲，违章操作都是不安全的，但不安全的程度和发生的概率有所不同。有的一违章就必定发生事故，有的则不一定发生事故。习惯性违章操作就属于后一种，其隐蔽性一般不能一眼识破，以致职工慢慢忽视了其隐患之所在，久而久之甚至将其看成了“正确”的操作。四是传递性。习惯性违章操作因方便、实用，而危险源容易被职工忽视，职工之间往往能自然而然地学会违章的方式方法。所以，习惯性违章操作有很强的生命力，能在职工中世代相传，除了因此发生了事故而被纠正外，很少有自行断传灭亡的。纠正习惯性违章，就要提高职工对习惯性违章操作危害的认识，方法是加强安全教育，结合实际，通过一些事故案例教训，特别是本企业本车间本岗位曾发生过事故案例，促使职工有所感触、有所警醒，能够自觉地认识到习惯性违章的危害，进而收到好的效果。

84. 违章扒车导致的双腿截肢招致事故

每逢佳节倍思亲，郭某公司运输队“三违”致残的职工李某，大年初一上午，在医院病房的轮椅上对医护人员和病人忏悔地说：“20年前我在井下如果不扒车蹬罐，就不会造成双腿截肢，就不会造成妻离子散，就不会造成终生残疾和痛苦，都怨我不讲安全，我真是上对不起父母，下对不起离去的妻儿。”说罢泪流满面，泣不成声……

20年前的李某高中毕业后，接父亲的班到公司运输队当上了一名记工员。1985年7月15日，他记完工从五采地区出来，看见大巷一列正在运行的拉煤罐车，就奋不顾身地违章扒上了罐车。由于罐车运行速度过快，在三采拐弯处5辆罐车发生脱轨，他被摔成重伤，在工友和医生的抢救下脱离了生命危险，为了保住生命，医生给他做了双腿截肢手术。他的脊椎在这次事故中也出了大问题，大小便失禁，生殖器失去功能。事故发生后，结婚三年的妻子抱着出生1周岁的儿子，从农村老家来到矿上探望和伺候。两年后双方感情破裂，妻子提出离婚，儿子经法院调解归妻子抚养。后来妻子带着儿子改嫁他人，从此李某过了20年的光棍生活。

事故教训与点评

这是一个 20 多年前发生的事故案例。当事人从五采地区出来，看见大巷一列正在运行的拉煤罐车，就奋不顾身地违章扒上了罐车，结果罐车发生脱轨，他被摔成重伤，两条腿截肢、大小便失禁，更加不幸的是妻离子散，从此过上了光棍生活。

类似的事故很多，这样的事故多发生于青年职工，引发事故的原因主要有两个，一个是身体上的疲劳，另一个是安全意识上的疲劳。身体上的疲劳很好理解，工作一天累了，看见罐车经过，为了省事省力，于是违章冒险扒车。安全意识上的疲劳，则是指在安全生产工作中，因长期绷紧安全这根弦，而在潜意识里对安全产生的某种抵触、麻痹，以及对安全行为产生错误判断等混沌的情绪状态，有人称之为“安全意识疲劳症”。“安全意识疲劳症”主要有四种表现：一是抑制的表现。这是指对安全学习、安全教育等活动失去兴趣，甚至排斥抵制，存在着躲避和逃遁的主观愿望。这点在青年工人中表现明显，查看安全教育签字记录就可发现，字迹潦草的都是年轻人。上完安全教育课找青年人提问，基本上是“一问三不知”。二是松弛的表现。这是指在执行规程和纪律等方面，出现松懈、不认真，基本特征是经常违章违纪，工作时蛮干，自以为是，思想上都有麻痹大意倾向。三是紧张的表现。指在安全生产中会产生一种无名的压力感，对安全感到惊慌失措，忧心忡忡，自己不相信自己，结果越怕越出事。这在老职工和基层管理人员中显得尤为突出。四是模糊的表现。指思绪不清，经常出现反应迟钝、注意力转移、思维定式错误、判断推理似是而非等现象。在工作中表现为马虎凑合、不在乎、麻痹、侥幸、图省事，以致违章、违纪，出事故。导致“安全意识疲劳症”的因素，有生理上的因素，也有心理上的因素，二者相较，心理上的因素更多一些。故此，在纠正人员类似的违章冒险行为时，要注意违章人员的心理因素，从心理因素上纠正，效果会更好一些。

85. 违章搭“顺风车”招来的左腿骨折事故

黄某2003年参加工作，是重庆某集团同华矿采煤队的一名计量工。他怎么也没想到，就为了早些下班，把自己撂病床上了，早知道这样，说什么也不会贪图一时之快搭乘“顺风车”下班了。

2005年12月16日8时，黄某在接受了班组工作安排和安全注意事项后，前往采煤二队开始计量工作。当采煤二队最后一趟原煤装好准备运至井底车场时，黄某便挤进小机车驾驶室准备搭“顺风车”下班，机车驾驶员当即说道：“下去，这样不安全。”但急于下班的黄某说：“没事，开车吧。”驾驶员没多说便开着机车往外行驶。由于驾驶室两人乘坐十分拥挤，黄某的左腿只能伸出驾驶室。当机车穿越大巷的第一道风门墙时，黄某感觉左腿一阵剧痛，立即高呼“停车”，驾驶员立即挂倒挡退车，但为时已晚，黄某左腿已被机车和风门墙挤断。驾驶员和押运员找来木板将黄某的伤腿捆扎，并立即向矿调度室汇报，随后救护队赶到，将黄某送往医院救治，经诊断，黄某的左腿为左股骨横断骨折。

在事后的事故追查会上，安监部门给黄某定性为严重违章。当黄某躺在病床上才想到：不但自己违章、受伤受罚，而且还连累了工友。黄某在这里想告诫那些像他一样贪图早下班的朋友：遵章守纪、自主保安、互助保安时刻放心上。

事故教训与点评

这起事故的发生，主要在于违章者的过错，挤进小机车驾驶室搭“顺风车”下班，机车驾驶员当即说道：“下去，这样不安全。”但急于下班的黄某说：“没事，开车吧。”当机车穿越风门墙时，左腿一阵剧痛，被机车和风门墙挤断。事后黄某非常后悔，告诫工友：遵章守纪、自主保安、互助保安时刻放心上，不要贪图一时之快搭乘“顺风车”下班。

这起事故属于典型的有意违章事故。有意违章是当事人在明知法规或操作规程的前提下，由于某种需要而有意不按规章行事，不按规程操作，在整个行为过程中存在主观故意性，是明知故犯。有意违章有一般有意违章、情境有意违章、性格型违章的区别，比较常见的是情境有意违章。这种违章是指当事人在一种特殊情境下的有意违章，如离结束工作的时间很近或快下班时，检查者不认真检查就签字；因时间紧迫没有做完就签字，或自己认为来不及请示就操作；监护人员看到操作人员很忙或操作很困难时就主动放弃监护去帮忙操作；或负责人看到现场人手紧，就违反安全规定支配监护人员去做别的事情；也包括“随大流”违章等。这种情况很普遍，其主观故意性比一般有意违章弱一些，更多的是由于当时的特殊情境。就这起事故而言，就属于情境有意违章，为了省事省力，贪图一时之快搭乘“顺风车”下班。

预防情境有意违章，既要依靠经常性教育，又要采取一些生动形象、别开生面的新方法。如有的单位把以往伤残的职工请到台上，向大家现身说法；每次发生事故或违章都在现场进行直观培训，通过事故案例或者违章危险教育职工；针对职工愿意摆功不愿讲过的心理特点，召开摆功会，从正面加强职工的安全意识教育等。同时，还可以经常进行电化安全教育，举办安全知识竞赛等。这些多种多样的形式和方法，具有潜移默化、润物无声、生动活泼的特点，比在课堂上进行说教式安全教育效果要好一些。

86. 违章在天井内炮烟中作业招来的中毒死亡事故

2005 年 4 月 25 日晚上 11 点钟，某矿调度室响起急促的电话铃声。一位工人在电话中声嘶力竭地吼着：“井下出事了，赶快救人!”顷刻间，人们的叫喊声和匆忙奔跑的脚步声打破了夜晚的宁静。人们声色凝重、心情焦急，都向井口飞奔而去。但愿这事故是一般的事故，而不是生命事故。

中毒人员升井后，医护人员经过检查，感到情况危急，给氧后要求赶快送市区医院进行抢救。令人遗憾和痛心的是，医院很快传来不幸的消息，中毒者因为中毒过深，抢救无效死亡。

这位中毒死亡者是四川籍人，姓邱，小伙子才 20 出头，刚结婚 3 个多月，过完春节就带上新婚的妻子出来打工。

那天，他上中班，和另一名工人负责一条天井的出渣工作。入井后，上早班的炮工下班晚了，还和他们会了面，告诉他们天井内炮烟大，不要上天井去作业。接着安全员检查到他们的作业地点，也发现了炮烟问题，要求他们出完天井下面的渣子就升井（因为天井未通，通风不畅），千万不能上天井去作业。可小邱和另一名工人就是不听炮工和安全员的劝阻，在 9 点多钟出完天井下面的渣子以后，在没有通风的情况下，自认为天井内的炮烟已经排出，就违章爬上天井去作业。结果，天井内聚集的正是有毒气体，他们上去以后感觉头疼，就赶快往下返，因为残存的炮烟毒气太大，他们已经被熏得身不由己，浑身没有了力气。其中一名工人在撤退的过程中从天井上掉了下来（天井上掘将近 30 米），幸免于难，而小邱可能是手脚无力，趴在了梯子上动弹不了，结果因中毒太深而死亡。

这是一起典型的违章作业事故，明知天井内的炮烟出不去，还要硬着头皮强行上去作业，把自己生命当儿戏，结果付出了生命的代价。

事故教训与点评

这是一起典型的违章作业事故。炮工告诉他们天井内炮烟大，不要上天井去作业，接着安全员也发现了炮烟问题，要求他们出完天井下面的渣子就升井，千万不能上天井去作业。事情就是这样的不可思议，小邱和另一名工人就是不听炮工和安全员的劝阻，在没有通风的情况下，自认为天井内的炮烟已经排出，就违章爬上天井去作业。结果，小邱因中毒太深而死亡，抛下新婚的妻子，抛下未来的美好生活。

人是安全生产中最活跃和最关键的因素，是企业管理者实施安全调控的最重要对象。对于事故的预防，要注重人的心理因素，要从心理学的角度来分析判断，消除不利影响，预防事故的发生。大量事故案例表明，造成人为事故主要有四个方面的原因：一是侥幸心理。明知违章，却认为是小概率事件，违章并不一定发生事故。二是冒险行为。明知有危险而为之，突出表现在工作中赶进度，怕麻烦而忽略办理必要手续，减少必要的安全措施等。三是思想麻痹。对经常性工作习以为常，凭经验办事，不注意分析变化了的具体情况而贸然行事。四是情绪不佳、注意力不集中或者过度紧张。对违章人员出现的侥幸心理和冒险行为，是安全意识淡薄和安全责任感不强的表现。对此，一方面要加强思想教育，提高职工的责任意识；另一方面可采取事故案例分析，让职工对违章造成事故的必然性以及事故的危害性有更加深刻的理解，提高他们的安全意识水平。思想麻痹往往表现为习惯性违章，可以通过组织分析日常工作中存在的习惯性违章问题，让职工对照检查，改正不良习惯，还可以就职工的弱点适时个别提醒。

87. 不停机清理浮煤导致了失去右臂伤害事故

刘某曾经和大家一样，有一个健康的身体，一个幸福的家庭。但由于他的一念之差，酿成灾祸，造成终生悔恨。

刘某原是黄陵某煤矿综采队的一名皮带检修工。2002年3月19日，他上四点班，在综采工作面检修皮带。20时30分，刘某和工友老白开始抽带，半小时后，抽带工作结束，随即开始调带。当时刘某和工友小郭在皮带内侧调带，老白等人在外侧边观察边调带。21时55分左右，由于转向滚筒与皮带间积有浮煤，本应停机后再作业，但刘某却图省事，用螺丝刀清理夹在滚筒和皮带之间的浮煤。突然刘某的右棉衣袖子被夹，将胳膊带了进去，结果虽然保住了性命，但右胳膊却永远失去了。

事故之后，刘某无法接受这个事实，每当与别人谈起自己受伤的经过，心中就充满了懊悔，就因为自己的一念之差，留下终生遗憾，曾产生过轻生的念头。没有了右臂，给生活带来了许多不便，就连平时简单的洗脸、穿衣服都得从头学起，更别说洗衣、做饭、换煤气等体力活了。妻子本来身体就不好，这就更加重了她的负担。2003 年，妻子因患病需要住院手术，作为丈夫，在妻子最痛苦的时候，最需要照顾的时候，却不能担当起照顾她的责任，刘某感到自己就像是一个废人，还要病痛中的妻子反过来安慰自己，感到羞愧极了，后悔极了。

事故教训与点评

在这起事故中，当事人看见转向滚筒与皮带间积有浮煤，本应停机后再作业，但是图省事，用螺丝刀清理夹在滚筒和皮带之间的浮煤，结果右棉衣袖子被夹，将胳膊带了进去，结果虽然保住了性命，但右胳膊却永远失去了。事故之后，刘某一开始无法接受这个事实，每当与别人谈起受伤的经过，心中就充满了懊悔，就因为一念之差，留下终生遗憾，并曾产生过轻生的念头。事故对人们的伤害是很深很深的，是对人无休无止的折磨。

在违章行为中，有无意违章与有意违章的区别。有意违章，是指行为人在明知法律法规、规章制度、强制标准等（可统称为“法规”）有关规定的前提下，采取了法规所不允许的行动或不采取法规所要求的行动。有意违章行为的特点就是在行为发生的过程中，行为人存在着主观的故意性，即明知故犯。人的任何行为均受到动机的驱使，动机的产生必然有其生理或心理上的需求，有意违章的行为也不例外。一般有意违章行为的发生，是多种激励因素和抑制因素共同作用的结果。在多数情况下，有意违章的动机是图省事怕麻烦，或者是为了省时省力。这起事故就是如此，由于转向滚筒与皮带间积有浮煤，本应停机后再作业，但是为了图省事，用螺丝刀清理夹在滚筒和皮带之间的浮煤。需要注意的是，有意违章行为是人的不安全行为的重要方面。由于行为人在违章行为发生的过程中，具有主观故意性，同时具有隐蔽性，因此，往往给安全生产管理工作带来很大的难度，是企业安全监督管理的难点之一。对此，班组要针对有意违章行为制定有效的防范措施，采取重奖重罚的手段，坚决制止职工的有意违章行为。

88. 违章带电作业致使左臂留下永久伤疤

2008 年 6 月，高某和小曹被分配到矿机电科当电工。他们刚到一个全新的环境，处处觉得新鲜，也没有工作经验。在一次工作中，由于他们安全意识不强，违反操作规程，致使电线短路，强烈的电弧在高某的左臂上留下了一个永久的伤疤。

那是一天下午，班长和车间的师傅们都要下井干活，班长安排高某和小曹在车间的配电盘上拆线，临走时还再三嘱咐他俩一定要先停电再工作。

班长走后，高某和小曹匆忙把电停了，拿起工具就去配电盘上拆线。拆完线之后，高某把线从里边的窟窿里往外抽，这一抽不要紧，当时只觉得眼前一亮，他下意识地赶紧扭头，把手里的电线头也扔了，可还是被强烈的电弧刺得两眼睁不开，心脏怦怦乱跳。当时高某想，不会失明吧？这次事故把高某的头发烧焦了，胳膊上有一块皮肤当时就黑了。

高某和小曹都被吓坏了，在车间等着班长回来。班长回来后，一看他们的样子就觉得不对劲，问出了什么事。他们把经过一说，班长当时非常着急，先问高某怎么样，又去配电盘检查。他拿出电笔一测量，结果显示还有电，这让高某和小曹都愣住了。经班长检查才发现，原来是他们匆忙停电时把电源搞错了。在以后的工作中，左臂上的这块伤痕就像一个警示牌，时刻提醒高某要认真细致，要把安全放在第一位。

事故教训与点评

这起事故的发生，一方面是高某没有实际工作经验，没有老职工指导；另一方面则是安全意识不强，违反操作规程。电工的工作具有特殊性，具有不可视性的特点，也就是说看不见电的存在，这不同于其他工作。如矿工，能看得见煤，车工能看得见车床，电工是看不见电的。由于电工工作特殊性，要求在作业之前，必须检测电线电缆等是否带电，不能带电作业。在这起事故中，两位新电工断电之后，没有检测电线电缆是否有电就盲目作业，因而属于违章操作。

在认知心理学中，认知是指个体对于社会的和物质环境的最简单、最初的理解。人类行为的产生，首先有赖于个体对外在环境的看法，这个看法就是透过认知作用而产生的。

例如，人们对“电”的最初的认知，一般认为高压供电线路危险，低压供电线路比较安全。从制度上来看，从事高压电气作业，有严格的规章制度，如工作票制度、工作许可证制度、工作监护制度，恢复送电制度等。这一切又加深了人们对“电”的进一步认识：电压等级太高，万一有闪失，后果不堪设想。因此，在高压供电线路作业中，违章行为比较少。据统计，只有2%的触电事故发生在高压供电线路作业中，其余的触电事故均发生在低压供电线路中。在生产和生活中，由于用电范围广，380伏的动力线、220伏的照明线在视线范围以内处处可见，作业人员对用电现象可谓司空见惯，到了熟视无睹的地步。因此，用电管理的规章制度虽然有，但执行起来却没有高压供电系统那么严格，像接个线、换个灯泡什么的，稍有一点用电常识的人也能应付。而对于专业电工来讲，每天都会接触到电，久而久之，一些应该遵守的操作规程也会逐渐马虎起来。但是事故往往就在人们马虎大意的时候发生，就在人们认为安全保险的时候发生。因此，遵守安全操作规程，是安全的最可靠的保障。

89. 背对天车司机指挥吊车断送两根手指的教训

2005年12月31日正值辞旧迎新的日子，却成了黄某记忆中永远的伤痛，那一天他失去了两根手指。从那一天起。黄某从一名健全人变成了一名残疾人，那一天他才真正明白了“安全是生命之本，违章是事故之源”这句安全警语的深刻含义。

黄某是一名废次材料回收工，作业中经常与天车打交道。记得那天在卸放最后一个料斗时，因吊车迟迟不能把料斗整齐摆放在定置管理的位置上，黄某一着急就用双手去推料斗，并背对着天车司机，这样就只能吹口哨给出起吊信号。黄某在给出起吊信号后，却迟迟未见吊车启动，于是就回头去看吊车司机，并挥动右手示意天车司机按信号动车，左手仍然扶在料斗的边部。谁知就在他回头看吊车司机的时候，吊车动了，吊起的料斗与摆放在地上的料斗碰撞了一下，结果把黄某扶在料斗边沿的左手手指给挤压烂了。

当黄某在手术台上，听见“咔嚓”的手术声，经历着十指连心的那种痛彻心扉的疼痛时；当他躺在病床上，看着妻子对他细致入微的照顾越加憔悴时；当他想起那深藏于记忆中血肉模糊的伤指时，内心就升起无尽的悔恨和痛楚。他也常常默问自己“为什么不按规程正对天车司机给指吊信号呢?”“为什么不站在安全道上扶放料斗呢?”“为什么不把危险辨识活动中分析的危险因素落实到作业中呢?”黄某知道，这些责问已经不能改变断指事故的现实，也不能让他长出那两根手指，但他想用他的伤痛提醒工友们：1%的疏忽或许就是100%的事故苗头，要自己安全，那就任何时候都不能放松警惕，不能违章作业。

事故教训与点评

这起事故的发生，主要原因是当事人的违章作业，用双手去推料斗，并背对着天车司机吹口哨给出起吊信号。这样给出的信号不明确，吊车司机难以判断，吊车启动后，吊起的料斗与摆放在地上的料斗碰撞了一下，结果把当事人扶在料斗边沿的左手手指给挤压烂了。这起事故的发生，其实还有一个潜在的原因，那就是卸放最后一个料斗，因吊车迟迟不能把料斗整齐摆放在定置管理的位置上，心中着急，于是就用双手去推料斗。一些事故的发生，经常也是这样的原因，临近下班，心中着急，于是违章作业。

事故的发生是由一系列的失误和错误综合作用的结果，一个小的意外、一个简单的原因，就能够导致一次事故的发生。这些失误和错误构成了事故发生的因果链，如果在事故发生过程中能及时切断这个链条，就不会有最后的惨痛损失。从事生产作业的一线职工，直接与各种危险物质和机械接触，操作中的失误往往是事故发生的导火索，而且操作者在事故发生后往往也是事故的受害者。从人的需要层次理论上看，保护自身的生命安全和肢体健全是人最基本的需要之一，保持行为安全也是人的最重要的动机之一。所以，切记这位事故受害者的忠告：1%的疏忽或许就是100%的事故苗头，要自己安全，那就任何时候都不能放松警惕，不能违章作业。

90.“行家里手”违章操作招来的伤害

大学里李某的专业是仪表自动化，毕业后来到河北某煤业集团计控处当了一名仪表维修工。四年大学学习，让他有较好的理论基础，再加上参加工作后勤于动手，很快成为同事眼中仪表维护的“行家里手”，年轻的他不禁有些飘飘然，经常有意无意地习惯性违章操作。

2002年9月17日是李某永远难忘的一天。那天正好轮到他和小张值班。上班后不久，调度打来电话通知，配料车间的一个反应器压力表失灵，急需维修。对于仪表维修工来说，这是再简单不过的活儿了，故障原因不是压力表坏了，就是信号堵塞。李某觉得这活儿技术含量低，手到“病”除，于是就违反互监互保制度，没有叫正在准备自学考试忙于复习的小张，独自带上工具赶赴现场。一到现场后，李某跟配料车间操作工打过招呼，便拆下压力表进行测试，压力表没有问题，于是他怀疑是液相介质泄漏堵塞阀门，导致压力表失灵。

按照操作规程，仪表维修工到现场作业，除仪表本体维护操作外，其他都要由车间生产工艺人员来完成，仪表维修工不能私自动用工艺系统及相关设备。但李某觉得凭着自己较好的技术，在极短的时间内就会处理完毕，因此就没有按照程序与配料车间工艺人员沟通分析和确认故障。在不熟悉工艺流程的情况下，他擅自关闭了南北两侧导淋排除管阀门，没有系安全带就登上罐顶试图打开阀门法兰检查处理堵塞故障。没想到的是，法兰刚一打开便喷出大量氢气引发爆燃，急于躲闪的他从罐顶坠落，导致腰椎摔成粉碎性骨折……

经过三次手术近一年的治疗，李某才重返工作岗位，但许多仪表维护工作他都做不了了，因为一用力，腰就疼痛难忍。在饱受肉体痛苦的同时，他的心灵也遭受着痛苦的折磨。事故发生后，昔日乐观开朗的他变得沉闷了许多，因为每每想起事故发生时的那一刻，仍心有余悸。事后，李某想过很多如果，如果当时身边有小张互监互保，如果当时按照程序询问车间工艺人员，如果当时高空作业系好安全带……

后果就不会像现在这样，违章的教训太深刻了。

人们常说艺高人胆大。但在安全生产中，坚决不能有这种想法，更不能为逞一时之勇，违反操作规程，因为任何一点疏忽，都可能酿成悲剧。

事故教训与点评

这起事故的发生，就在于违章作业。按照操作规程，仪表维修工到现场作业，除仪表本体维护操作外，其他都要由车间生产工艺人员来完成，仪表维修工不能私自动用工艺系统及相关设备。由于李某感觉技术好，逞强逞能，擅自关闭了南北两侧导淋排除管阀门，没有系安全带，就登上罐顶试图打开阀门法兰检查处理堵塞故障，完全超出仪表维护工作的范围，导致事故就不可避免。所以，在安全生产中，坚决不能有艺高人胆大的想法，更不能为逞一时之勇，违反操作规程，因为任何一点疏忽，都可能酿成悲剧。

有意违章既然是违章者的故意行为，就可以用人的行为心理学来分析其心理活动。人的行为是人内心活动的外在表现，任何行为都受动机的驱使，动机越强烈，或者说动机强度越大，行为可能性就越大。而动机来自人的需要和外界刺激。对同一操作而言，操作者是遵章还是违章，最终驱动操作者行为的是他主观的需要和周围环境对他的影响，同时他还要考虑违章带来的风险，周围人对他违章行为的认可等。在许多情况下，经常会出现一时冲动、“一念之差”导致的有意违章行为。在许多时候，有意违章者没有考虑违章操作的潜在风险。违章操作的潜在风险其实是很大的，特别是在维修作业中违章操作的潜在风险更大。例如，由于维修人员对将要进行维修的设备或系统以及现场情况不像运行人员那样熟悉，或是缺乏相关知识，因而现场维修人员不容易事先估计到一些已经潜在的不安全因素，特别是在抢修时，如果此时违章操作更加危险，就有可能导致事故。这起事故就是如此，面对危险却不知危险，那就是有意违章人员所要面临的大危险。

91. 盲目听从违章指挥导致的楼房倒塌伤亡事故

2005 年 7 月，江苏省某房屋拆迁公司在项目中标后，违规将工程转包给私人施工，施工中在破碎关键的一根基柱时大楼楼体突然倒塌，导致一名操作工刘某当场被砸死。

（1）事故经过

2005 年 7 月，江苏省某公司办公大楼（四层）因在城市规划红线区域内被要求限期拆除。某房屋拆迁公司中标后，违规将工程转包给汪某施工，汪某雇用破碎机机主李某作业，李某雇用刘某为其驾驶破碎机。

7 月 17 日，刘某操作破碎机放倒了办公大楼的 4 根基柱中的 3 根，但大楼未倒塌，刘某意识到这根基柱是主柱，如果施工不当，极易使大楼倒塌发生安全事故，于是立即停止作业，向李某报告，李某在未经思考的情况下，盲目指挥刘某破碎关键的一根基柱，破碎过程中大楼楼体突然倒塌，楼房砸在破碎机上，操作工刘某当场被砸死。

（2）事故原因分析

造成事故的直接原因，是破碎机主李某在未制定该楼拆除施工方案，安全防范措施未落实的情况下盲目指挥，特别是在明知危险的情况下（楼房 4 根立柱，仅有 1 根尚存），违章指挥，冒险作业，从而酿成悲剧。

造成事故的间接原因：一是此房屋拆迁公司明知汪某无拆房资质，仍违法将工程转包给汪某。此外，汪某缺乏施工技术和现场安全管理经验，所雇用的拆房人员也均未经安全培训，属于无证上岗。施工现场既未设置必要的安全警示标志，也无任何安全防护设施。二是从事特种作业的刘某，未经培训、无证操作，特别是在发现险情的情况下，盲目听从违章指挥，从而违章作业，成为这起事故的肇事者和受害者。

事故教训与点评

由于房屋拆除行业不规范，人员混杂，各种违章指挥、违章作业的情况并不鲜见，因而发生这样的事故也就不奇怪了。对于作业人员来讲，需要注意的是，在明明知道存在危险的情况下，如何应对违章指挥。在这起事故中，刘某操作破碎机放倒了办公大楼的 4 根基柱中的 3 根，但大楼未倒塌，刘某意识到最后一根基柱是主柱，如果施工不当，极易使大楼倒塌发生安全事故，于是立即停止作业，向李某报告。但是李某在未经思考的情况下，盲目指挥刘某破碎关键的一根基柱，破碎过程中大楼楼体突然倒塌，楼房砸在破碎机上，操作工刘某当场被砸死。应该说刘某死得很冤，能够避免危险，可是却死了。但是刘某死得又不冤，因为他听从了错误的指挥。

违章指挥往往是项目的负责人，这些人明知可能发生危险及事故，抱着侥幸心理，而下达了错误指令，造成的事故属于责任事故。在这起事故中，李某的违章指挥是“导火索”。作业人员有权拒绝违章指挥和强令冒险作业，面对生死，应该说“不”。当前，随着经济的迅速发展，大量农民工、季节工走上工作岗位，其中不少人在危险性较大的岗位（如拆房作业）从事生产经营活动，这些人普遍存在着文化素质低，安全意识差，缺乏预防、处理事故及紧急情况的避险能力，他们已经成为安全事故伤害的主要群体。在生产作业中，不仅需要杜绝违章作业，还需要回绝违章指挥，特别是在决定生死的危险面前，一定要记住：人的生命只有一次，安全最为重要。

92.擅自连接碘钨灯电源导致的人员触电事故

2003 年 7 月 18 日，某建筑工地两名职工在地下二层抹顶棚与墙底的阴角线。由于光线较暗，一名职工擅自从仓库中取出一个三级电源箱和一盏碘钨灯，并私自将三级电源箱电源插到二极箱后，不幸触电身亡。

（1）事故经过

2003 年 7 月 18 日下午 2 时，某建筑工地的两名职工汤某、刘某，在工地 AB 区地下二层抹顶棚与墙底的阴角线。由于光线较暗，作业不便，于是汤某趁仓库管理人员不在，擅自从仓库中取出一个三级电源箱和一盏碘钨灯。由于碘钨灯一头接线断开，使用一根塑铜线将相线与灯管进行搭接，并私自将三级电源箱电源插到二极箱后（电源箱为外接式配电箱）。汤某在将碘钨灯电源插到三级电源箱上时，身体触电，向前一扑，俯卧在三级电源箱上，刘某急忙跑到 20 米外的二级箱处拔掉电源插头，并将汤某急送医院，但因其心脏衰竭经抢救无效而死亡。

（2）事故原因分析

经过事故调查组认真调查取证，事故原因如下：

造成事故的直接原因是汤某严重违章，不经仓库管理人员允许，私自取用不合格的电源箱和碘钨灯，并私自搭接碘钨灯的电源线而造成碰壳，发生触电事故。

造成事故的间接原因：一是公司对安全管理制度执行不力，安全教育工作不到位，仓库管理人员擅离职守，安全检查人员没有及时发现事故隐患，工长没有严格执行安全交底，安全意识不强，从而导致人的不安全行为发生。二是仓库管理制度不健全，对好坏设备没有严格区分做出明显标记，二级箱没有上锁，安全检查不到位，导致物的不安全状态存在。三是当汤某手扶三级电源箱外壳，站在潮湿场地上时，三级电源箱漏电开关不起作用，又无接零保护，由此而造成触电。

（3）防范措施

事故之后，采取了如下防范措施：

一是加强人员的管理。要积极贯彻“安全第一，预防为主”的方针，各级领导应重视安全，健全各级安全法规与制度，落实措施，杜绝违章指挥和违章操作等不安全行为。要加强对电气技工的管理，电气技工必须经过安全技术培训，考试合格后方能上岗；加强安全用电宣传，增强所有职工的电气安全知识教育。

二是加强设备的管理。要对电气设备（电源箱、电焊机、移动式及手持电气设备等）加强管理，如电气电网应有实际走向平面布置图，间距应符合安全要求，架设临时电源线必须有“审批单”，电源箱设专人管理等；贯彻落实电气标准和法规，加强对施工现场电气设备的日常检查并记录在案，贯彻落实安全交底制度，并有书面记录。

三是加强环境的控制。做到周边有警示标志和围护设施，与高压线的距离符合安全要求，设备布置合理，尽量避免潮湿、多烟雾及高温、周边有导电体及危险品存在的环境。

事故教训与点评

这起事故的发生具有必然性，一名职工严重违章，不经仓库管理人员允许，私自取用不合格的电源箱和碘钨灯，并私自搭接碘钨灯的电源线而造成碰壳，发生触电事故，导致自身伤亡。

这起事故也是一起严重违章事故。长期以来，企业一直将安全管理的重点放在对设施设备的管理上，比较容易忽视对人的管理。事实上，绝大多数的事故都是由人为原因即不安全行为造成的。人的不安全行为可以分为有意识的和无意识的两大类，不论是有意识的还是无意识的不安全行为，大都与人的个性心理特征等密切相关。一般说来，影响人的安全行为的主要因素包括以下几个方面：健康和疲劳状况、心理素质、性格和气质、情绪状态、信息处理过程失误、能力与技能、群体影响、其他客观原因等。在这起事故中，特别值得关注性格和气质因素。在实际中我们不难发现，具有鲁莽、草率、懒惰等不良性格的人比其他人更易发生事故。研究表明，不同性格和气质的人适合于不同的工作岗位，当人处于自己不适合的岗位上时，其行为很容易偏离正常的轨道，更容易发生不安全行为。假如将职工安排在与之心理特征不符的岗位上，就会形成安全隐患。此外，在事故发生率中，还存在一个“二八”法则，即小部分人（20%）造成了大部分事故（80%）。根据心理学家在一家工厂里的调查结果，发现常出事故的人占总人数的20%，其中6%的员工却占事故总数的65%，因此将这部分人称为“事故倾向人”。如果能在早期发现事故倾向人，加强安全教育，改变安全态度，努力做到遵章守纪，那么就会减少事故的发生。

93. 违纪脱岗造成的膨胀机烧瓦损失事故

2004年12月17日，某公司在生产过程中，由于当班主操作人员违反劳动纪律脱岗，致使空气分离装置发生严重的膨胀机烧瓦事故，导致刚大修不到半年的1#膨胀机的2副轴瓦及主轴全部烧毁，经济损失2万多元。

（1）事故经过

2004年12月17日19时18分，某公司在生产过程中因电压低导致正在运行的1#膨胀机油压低联锁跳车。虽然此前该膨胀机的快速紧急切断阀一直内漏不能完全关闭，但是由于当时在主控室里的是一名刚转岗4个多月、没有任何操作经验的新操作工，当班主操及现场岗位人员均不在岗，所以没有人在第一时间按要求立即跑步到现场，通过关闭现场手动截止阀将膨胀机完全停下。大约3分钟之后，当处在约150米之外的班长闻讯赶到后，膨胀机增压端和膨胀端的轴温已经快速上升，导致发生烧瓦事故。

（2）事故原因分析

这是一起典型的生产责任事故，充分暴露了该公司在生产管理中的薄弱环节。造成事故的主要原因有：

一是管理不善，当班人员严重脱岗。调查发现，事故发生时，除班长正常外出巡检外，当班主操及现场岗位人员均不在岗，整个控制室只有一名 4 个月以前刚转岗的新操作工值班。

二是设备维护不到位，油泵断电联锁失灵。膨胀机油站设有主、辅 2 台油泵，且由 2 条不同的线路分别供电。正常情况下，当 1# 主油泵失电跳车后，2# 辅助油泵会通过联锁开关立即启动，从而确保供油安全。但在这次事故中，在主油泵失电跳车后，备用油泵却一直都没有联锁启动。

三是设备带“病”运行，紧急切断阀起不到切断作用。虽然知道 1# 膨胀机的快速紧急切断阀内漏严重，但却仍然让其带“病”运行。

四是对特殊应急设备缺乏定期校验，未及时发现油压容器气囊失压，不能供油。按设计要求，在油泵停运后，作为给膨胀机供油的应急设备，油压容器应该能继续供油 3～5 分钟。但是由于对特殊应急设备缺乏定期校验，未及时发现油压容器气囊失压，在这次事故中，在 1# 油泵跳车后，油压容器继续向膨胀机供油时间不足 20 秒。

（3）防范措施

事故之后，采取了下列防范措施：

一是加强生产和设备管理，严格执行有关管理制度。包括加强劳动纪律，禁止职工班中脱岗；加强业务培训，不断提高职工应对紧急突发事故的能力；积极开展上岗资格考试，要求职工持证上岗。同时严格禁止让学徒工单独顶岗，严格执行设备定期检验和维护制度。

二是对膨胀机进行全面维修，消除设备隐患。更换膨胀机快速紧急切断阀，彻底消除设备隐患。利用 2005 年 5 月公司停车大修的机会，将长期以来一直“关不死”的 1#、2# 膨胀机的快速紧急切断阀全部进行更换，确保紧急情况下该阀都能在 5 秒内完全关闭并使膨胀机都能完全停止运转。

三是更换联锁开关并定期检查确认是否好用。在确认 2# 油泵没按要求立即启动的原因为电气联锁开关严重老化之后，有关单位第 2 天就对联锁开关进行了全部更换；同时有关部门也依据该公司有关备机管理制度加强了对油站尤其 2 台油泵的管理，要求定期做油泵断电联锁试验，确保油泵及其联锁开关灵活好用。

四是对膨胀机油路进行改造，确保油压容器能单独供油。鉴于原设计膨胀机油站是一个整体，更换油压容器比较困难，于是有关部门就在原有压力油箱之后又新增了一个较大号压力油箱，以保证在油泵停车后仍能继续单独向膨胀机供油 3～5 分钟。

事故教训与点评

这起事故的发生有些意外，在生产过程中突然出现低电压，导致正在运行的 1# 膨胀机油压低联锁跳车。由于班长外出巡检，当班主操及现场岗位人员均不在岗，没有人在第一时间按要求关闭现场手动截止阀将膨胀机完全停下，结果导致发生烧瓦事故。

据统计，目前在企业中 35 岁以下青年职工约占职工总数的一半以上，他们是企业的生力军，是安全生产中不可忽视的力量。但是需要注意的是，在发生的工伤事故中、设备事故中，青年职工占了大部分的比例，而引发事故的原因大都是缺乏安全意识和安全常识，违反操作规程，违反劳动纪律。其结果既损害了国家和企业的利益，又给自己的成长留下了难以逆转的创伤。青年职工的优点是思想活跃，精力充沛，富有朝气，许多人还具有一定的科学文化知识和专业知识。但是他们的缺点也很明显，主要体现在：一是思想涣散，纪律松弛。有些青年职工根本不把“安全”当回事，有的还把纪律与自由对立起来，想要怎么干就怎么干，甚至上班时串岗、脱岗、睡觉；有的明知第二天要上班，晚上照旧玩牌、跳舞、喝酒，不到天明不散；有的青年职工工作不负责任，办起事来总是毛毛糙糙等。二是知识贫乏，不懂安全。青年职工学历普遍较低，在一些艰苦劳累以及危险的岗位中，文化程度更为低下。他们对安全生产的基本常识不懂，对生产过程中物、机、料的性能和操作技术缺乏，对突发性事故不具备最基本的处置能力。三是技术技能上存在缺陷。由于重学历轻技术，许多企业技术高超的青工屈指可数，中级、初级工占了绝大多数。一些青工贪图安逸，不思进取，不愿刻苦学技术，甚至对操作程序也似懂非懂，以致遇到突发变故无所适从，造成了自己或他人的伤害。对此，应注重培训，提高青工的素质。可以针对青年人追求上进、争强好胜的心理特点，设计一系列适合青工的竞赛活动，如争当“青年岗位能手”活动，安全知识竞赛、演讲活动等，抓典型促推广，抓转化促提高，努力形成你追我赶共同提高的良好局面。同时要严格管理，培养自觉遵章守纪的习惯。

企业要重视规章制度的制定和完善，更要重于落实检查，既有激励又有约束，引导青年职工自觉遵守劳动纪律，养成严格按规程操作的习惯。

94. 违章操作导致的触电事故

2004 年 2 月 2 日上午，湖北某化工公司为避高峰停电，值班电工检查时发现 2# 电炉高压室 35 千伏安相电流互感器上有异常声音，班长王某没有作任何安排，便独自一人爬上支撑互感器的铁架第二层（距地面 1.7 米），左手抓在支架的顶层角铁上，用右手试探互感器，结果因触电从支架上坠落下来，造成头部重伤事故。

（1）事故经过

2004 年 2 月 2 日上午，湖北某化工公司为避高峰停电，按常规 3 台电炉都进入了正常生产状态。值班电工李某在巡岗检查时发现，距地面 2.5 米高处的 2# 电炉高压室 35 千伏安相电流互感器上有异常声音，从高压室返回后便将此情况向班长王某做了汇报，班长王某没有作任何安排，便自己一人拿了手套去了 2# 炉，李某见班长王某前去 2# 炉，随即也跟了上去。王某经过变压器房顺便停了变压器排风扇，就径直走向高压室，爬上支撑互感器的铁架第二层（距地面 1.7 米），左手抓在支架的顶层角铁上，用右手试探互感器。因室内光线较暗，王某叫李某把灯拉开，李某转身开灯时，忽然听到王某的叫喊声，发现王某已被吸上了 35 千伏安的互感器铝排并产生了弧光。李某见状急忙叫喊该电炉配电工停电，配电工听到喊声后立即停了电，此时王某从支架上坠落下来，着地时头部撞在墙角一水泥盖板上，导致头部重伤。现场人员急忙将王某送往医院，经检查，王某头部重伤，右手背及双脚有被电击的伤痕，住院治疗。

（2）事故原因分析

从事故发生经过和现场勘查分析，这是一起典型的违章操作事故。

造成事故的直接原因，是王某安全意识差和专业技术素质低。从事故发生的经过来看，王某自始至终没有一点安全警惕性，严重违章操作。王某是经过专业电工培训并从事 5 年工作的电工，竟然连 35 千伏安的高压都敢用手触摸，实在是太“大胆”了。

造成事故的间接原因：一是车间安全生产责任制落实不到位，日常安全管理松懈，车间安全管理以不出事故为目标，职工只管干活，没有认真研究如何保证不出事，没有能够形成安全管理齐抓共管的局面。二是电工检修作业严重违反安全操作规程，作业时未佩戴规定的电工作业安防用品（绝缘手套、绝缘鞋、绝缘服装及安全帽等）。三是职工培训不到位，技术水平低，职工在作业中存在侥幸心理。

（3）防范措施

事故之后，采取了以下防范措施：

一是按照公司《内部承包合同》规定，由企管部在年度合同兑现时进行考核，同时取消该公司 2 月份全员安全考核奖励工资。

二是该化工公司应认真吸取因管理不到位而酿成本次事故发生的惨痛教训，切实从管理入手，严格按章操作，杜绝违章现象。

三是强化职工专业技术培训和安全教育，提高职工操作知识水平和自我安全防护意识。

事故教训与点评

这起事故的发生有点莫名其妙，值班电工在巡岗检查时发现，2#电炉高压室 35 千伏安相电流互感器上有异常声音，向班长王某做了汇报，班长王某没有作任何安排，便自己一人拿了手套去了 2#炉，接着爬上支撑互感器的铁架第二层（距地面 1.7 米），左手抓在支架的顶层角铁上，用右手试探互感器，互感器产生弧光，王某触电从支架上坠落下来，导致头部重伤。

从班长王某心理过程和行为方式来看，可能是这样：当听到汇报说电流互感器上有异常声音，心中疑惑，在一边思考的同时一边不由自主去实际探查，由此而忘记了安全操作规程的要求，也忽视了自身的安全防护，结果发生事故。

在事故研究方面，海因里希在对美国 75000 起工业事故的调查中表明，占总数 98％的事故是可以预防的，在可预防的工业事故中，以人的不安全行为为主要原因的事故占 88％。因此，消除或减少人的不安全行为，可以最大限度减少事故的发生率。对人的不安全行为的控制可以从以下几个方面入手：一是合理调节人的心理功能。合理调节人的心理功能，应创造优美的工作环境，避免给职工造成心理压力过大、精神紧张，尽可能做到工作多样化或者是在单调作业时减少工作时间。在管理上多从正面激励职工的工作动力，尽力使职工保持警觉状态，防止过度疲劳。二是强化人的安全意识。安全意识是与非安全意识相对而言的，非安全意识主要表现为麻痹大意、过分自信、没有察觉实际存在的危险、没有意识到现实的危险、凭经验办事等，对此需要强化对人监督检查，并利用事故教训、安全宣传栏、安全教育电视、展览等方式，随时随地开展安全宣传教育。三是加强安全教育与培训。安全教育和培训是消除人的不安全行为的最基本的措施，通过安全教育和培训，使职工自觉遵守安全法规，养成正确的安全行为和习惯，提高感觉、识别和判断危险的能力，学会在异常的情况下处理意外事件的能力，从而在根本上减少人的不安全行为，避免安全事故的发生。四是合理运用奖励和惩处手段。合理的奖惩对于人的安全意识的加强有着直接的刺激，因此对于人的安全行为习惯的形成具有不可低估的作用。合理的奖惩可以通过满足人们的需要，适时给予职工表扬和批评，激励职工遵章守纪，自觉约束自身行为。

95. 违章操作皮带输送机导致的机械伤害事故

2006 年 8 月 31 日，河南省某热电厂在生产过程中，一名维修工在检修皮带输送过程中，由于安全意识淡薄，无视操作规程，违章对转动着的皮带输送机进行调整维修，结果发生工伤事故，造成其右臂严重骨折而被切除。

(1) 事故经过

2006 年 8 月 31 日晚，河南省某热电厂在生产过程中，3# 锅炉在上煤过程中，操作工王某发现 6# 皮带输送机皮带走偏，向下漏煤，随即通知另一名上煤操作工李某将煤改进

$5^{\#}$锅炉，并告知李某$6^{\#}$皮带走偏，$3^{\#}$锅炉煤没上满，待维修工调整后再改进$3^{\#}$锅炉。维修工宋某接到报告后来到现场，由于没带合适的扳手，无法对$6^{\#}$皮带输送机高处导向轮进行调整，于是又返回维修班取来套管扳手，就在皮带西边进行调整，而操作工王某则在皮带东面观察$3^{\#}$锅炉上煤情况，这时突然听到宋某大叫："哎呀，我的胳膊……"，王某立即喊上李某及另一操作工，一起将宋某送到市医院进行抢救，经过医院的全力抢救，宋某虽无生命危险，但其右上臂因大骨粉碎性骨折被迫切除。

（2）事故原因分析

事故发生后，由公司安技处、生产部、技术设备处联合组成事故调查组，通过对事故现场进行勘察，发现现场地面上有带血手套一只。经分析，维修工宋某在调整皮带走偏松动轴承座固定螺栓时，由于扳手打滑使右手滑入正在转动着的皮带滚与轴承座之间的空当，由空当中间轴承挡灰卷外伸约 20 毫米的固定螺栓缠住宋某所戴手套，使其右臂缠绕在皮带滚轴上，造成伤害。

造成事故的直接原因，是维修工宋某安全意识淡薄，无视操作规程，违章对转动着的皮带输送机进行调整维修，并由此导致事故。

造成事故间接原因：一是皮带输送机轴承座轴封固定螺栓外伸 20 毫米不合理（制造厂设计不合理），造成缠住宋某手套。二是维修工单人作业无安全监护人员，且由于当晚宋某一人连续工作处理故障多起，比较劳累，使之在处理皮带输送机故障时动作不准确。三是安全管理制度不落实，现场安全管理不到位，巡回检查不力，维修人员习惯性违章没有得到及时制止。四是宣传教育培训不够，职工安全意识淡薄，对转动着的皮带轮进行维修作业的危险性认识不足，安全知识缺乏，安全素质较低。

（3）防范措施

事故之后，采取了如下防范措施：

一是提高全体员工的安全意识，加大安全宣传教育力度，提升员工安全素质水平。

二是严格落实各项规章制度，加强安全管理力度，提升整个企业管理水平。

三是提高企业本质安全程度，全面检查各类设备，消除隐患，淘汰维修不合格设备，对造成这起事故的皮带输送机轴承档灰卷外伸20毫米左右的紧固螺栓应去除或改为沉头埋入结构。

四是以这起事故为教训，在全体职工中进行一次重新学习安全规程、操作规程教育，坚决纠正生产过程中的一切违章操作现象。

五是加大日常安全检查力度，尤其是对所有运行设备的安全防护装置进行一次彻底的检查，发现隐患及时整改。

六是严格执行安全规程中的安全监护制度，杜绝一切无监护的不安全操作，严格执行作业工时制度，杜绝疲劳作业。

事故教训与点评

这起事故的发生，如果从操作规程来看，应该属于违章或者习惯性违章引发的事故，因为该公司《机械设备检修安全作业规程》明确规定："任何机械在未完全停止转动前，不得进行任何维修保养工作。""运行中的皮带输送机，严禁进行检修、清理、打扫、注油等作业，严禁用手摸托辊、首尾轮等部位。”如果从实际操作来看，则属于操作失误，维修工在调整皮带走偏松动轴承座固定螺栓时，由于扳手打滑使右手滑入正在转动着的皮带滚与轴承座之间的空当，由空当中间轴承挡灰卷外伸约 20 毫米的固定螺栓缠住维修工所戴手套，使其右臂缠绕在皮带滚轴上，造成伤害。

众所周知，物的不安全状态，人的不安全行为，管理及环境缺陷是导致工伤事故发生的三大要素，人的不安全行为即违章作业行为是导致事故发生的最为重要的因素。违章作业行为的表现多种多样，归纳起来主要是：无知型违章、习惯型违章、季节型违章、时段型违章、取巧型违章、侥幸型违章、经验型违章、疏忽型违章、管理型违章、逆反型违章等。控制和纠正违章行为，应采取以下几项对策：一是不断提高员工自我保护意识，积极开展安全教育、敬业爱岗教育、安全技能教育，对典型的违章作业事例进行处罚，增强职工遵章守纪的自觉性。二是建立完善各项规章制度，做到有章可循，有法必依。落实岗位责任制，使职工明确各自应履行的职责，抵制违章的不良风气。三是加强现场监督检查，与经济责任制挂钩，做到奖罚分明，迫使职工规范自己的行为。同时表扬奖励遵章守纪的先进集体和个人，通过典型案例教育职工，举一反三，不断增强遵章守纪的意识。四是应搞好安全生产的硬件设施，不断构筑杜绝违章行为的屏障。企业在注意杜绝违章行为的同时，必须不断改善硬件设施和条件，确保作业环境、设施、设备、装置的安全可靠性，消除“物的不安全状态”。还可以在违章作业的易发区设置醒目的警示标志，既警示不违章行为，又美化生产作业现场，营造安全生产的良好氛围。

96. 不按规定佩戴劳动防护用品进行气割作业导致的烧伤事故

2011 年 5 月 30 日，某公司在车间改造过程中，利用氧炔焰切割拆除铸造车间的油压管道时，由于油压管道内液压油突然喷出，并被高温的氧炔焰引燃，发生火灾，导致 2 名作业人员被火焰中度烧伤。

(1) 事故经过

2011 年 5 月 30 日，某公司为了提高产品竞争力，对原有的铸造车间进行改造，改造过程中需要拆除 5 条油压管道。按照计划，拆除油压管道作业由施工单位委派 2 名气割作业人员，利用氧炔焰切割油压管道。经过几天的切割作业，2 条较细油压管道的一端螺钉被拧下，另一端通过气割得到安全拆除，由于这 2 根管道内没有液压油，因此没有发生由于液压油泄漏引发的火灾事故。下午 15 时左右，拆除到第三根油压管道时，当气割作业人员在切割点处进行气割时，突然液压油从油管内的切缝中喷出，并瞬间被高温氧炔焰引燃，随后发生火灾。2 名气割作业人员来不及躲避，被火焰烧伤，现场人员立即将二人送往医院抢救，经医生诊断为中度烧伤。

(2) 事故原因分析

这起事故是一起动用氧炔焰明火气割油压管道，导致管道内液压油从切缝处呈喷射状泄漏，并被高温氧炔焰引燃油气的化学性燃烧事故。

造成事故的直接原因，是施工单位在拆除油压管道作业时动用氧炔气割明火切割油压管道，导致管道内液压油喷出，并被高温氧炔焰快速气化引燃。

造成事故的间接原因，一是对高温条件下液压油的危险性认识不足。作业前对作业条件危险因素分析不充分，没有意识到液压油在高温氧炔焰作用下会发生喷火的危险性，因此没有排出油压管道和升降机中的液压油。二是施工单位虽然切断了总的油压管道，并用盲板进行了封堵，但升降机以及油压管道内还有残余的液压油，由于重力的作用，液压油从气割产生的切缝中喷出，是造成作业人员烧伤的主要原因。三是在进行动火作业时，作业人员没有按照规定佩戴好合格有效的劳动防护用品，作业现场也没有配备合适有效的消防器材，并做好防火防爆工作。在事故中，2 名作业人员进行作业时，未穿安全防护服、未戴防烫手套等，导致液压油着火后被烧伤。

(3) 防范措施

事故之后，采取了如下防范措施：

一是组织气割等特种作业人员学习有关危险作业区域安全规定和安全操作规程，加强对职工的安全教育和培训，做到持证上岗，使职工了解所从事工作岗位的危险性和安全知识，杜绝违章作业，提高自身保护能力。

二是进行气割等特种作业之前，需要详细分析作业环境的危险因素，制定安全的施工方案，明确施工过程中的安全注意事项和应急措施（包括人员疏散、消防措施）等。作业人员须持有“动火安全作业证”，现场需有监护人员进行监护。

三是在进行油压管道、容器、设备的气割作业之前，应与运行系统采取隔绝措施，如加盲板或拆除一段连接管道等，以切断液压油来源。在拆除管道前，必须先查明其内部介质及其走向，与生产系统彻底隔离，将管道内的液压油排除干净，并清洗置换。

四是清理动火作业范围内的可燃物品，如有易燃物品时应离开 5 米以上，保持良好的通风和照明，作业现场放置泡沫或干粉灭火器，作业人员要穿戴符合要求的安全防护服、防烫手套和口罩等。动火作业完成后，需要彻底清理作业现场，消除火灾事故隐患。

事故教训与点评

这起事故的发生有些意外，因为在作业之前，施工单位已经切断了总的油压管道，并用盲板进行了封堵，而且还顺利地切割了 2 根较细油压管道，没有出事。但是施工单位和作业人员都忽视了油压管道和升降机中的残余液压油，在切割过程中，由于重力的作用，液压油从气割产生的切缝中喷出，由此造成作业人员被烧伤。这是一个教训，说明前期工作做得还不够细致，另外还欠缺实际经验。最值得关注的，则是作业人员没有按照规定穿戴符合要求的安全防护服、防烫手套和口罩等，等到事故突然发生，被烧伤就成为不可避免的事情。这是一个沉痛教训。

97．盲目进入地下管道疏通作业导致的中毒事故

2009 年 9 月 26 日，某化工厂生化车间有一个污水井堵

塞，急需处理。在处理过程中，一名作业人员因中毒瘫软在井中，其他人员在救援时也发生中毒情况，由于及时采取措施，向井下通风，将中毒人员救出，送往医院救治，未造成人员死亡。

（1）事故经过

2009 年 9 月 26 日 8 时 30 分，某化工厂生化车间在生产过程中，去污水总排管网有一个污水井出现堵塞，急需处理。接到总调度室命令后，给排水车间马上组织人员进行处理，由班长林某带领赵某、李某去现场。到达现场后，三人马上与相关单位取得联系，首先接潜水泵对污水井进行抽水，抽水完成后将现场清理干净。赵某更换完下井服后，未办理任何票证就下井清理杂物。刚作业几分钟，在上面监护并运杂物的李某发现，赵某因中毒瘫软下去，歪下了头。他连忙叫周围的人给自己腰上绑绳子下去施救，但是没有到达井下自己也中毒了。幸好上面的人及时将其拉出，未造成施救人员中毒。周围的人及时采取措施，向井下通风。接着，生产车间一名操作工身背空气呼吸器下井施救，在大家的帮助下赵某被救出，并被送往医院救治，幸好未造成人员死亡。

（2）事故原因分析

造成事故的直接原因，是作业人员在没有安全防护措施，也没有个体防护装备的情况下下井作业，致使吸入有毒有害混合气体中毒。

造成事故的间接原因：一是安全管理缺位，相关管理制度不落实，有章不循；二是现场施工管理不善，未制定和落实施工方案及相应的安全防范措施，盲目施工，违章作业；

三是施工现场安全监管不力，未按规定办理作业审批手续，也未落实专人监护；四是缺乏针对性的安全教育和培训，作业人员普遍缺乏有毒有害气体防护和救援知识。

（3）防范措施

为保证地下管道疏通作业的安全，防止发生急性中毒事故，应采取以下几项安全措施：

一是建立健全安全操作规程。要把正确的操作程序、具体的安全措施等制定得非常详细，让作业人员一看就知道应该做什么，应该怎样做，从而使作业人员有章可循，照章办事。这样就可以杜绝由于作业人员疏忽大意、违章作业而发生事故。

二是进行全员安全培训。近年来在地下管道疏通作业中曾多次发生作业人员中毒伤亡事故，其中一个重要原因就是宣传教育不够。许多作业人员对此项工作存在的危险因素不清楚，缺少防范措施。许多人对此项作业的危险性及应采取的安全措施缺乏应有的知识。为了吸取以往的事故教训，防止类似事故的再发生，必须开展对相关管理人员、作业人员进行安全培训，提高他们的安全技术素质。

三是推行操作票（证）制度。应当在作业前，采取安全确认制的做法，推行安全操作票（证）制度，要在作业前采取各项安全措施，从置换通风、气体分析、确定监护人、准备安全用具和防护用品等一一确认落实后，在操作票上签字，从制度上保证作业的安全。

四是置换通风。地下管道长期处于半封闭的状态，缺少空气，氧气更少。因此，为防止地下作业中毒事故的发生，在作业前还必须进行通风。通风方式有自然通风和强制通风两种。一般地下管道检查采取自然通风即可，必须打开附近3～4个井盖，通风时间至少1小时。特殊情况下，管道疏通前还必须采用强制通风，可用鼓风机接上风管实施管下吹风。

五是必须有人监护。地下管道清淤、疏通作业是危险性较大的作业，为防止作业中发生意外，作业前必须指定监护人。监护人应由熟悉作业技术、懂得安全知识、会进行现场急救的人员担任。应检查作业人员使用的安全带、梯子、防毒面具等工器具是否齐全，是否符合安全要求。同时，监护人要选择适当的监护地点，注意自身防护，应时刻做好处理事故的一切准备工作，绝不可脱离现场。

事故教训与点评

地下管道疏通作业是一项非常危险的作业，往往受到空间本身自然状况、周围环境情况、作业具体内容等许多条件的影响，同时进入密闭空间作业的时间一般都比较长，这些影响因素有时会随着时间、天气、人员、内外部环境等的变化而发生变化。通过预先对地下管道疏通作业进行危险有害因素分析与判断，制定安全措施，从而最大限度地保证作业安全。

为了杜绝类似事故的发生，吸取事故教训，应首先弄清楚为什么在井下疏通作业中会突然出现有毒有害物质致人急性中毒情况，地下排水管道中有毒有害物质的来源有哪些。在化工厂的下水管网中，以及生活污水下水管网中，污水中的有毒物质主要来源于三个方面：一是工业污水中所含的有毒有害物质。工业污水必须经过净化处理，达到排放标准才可以排入综合下水。目前大部分企业的工业污水中也还含有不少有毒有害物质。二是为净化工业污水而使用的有毒有害物质。为使工业污水净化，可采用物理的方法（如离心、沉降等），也可以采用生物化学的方法（如加一些微生物、菌类等），但绝大部分工业污水在净化处理中，需要采用化学方法，也就是加入一些化学试剂，使工业污水中的有毒有害物质氧化分解或中和后达标。三是生活下水中产生的有毒有害物质。生活下水包括有大量的洗涤下水、食物、人类粪便等，其中含有大量的有机物、蛋白质，尤其是在雨天，大量的雨水还会把地上的垃圾、泥土也一起冲入下水管道。由于地下排水管道长期处于半封闭的状态，且通风不畅，尤其是夏天，地下温度较高，加之厌氧菌的存在，发生厌氧发酵，有机物质被氧化分解，产生甲烷（沼气）、硫化氢、一氧化碳等物质。此外，管道中沉积的淤泥会发生腐败分解反应，也会产生硫化氢等有毒有害的物质。由此可见，当管道堵塞时，污水中产生的有毒有害气体跑不出去，就会积聚起来。同时，堵塞使管道全封闭，厌氧反应会加速产生，毒气会大量积聚，使下井作业的人员发生急性中毒。因此，疏通下水管道是一项非常危险的作业，应当引起足够重视。

对于作业人员来讲，进入密闭空间首要一条，就是不要轻易相信自己的感觉，感觉有的时候是不对的。下井作业之前，首先是要通风换气，自然通风不能少于半小时，以确保用新鲜的空气赶跑有毒气体。其次是要测定密闭空间内部氧气、危险物、有害物浓度；同时还要遵循作业方法及安全操作规程，进入密闭空间必须得到许可，并有人监护，还要按规定佩戴供氧式防毒面具，设置自动报警装置。此外，在发现有人中毒时，应做好个体防护措施进行救援，不要急于进入，以免造成扩大事故伤亡。

98. 擅自进入釜内救援导致的中毒事故

2008 年 9 月 13 日，某市实业有限公司对水处理剂车间二工段 7 号反应釜进行检修。在检修前，作业人员进行了几次冲洗置换，然后一名职工进入釜内作业不幸中毒晕倒，其他人员在未采取任何防护措施的情况下进釜施救，3 人相继中毒，最后 3 人死亡，1 人受伤。

（1）事故经过

2008 年 9 月 13 日 8 时左右，某市某实业有限公司对水处理剂车间二工段 7 号反应釜进行检修。在检修前，按照计划，张某、王某用水对 7 号反应釜进行了几次冲洗置换。作业完成后，在未对釜中置换情况进行检测，且未佩戴防护用品的情况下，张某擅自进入釜内进行操作后中毒晕倒。带班班长李某和王某发现后，在仍未采取任何防护措施的情况下，先后进釜施救，也中毒倒在了釜中，这时生产科长魏某闻讯赶来，仅佩戴过滤式防毒口罩（非隔离式防护用品）进釜救人，也中毒晕倒。随后赶来的专业施救人员，正确佩戴隔离式防护用品后，才将 4 人从釜中救出，并紧急送往医院抢救，但是因伤势过重，张某、李某、王某 3 人经抢救无效死亡，生产科长魏某受伤。

（2）事故原因分析

事故之后，经过调查分析，确认了导致事故的原因。

造成事故的直接原因，是张某安全意识淡薄，自我防范意识差，自认为 7# 釜经过几次冲洗置换后不应该有问题，违反操作规程，在未对釜中置换情况进行检测的情况下，贸然进入釜中检修，不幸中毒。其他人员在未弄清情况又未采取任何防护措施情况下，组织不力，盲目施救，扩大了人员伤害范围。

造成事故的间接原因：一是职工对公司的安全检修制度、规程不能执行，尤其是身为检修班长的李某忽视检修制度、规程，且监护不力。二是事故发生后，现场人员没有按规定及时报告，企业虽制定了应急预案，但针对性不强，不能指导救援工作，又未组织演练，安全教育培训不力，职工缺乏安全意识和基本的应急常识及自救互救能力。三是对长期封闭空间可能造成的缺氧、有毒气体认识不足，作业人员缺乏基本常识，作业不规范，作业前未对现场有毒有害性气体进行检测。四是企业未为作业人员配备自救、防毒装备和气体检测仪，而且通风管理混乱，专业救援力量不足，缺少必要的应急救援装备，不能满足救援需要，从而造成了事故伤害的扩大。

（3）防范措施

事故的发生，暴露出该企业存在安全生产责任制不到位，安全管理制度和安全操作规程执行不严，违章现象严重，操作人员缺乏专业知识和安全操作技能等问题。为深刻吸取教训，有效遏制同类事故再次发生，采取了以下防范措施：

一是教育一线职工及管理人员充分认识有毒有害气体的基本特性，要培训员工了解作业防护措施，对易产生有毒有害气体的场所，如坑、池、罐、釜、沟、井下、管道等进行全面排查。并通过对易产生有毒有害气体的场所挂设警示牌、设置报警装置等切实有效的措施，预防类似事故的发生。

二是企业要进一步加强进入有限空间或密闭空间作业的安全管理。建立和完善防中毒、防窒息的安全管理制度，配备相应的安全防护器材。凡有进入可能存在硫化氢等有毒有害气体的密闭空间、通风不畅的场所作业的，都要按照罐内作业有关规定，严格制定作业许可程序、作业安全规程、安全措施和应急预案，明确作业负责人、作业人员和外部监护人员的职责，不得将进入有可能产生硫化氢等有毒气体的场所的清淤作业项目发包给不具备有关条件的单位和个人。

三是培养一线职工的安全意识，加强操作技能和应急处置能力的训练。在进行特殊作业前，要进行专门的安全教育，使作业人员了解作业场所可能存在的危害因素，掌握安全防护的对策措施。企业还要认真做好新上岗、轮岗职工的三级安全教育和特种作业人员的安全培训工作，严格考核，持证上岗。杜绝未经培训考核、无证和有证未复审的特种作业人员上岗。同时，在厂区和作业区内，宣传识别硫化氢等常见有毒有害气体的方法和防范中毒事故及紧急救援等安全知识，提高广大职工防范有毒有害气体中毒事故的意识和处置能力。

四是完善生产经营单位应急预案，加强操作人员的应急演练。根据本单位自身作业特点、生产过程中的危险源以及可能造成的危害，制定有针对性的应急预案，组织开展包括救援人员在内的有针对性的全员安全教育和培训。尤其要对应急预案、施救方法进行重点培训，使作业人员、救援人员明确介质危害，掌握操作规程，一旦事故发生，能熟练应用自救互救技术。

五是要按照有关规定，根据行业的特点和应急救援的需要，为有关从业人员配备自救器、防毒面具等个人防护装备和有毒有害气体监测监控仪器，以保证作业人员安全作业。

事故教训与点评

这起事故的发生，首先是作业人员心理上的麻痹大意，接着就是违章冒险作业。从心理上讲，由于作业人员每天都接触有毒有害物质，天长日久，必然会萌生轻视之心，认为有毒有害物质不过如此，其奈我何。因此，在用水对 7# 反应釜进行几次冲洗置换后，感觉差不多了，即使存在有毒有害物质，也不足以造成伤害。所以，在未对釜中置换情况进行检测，且未佩戴防护用品的情况下，张某擅自进入釜内进行操作，就成为顺理成章的事情。发现人员中毒晕倒，带班班长李某和王某心中着急，在仍未采取任何防护措施的情况下，先后进釜进行施救，但是也中毒倒在了釜中。这时生产科长魏某闻讯赶来，仅佩戴过滤式防毒口罩就进釜救人，也中毒晕倒。如此，导致 3 人中毒身亡，1 人受伤。

人的不安全行为在事故发生过程中起着非常重要的作用，事故预防必须加强对人的不安全行为的分析与预防。人的不安全行为产生的原因很复杂，既有自身的原因，也有环境影响的原因，还有社会因素对人的影响。预防人的不安全行为需注意的几个问题：一是要重视工作环境对人的行为的影响。工作环境是指对不安全行为能产生直接影响的现场作业环境，如温度、湿度、色彩、噪声、照明度以及工作场地的环境布置等。实践证明，这些因素对人的行为有明显的影响作用，不良的工作环境不仅影响人的工作能力和功能状态，而且容易在心理上产生不舒适或不能忍受的感觉，从而产生烦躁和不安情绪，导致人的不安全行为产生。二是要注意不断地强化人的安全动机。预防人的不安全行为先要强化人的安全行为，而人的安全行为又先要有安全动机。人的安全动机的形成主要是靠直接的或间接的实践经验，因此要形成安全动机，必须使职工认识到自身工作和生活的环境周围的危险，养成安全行为的习惯。三是要注意危险信息的沟通和应用。运用各种途径和方法告知人们生产中的危险信息，已成为人们保持适当的警戒心理状态，加强自我保护，达到事故预防目的的一种基本的措施。一些事故的发生，是由于信息沟通不够而导致的。一般来讲，造成危险信息沟通的障碍主要表现在对信息的含义表达不确切，或者是给予了错误的解释，或者是对危险信息的注意不够等。因此，在实际工作中，要在一些危险的场所或在一些危险的作业地点，设置各种警告、禁止和提示标志，准确无误地给人以安全或危险的信息，以使人保持清醒，时刻对自己的行为做出正确的判断。

99. 盲目指挥导致的天车吊具脱落事故

2009 年 6 月 4 日，河北省某钢铁集团有限责任公司一炼钢厂在生产过程中，一名职工在指挥天车准备吊换 2# 矩形坯大包坐架西侧的废物渣盘时，挂在天车副钩上的吊具突然脱落，将一名职工的头部砸伤，最终该职工经医院抢救无效死亡。

（1）事故经过

2009年6月4日5时35分许，河北省某钢铁集团有限责任公司一炼钢厂在生产过程中，2#矩形坯大包工张某，指挥26#天车在副钩上挂上有三根链子钩的专用吊具，准备吊换2#矩形坯大包坐架西侧的废物渣盘。张某站在渣盘北侧挂一个钩，2#矩形坯（乙班）工长李某（男，46岁）站在渣盘南侧挂另外两个钩。渣盘挂好后，李某指挥天车起吊，不料吊具刚一拉紧，挂在天车副钩上的吊具突然脱落，将李某头部砸伤，后李某经医院抢救无效死亡。

（2）事故原因分析

造成事故的直接原因，是工长李某违反《一钢安全操作规程》规定：吊放中间包、结晶器、结晶器盖板、中间包盖和渣盘等，必须先认真检查吊具是否牢固可靠，在确认挂稳、挂牢后方可指挥天车起吊。在没有确认吊具是否挂牢的情况下，盲目指挥天车起吊，造成吊具脱落，将本人头部砸伤致死。

造成事故的间接原因：一是一炼钢厂大包工张某指挥往天车副钩上挂吊具时，既未确认，天车起吊时又未提醒，联保互保不到位。二是一炼钢厂天车工王某违反《一钢安全操作规程》规定：天车作业时，挂不牢、光线暗、看不清不得起吊。三是一钢厂、矩形坯车间两级领导，安全管理不到位，安全教育不到位，安全检查不到位。

（3）防范措施

事故之后，采取了如下防范措施：

一是及时将事故传达到每一个车间、班组和职工，本着“四不放过”的原则，举一反三，深刻吸取事故教训，强化全体职工的安全意识。

二是加强安全规章制度的完善和执行，结合生产实际并参照国家最新的标准，及时修订完善三大规程，并组织职工学、背、用安全规程。确保在实际工作中认真贯彻落实。

三是在全公司开展一次全面的安全隐患排查活动，发动广大职工揭、摆、查安全方面特别是违章方面存在的问题。按照公司“抓纪律、夯基础、重基层、严管理”的安全管理思路，持续改进安全工作。消除安全隐患，提升安全管理水平。

四是加大安全工作监督管理力度，严格落实各项安全措施，强化联保互保工作，加强联系，做好安全确认，扎扎实实做好后半年的安全工作。

事故教训与点评

这起事故的发生，应该属于无意违章导致的事故，工长李某站在渣盘南侧挂另外两个钩，渣盘挂好后，指挥天车起吊，不料吊具刚一拉紧，挂在天车副钩上的吊具突然脱落，将李某头部砸伤，后经医院抢救无效死亡。从违章的角度讲，工长李某确实违反规定，在没有认真检查吊具是否牢固可靠的情况下，盲目指挥天车起吊。

从心理学上讲，人的注意既有相应的稳定性，又有相应的起伏性。注意的稳定性是指能够把注意力长时间地保持在所从事的活动或感知的对象上。注意的起伏性是指与之相反的情况，即人们在感知某一对象时，注意力很难长时间保持恒定不变。例如当人们用心倾听钟表的嘀答声时，有时能听到，有时听不到，有时听得清楚，有时模糊不清。注意的这种周期性加强或减弱的现象，就叫注意的起伏。研究表明，对于不同的刺激，注意起伏周期的持续时间是不同的，对声音刺激起伏周期时间最长，其次是视觉刺激，而触觉刺激起伏周期最短。对从事生产作业的职工来讲，每天需要进行许多次重复性动作，如渣盘挂钩，就需要重复很多次，重复的次数多了，失误就会增加，只要出现一次失误，就有可能伤害到自己。人的注意既然有相应的起伏性，就不可避免地存在疏忽以及失误。

在应对人的疏忽以及失误方面，杜邦公司的一些经验做法值得关注。杜邦公司有 200 多年的历史，始终保持良好的安全记录，现在已经成为世界上最安全的公司。在杜邦，安全没有死角，一旦发生意外，也毫不例外地会受到同样的重视。有这样一件“红药水伤害”事件。公司有位员工因口渴到净水器前取茶水喝，不小心被水烫伤。医务人员在帮员工擦药的同时，共同分析造成烫伤的原因，了解到在放净水器的地方，由于 2 台净水器“挤”在一起，空间太小，2 人同时倒水喝容易发生烫手事件。于是就采取措施，把 2 台净水器分别移了位，并规定人多时取水一定要排队，以免造成不必要的伤害。在杜邦公司，每月第一周的星期五必须要召开一次安全会，形式多种多样，搞得很活跃，绝不是一味地说教。在会上，会选择与实际工作最贴近的知识点，删繁就简，采用选择题和问答题，或安全灯谜的形式，并以抽奖的方法鼓励员工参与。问题一般都很简单，有的只要照着抽到的纸条上写的安全用语读一遍，或者到黑板上抄一条安全规程就行了。每位员工只要回答都有奖品。就在这样趣味盎然的娱乐中，让员工轻松地温习了安全知识，也是一种安全教育，达到增强员工安全意识的目的，从而避免员工的疏忽以及失误。

100. 不停机处理故障导致的左手重伤事故

2007 年 11 月 22 日，重庆某金属压铸件厂冲压车间在夜间生产过程中，一名职工在操作冲床加工机芯垫圈时，用左手到模具内去调整条料，不慎右脚触动脚踏开关，左手压在模腔内，造成重伤事故。

（1）事故经过

2007 年 11 月 22 日晚上 10 点左右，重庆某金属压铸件厂冲压车间在夜间生产过程中，该车间冲压工张某上夜班，在操作 OCP-60N 冲床加工机芯垫圈时，由于所加工的原材条料在模具内未送到位，冲压成型后造成条料变形，无法正常取出零件。张某于是用左手到模具内去调整条料，在冲床未停机而使用的是紧停按钮的情况下，由于右脚未脱离脚踏开关，左手向上用劲调整条料时，右脚触动脚踏开关，冲头落下，将张某的左手压在模腔内，造成重伤事故。

（2）事故原因分析

事故之后经调查，张某已通过冲床设备安全操作培训并达到了冲压工上岗操作要求；同时对该设备、模具的性能和安全装置进行检查发现，其电气电路结构、机械传动、液压等系统均属正常状态。

造成事故的直接原因，是张某在操作冲压设备时注意力不集中，上岗操作时违反安全操作规程，当条料在模具内未送到位时，冲压的零件造成了报废，引起条料变形在模具内拉不动，在未停机和使用设备紧停按钮的情况下，违章用左手到模具内去调整条料，在此期间自己右脚触动脚踏开关，冲头落下将手压伤。

造成事故的间接原因，是车间安全生产监管人员对现场作业人员监督检查不到位，安全教育不到位，对人员违章行为纠正不及时，处罚不严格。

（3）防范措施

事故之后，采取了如下防范措施：

一是加强对员工的安全生产教育，建立健全高危工种技能培训制度，经常对员工进行安全知识教育，规范上岗资格，上岗操作必须严格执行操作规程和进行规范化作业。

二是落实各级员工的安全生产责任，加强生产现场的安全管理和检查，开展生产班组自查和互查活动，管理人员加强现场的巡视，纠正违章作业行为，严格对违章人员进行考核。

三是从工艺程序上加强安全措施，要求使用双按钮操作，将滑块的下行程运动与对双手的限制联系起来，强制操作者必须双手同时推按操纵器，滑块才向下运动，从而避免受到伤害。

四是在模具引进和选用上充分考虑冲压模具本身的安全可靠性，选择能缩小模口危险区，设置了滑块小行程，使人手无法伸进模口区的安全化模具，防止操作者在送件、定位、取件或进行废料处理等操作时，身体的某部分进入危险区域而触及模具可动部分被夹住或被弹出等危险情形。

五是采用工具送取料，避免人的手臂伸入模口区；加强冲压设备操作区的安全保护，在操作区安装光电保护等安全装置，保障滑块下行程期间，人手处于危险模口区之外，将危险区与操作工人的手隔开。同时要加强对机械设备的检查、维护、保养工作，发现机械设备有问题，及时进行维修。

事故教训与点评

这起事故的发生，一是操作冲压设备时注意力不集中，疏忽大意；二是处理故障时，违反安全操作规程，结果自己的右脚触动脚踏开关，冲头落下将手压伤。

在机械行业，冲压作业由于冲压机械滑块垂直下冲速度极快，伤手伤指事故较多。该行业曾流行一句话：10 个冲工 9 个残。以一般 100 吨冲床为例，滑块每分钟往复次数为 75 次，即单程一次只约需 0.4 秒。采用行程为 100 毫米进行拉伸作业，若手在模内，冲床滑块下冲伤指的时间为 0.1 秒。而当操作者发现或感觉到滑块下冲时，反应到大脑，再由大脑指挥手缩回的时间约为 0.2～0.3 秒，显然手是来不及收回的，因此经常造成伤害事故。

对于高危作业工种，在抓安全时需要有“三铁”精神。“三铁”精神是指“铁面孔”“铁手腕”“铁心肠”。一是需要以“铁面孔”对安全，强化安全防范意识。要强化安全技能的培训学习，根据员工工种、岗位、文化程度的不同，区分层次，因人施教，对青年职工采取岗前集中培训，岗中技术练兵，然后再按掌握程度进行分级深层次拔高培训。在培训方式上，采取外部培训与内部培训相结合、室内讲解与现场模拟示范相结合等形式和办法，有效提高整体培训水平。二是需要以“铁手腕”抓安全，规范安全管理基础。要狠抓基础性安全管理工作，加强现场安全管理。严格隐患排查制度，加强安全工作的检查力度，对查出的问题进行彻底整改。三是需要以“铁心肠”保安全，落实安全责任制。在安全面前，一定要坚持标准，严格要求，不能心软，严格落实安全责任制，坚持安全工作重奖重罚的原则，对严重违章人员和习惯性违章人员，对那些没有认真履行职责的人员，要根据有关规定予以严惩。通过“三铁”精神，用严格的制度来管理、约束职工的行为，使其按规范行事，促使职工自觉遵章守纪，促使职工积极做好安全工作。

班组安全100丛书

班组危险心理招事故100例

■ 班组安全100丛书编委会 组织编写

安全第一 预防为主

中国劳动社会保障出版社

图书在版编目(CIP)数据

班组危险心理招事故 100 例/“班组安全 100 丛书”编委会组织编写. —北京：中国劳动社会保障出版社，2013
(班组安全 100 丛书)
ISBN 978-7-5167-0715-9

Ⅰ.①班… Ⅱ.①班… Ⅲ.①生产小组-工业企业管理-安全管理-应用心理学 Ⅳ.①F406.6

中国版本图书馆 CIP 数据核字(2013)第 251428 号

中国劳动社会保障出版社出版发行
(北京市惠新东街 1 号　邮政编码：100029)

*

北京金明盛印刷有限公司印刷装订　新华书店经销
787 毫米×1092 毫米　32 开本　11.125 印张　227 千字
2013 年 10 月第 1 版　　2013 年 10 月第 1 次印刷
定价：30.00 元

读者服务部电话：(010) 64929211/64921644/84643933
发行部电话：(010) 64961894
出版社网址：http://www.class.com.cn